兰州大学教材建设基金资助

《政治经济学》
课程思政
案例集萃

邓金钱 ◎ 主编

中国财经出版传媒集团
经济科学出版社
Economic Science Press

·北京·

图书在版编目（CIP）数据

《政治经济学》课程思政案例集萃 / 邓金钱主编. 北京：经济科学出版社，2024.9. -- ISBN 978-7-5218-6345-1

Ⅰ.G641

中国国家版本馆 CIP 数据核字第 2024ZY4040 号

责任编辑：白留杰　凌　敏
责任校对：齐　杰
责任印制：张佳裕

《政治经济学》课程思政案例集萃

《ZHENGZHI JINGJIXUE》KECHENG SIZHENG ANLI JICUI

邓金钱　主　编

经济科学出版社出版、发行　新华书店经销
社址：北京市海淀区阜成路甲 28 号　邮编：100142
教材分社电话：010-88191309　发行部电话：010-88191522
网址：www.esp.com.cn
电子邮箱：bailiujie518@126.com
天猫网店：经济科学出版社旗舰店
网址：http://jjkxcbs.tmall.com
北京联兴盛业印刷股份有限公司印装
710×1000　16 开　16.25 印张　300000 字
2024 年 9 月第 1 版　2024 年 9 月第 1 次印刷
ISBN 978-7-5218-6345-1　定价：66.00 元
(图书出现印装问题，本社负责调换。电话：010-88191545)
(版权所有　侵权必究　打击盗版　举报热线：010-88191661
QQ：2242791300　营销中心电话：010-88191537
电子邮箱：dbts@esp.com.cn)

前 言

"敬教劝学，建国之大本；兴贤育才，为政之先务"。"育人"先"育德"，注重传道授业解惑、育人与育才的有机统一，一直是中国共产党领导和发展教育的优良传统。党的十八大以来，习近平总书记从坚持和发展中国特色社会主义、实现中华民族伟大复兴的全局高度，从巩固党的执政地位、实现党的执政使命的战略高度，对做好大学生思想政治教育提出了一系列富有创见的新思想新观点新论断新要求，深刻回答了"培养什么样的人、如何培养人以及为谁培养人"这个根本问题。在2016年7月全国高校思想政治工作会议上，习近平总书记提出，要坚持把立德树人作为中心环节，把思想政治工作贯穿教育教学全过程，实现全程育人、全方位育人，努力开创我国高等教育事业发展新局面。党的二十大报告指出，我们要办好人民满意的教育，全面贯彻党的教育方针，落实立德树人根本任务，培养德智体美劳全面发展的社会主义建设者和接班人。习近平总书记关于教育的重要论述为新时代高校做好大学生思想政治教育工作提供了根本遵循。

新时代做好"立德树人"工作，要用好课堂教学这个主渠道，思想政治理论课要提升亲和力和针对性，满足学生成长发展需求和期待，其他各门课都要守好一段渠、种好责任田，使各类课程与思想政治理论课同向同行，形成协同效应。所谓课程思政，是指以构建全员、全程、全课程育人格局的形式将各类课程与思想政治理论课同向同行，形成协同效应，把"立德树人"作为教育的根本任务的一种综合教育理念。经济学被誉为"社会科学皇冠上那颗最为璀璨的明珠"，被赋予"经邦济世""经国济民"的学科情怀，天然蕴藏着丰富的思政元素，高质量的经济学课程必然是能够融入思政教育、知识传授、家国情怀、人文素养、精神追求以及价值引领的一流课程。在全国所有开设经济学类专业的高校，《政治经济学》在经济学类专业的课程体系中属于专业基础课和专业核心课，通过对《政治经济学》课程的学习，不仅能够让学生深刻理解马克思主义的根本立场，坚持马克思主义方法论，而且对于学生批判性地学习西方经济学提供了基本的价值取向，也符合习近平总书记"学好用好中国特色社会主义政治经济学"的根本要求。

因此，本书立足《政治经济学》课程在经济学类专业中的基础性地位，以"知识—能力"教育为目标，以价值、思想引领为导向，教育引导学生正确认识世界和中国发展大势，正确认识中国特色和国际比较，全面客观认识当代中国、看待外部世界；正确认识时代责任和历史使命，激励学生自觉把个人的理想追求融入国家和民族的事业中；正确认识远大抱负和脚踏实地，把远大抱负落实到实际行动中。做到"理论知识学习→精选思政案例→挖掘思政元素→案例分析讨论→实现课程思政"的有效衔接。本书具有以下特色：

一是从"以教为主"转向"以学为主"。立足《政治经济学》天然的思政属性，以学生为中心，充分融合现代信息技术，打造开放式课程思政课堂，通过探索启发式、讨论式、参与式等教学方法，使教师成为学生学习的引导者、指导者和帮助者。将马克思主义政治经济学的"人民立场"、科学世界观和方法论、习近平新时代中国特色社会主义经济思想等课程思政内容组织专题讨论，让学生成为课堂的主人，激发学生自主学习积极性，促进个性化学习，提高学习效率。

二是从"立足课堂"结合"课外补充"。利用智能化、信息化手段，借助网络教学平台的丰富在线课程思政资源，拓展学生学习空间。深入挖掘思政元素，重视学生意识形态、学习立场与职业操守等方面的教育。重视开展课堂外多种形式实验实践教学活动，有机融入思政教育元素，培养学生分析解决问题能力、实践能力、创新能力。

三是从"内容讲授"融入"案例教学"。《政治经济学》课程具有时效性强、理论性强、知识面广、内容多等特征。课程学习不仅要使学生获得系统、完整的基础理论知识，还应培养学生对中国宏观经济问题的分析能力。在教学中设计专题思政案例讨论课，注重课堂教学及学生学习效果，引导学生德智体美劳全面发展，把思想政治教育和创新创业教育贯穿《政治经济学》教学的全过程。

课程思政在本质上还是一种教育，是为了实现立德树人。《〈政治经济学〉课程思政案例集萃》是我们在《政治经济学》课程思政教学实践中的初步探索，是课程思政教学研究的有益尝试。然而由于编者学术水平有限，加之《政治经济学》课程思政建设是一个不断探索和完善的过程，我们欢迎《政治经济学》的同仁给予批评指导，也期待与大家深入交流，共同推动《政治经济学》课程思政建设，为中国特色社会主义事业培养合格的建设者和可靠的接班人。

本书是兰州大学课程思政案例库和思政课案例库（问题库）及其教学指南编制项目"《政治经济学》课程思政案例库及其教学指南"的最终成果，也是兰州大学本科专业课程教学团队"《政治经济学》课程教学团队"的阶段性成果。本书是在我的主持下，经过充分讨论，确定案例和写作提纲，最后经过团队成员分工协作完成的。其中谷美琳、江丽君、赵利云、蒋云亮、赵转红、马雪莲、王月昕、李潇、代林徐、迟慧玲、谷悦、颜文正、李梦阳、刘一帆、周雅婷、刘明霞等老师和同学们参与了案例初稿的编写工作，最后由我统一修改定稿。本书的编写过程参考了国内外相关研究成果和文献资料，我们一并将其列入参考文献，如有遗漏，敬请谅解。

感谢所有参与本书编写的各位老师和同学，他们为本书的编写查阅了大量的文献资料，就初稿的撰写、修改做了许多繁杂而又细致的工作。感谢兰州大学经济学院、教务处的各位领导和老师，尤其是经济学院唐佳欣老师，她一直与学校保持沟通，确保本书能够及时出版。感谢经济科学出版社白留杰老师，正是她的严谨、负责，才让本书得以更好的面目问世。

由于编者水平有限，本书不足之处在所难免，恳请各位同仁予以批评指正。

邓金钱

2024 年 6 月

目　录

案例一　《资本论》缘何从分析商品开始 ……………………………………… / 1

案例二　看不见、摸不着的虚拟商品如何形成新的消费热潮 ………………… / 8

案例三　揭开货币的神秘面纱 …………………………………………………… / 14

案例四　数字货币：比特币与数字人民币的比较 ……………………………… / 20

案例五　数字资本主义时代价值规律是否失效 ………………………………… / 27

案例六　为市场筑基：建设全国统一大市场 …………………………………… / 33

案例七　贪婪与高贵的财阀：洛克菲勒家族 …………………………………… / 39

案例八　英国脱欧：欧洲一体化进程缘何遇阻 ………………………………… / 47

案例九　合作伙伴还是竞争对手：人工智能创造剩余价值了吗 ……………… / 56

案例十　"劳力"不"伤神"：劳资矛盾的缓解 ……………………………… / 63

案例十一　准时化生产：丰田汽车独领时代风骚 ……………………………… / 71

案例十二　现代物流：实现商品产需对接的革命性变革 ……………………… / 77

案例十三　贫富差距：资本主义不可逾越的鸿沟 ……………………………… / 83

案例十四　百年未有之大变局：世界经济格局新变化 ………………………… / 89

案例十五　资本主义经济危机是周期性的吗 …………………………………… / 96

案例十六　后疫情时代下的美元流动性危机 …………………………………… / 104

案例十七　中国经济体制改革：共同富裕的创新之路 ………………………… / 111

案例十八　社会主义市场经济：中国凭"韧"而行 …………………………… / 118

案例十九　从乡镇小厂到"走出去"的跨国大企业：万向集团 ……………… / 126

案例二十	公私强强联手为国企腾飞插上效率的翅膀	/133
案例二十一	共同富裕的创新探索：第三次分配	/141
案例二十二	赓续使命、担当责任：新时代企业家的责任与担当	/149
案例二十三	房住不炒：回归价值本源	/156
案例二十四	从基础到决定：市场在资源配置中的作用变迁	/162
案例二十五	从小渔村到国际性大都市：从深圳发展看中国奇迹	/170
案例二十六	中国科技：从追赶到引领的创新探索	/176
案例二十七	一"绿"到底：首钢京唐公司的绿色发展实践	/183
案例二十八	古浪县八步沙林场：完美实现从荒漠到绿洲的蝶变	/190
案例二十九	大山深处战贫困：甘肃东乡沟坎里蹚出幸福路	/196
案例三十	用更好的教育托起梦想之翼	/206
案例三十一	逆势之下中国何以在全球跨境投资中创佳绩	/214
案例三十二	"双循环"：内循环为主—外循环赋能—双循环畅通	/220
案例三十三	全球化还是逆全球化：开放红利存在吗	/227
案例三十四	从接受到引领：中国全球经济治理的角色变化	/235
案例三十五	中欧班列：携伙伴共进　促美好未来	/241
案例三十六	从美好愿景到伟大实践：构建人类命运共同体	/247

案例一 《资本论》缘何从分析商品开始

一、案例简介

资本主义经济是商品经济（不是自然经济），在商品经济条件下，物质资料生产（政治经济学研究的出发点）采取了商品生产的形式。

（一）商品是资本主义的经济细胞

简单商品生产是资本主义生产的历史起点，商品是资本主义的经济细胞，马克思主义政治经济学对资本主义经济制度的研究，是从分析商品开始的。《资本论》开篇就阐明在资本主义社会中商品生产占据统治地位，社会财富就表现为"庞大的商品堆积"，单个商品就是这种社会财富的元素形式。可见，商品是资本主义社会中最简单、最普遍的现象，也是资本主义经济中最单纯、最基本的因素，想要分析资本主义生产关系，就必须先从商品分析开始，这也是马克思对唯物辩证法的实践运用。

（二）商品孕育着资本主义社会一切矛盾的胚芽

商品是用于交换的劳动产品，任何商品都具有使用价值和价值。对于商品的使用价值，马克思认为，"商品首先是一个外界的对象，一个靠自己的属性来满足人的某种需要的物"，① 而这种可以满足人的某种需要的属性即是物的有用性，

---

① 马克思. 资本论（第1卷）[M]. 北京：人民出版社，2004：47.

正是这种有用性使商品拥有使用价值。但使用价值只有在商品使用或消费时才得以实现，这就要求商品进入交换领域，具有使用价值的物品进入了交换领域，便拥有了交换价值。对于商品的交换价值，马克思认为，"交换价值首先表现为一种使用价值同另一种使用价值相交换的量的关系或比例"①，两种使用价值之所以能够交换，是因为这两种使用价值具有共同的、可度量、可比较的"东西"，即所有商品都是耗费了一定数量的无差别的一般人类劳动，这就是商品的价值。

商品的使用价值和价值共同构成商品的二因素，而创造商品二因素的便是具体劳动与抽象劳动，二者被称为劳动的二重性，二者既对立又统一。商品的使用价值与价值、具体劳动与抽象劳动的矛盾都根源于私人劳动与社会劳动之间的矛盾，商品经济的内在矛盾就是私人劳动与社会劳动之间的矛盾。在资本主义商品经济中，私人劳动与社会劳动之间的矛盾转化为生产社会化和资本主义私人占有形式之间的矛盾，成为资本主义一切矛盾的总根源。因此，只有从分析商品开始，弄清商品的内在矛盾以及这一矛盾的发展规律，才能科学揭示资本主义社会各种矛盾的具体内容及其发展的辩证过程，从而把握资本主义经济运行方式，阐明资本主义制度必然要为社会主义制度所代替的历史逻辑规律。

（三）商品生产在资本主义社会中占据统治地位

资本家阶级对商品价值的追求，是资本家生产商品的动力源泉，这种动力在主观上是没有界限的，因而商品经济的动力源泉是源源不断的。在资本主义生产方式下商品生产的不断发展，不仅导致各种生产资料和消费资料都表现为商品，而且人的劳动力也成了商品，商品生产成为占统治地位的生产形式。所以，研究资本主义生产关系，就必须从最普遍的占统治地位的商品出发，才能深刻揭示出资本主义社会最本质的东西。

综上所述，马克思的《资本论》研究资本主义生产关系从分析商品开始，并不是随意选择的，而是由研究资本主义经济时所运用的辩证唯物主义和历史唯物主义的世界观与方法论所决定的，是完全符合从简单到复杂、从抽象到具体的分析方法的。《资本论》把商品作为分析资本主义生产关系的起点，建立起完整的政治经济学的科学体系，在理论上把资本主义生产关系再现出来，深刻地揭露出资本主义的一切矛盾及其发展规律。所以，理解商品便是理解政治经济学的枢纽，为学好用好马克思主义政治经济学奠定了坚实基础。

---

① 马克思. 资本论（第1卷）[M]. 北京：人民出版社，2004：49.

二、思政元素挖掘

(一) 揭开商品价值之谜,树立以人为本的商品价值观

马克思在《资本论》第一篇中就为"商品"下了一个定义,即"用于交换的劳动产品",提出商品的二因素是由商品的使用价值和价值组成的,使用价值是指商品能够满足人们某种需要的属性,商品的价值是指凝结在商品中无差别的一般人类劳动,二者缺一不可。消费者希望商品"质优价廉",生产者则强调"优质优价",然而随着商品经济的不断发展,生产者对商品交换价值的追求愈加疯狂,但忽略了商品的使用价值,"生产剩余价值或者赚钱"成为资本主义社会商品生产的直接目的。马克思强调"商品的使用价值是商品的交换价值的前提,从而也是商品的价值的前提"[1],使用价值是商品价值的物质承担者,交换价值是商品价值的表现形式,有使用价值的商品才有交换价值。商品作为一种物品,能够满足人的某种需要,才算有价值。

在社会主义市场经济条件下,商品生产应更加强调使用价值,在以不断满足人民日益增长的美好生活需要为生产目的的社会主义商品市场之中,供给即是对商品使用价值的供给,需求即是对商品使用价值的需求。因此,揭开商品价值之谜,深刻认识商品使用价值的重要性,树立以人为本的价值观,让社会生产目的服务于社会需求和人的需要,对于建设社会主义物质文明和精神文明,具有十分重要的意义。

(二) 资本主义社会生产目的和社会主义社会生产目的存在本质区别

社会生产目的是体现社会生产本质的经济范畴,不同社会的生产目的体现出不同社会生产关系的本质属性。马克思在《资本论》中对资本主义的批判达到理论巅峰,认为资本主义社会的生产目的是追求价值而非使用价值,强调的是价值增殖。在商品二因素中,商品可以表现为不同的社会形式,但其本质都是能够满足人类需要的使用价值,使用价值永远构成商品价值的物质承担者,使用价值

---

[1] 马克思. 资本论(第3卷)[M]. 北京: 人民出版社, 2004: 716.

才是人类社会生产所应追求的目标,但是资本主义的生产目的却是"生产剩余价值或者赚钱"。对资本家而言,如果商品价值可以脱离使用价值而独立存在,那么资本家就会直接舍弃对使用价值的生产转而追求价值。现实是商品价值不能脱离使用价值来实现,它必须依附于拥有使用价值的实物形式才能得以实现,所以资本家为了得到价值必须生产使用价值。因此,资本主义生产是为了实现价值增殖从而生产使用价值,追求价值增殖才是资本家进行资本主义生产的唯一目的,生产出的使用价值只是作为价值的物质承担者,只是实现价值增殖的手段。

社会主义社会的生产目的与资本主义社会的生产目的有着本质区别。在社会主义公有制条件下,生产资料和生产过程由广大劳动者所支配,劳动成果全部归劳动者所有,这就决定了社会主义社会的生产是以满足人的需要为根本目的。进入中国特色社会主义新时代,社会生产目的是生产出能够满足人民日益增长的美好生活需要的商品,即坚持以"人民为中心"的发展理念生产使用价值,以不断满足人民日益增长的美好生活需要。

(三) 认清商品拜物教的实质,培养健康消费观

马克思指出,劳动产品一旦作为商品来生产,就带上拜物教的性质,因此拜物教是同商品生产分不开的。[①] 所谓拜物教,即把某种物品奉为崇拜物,赋予它自身并不具有的特殊意义,从而变得神圣和受人崇拜。马克思论证了经济领域之中的多种崇拜物,其中商品崇拜是最明显的。以某品牌球鞋为例,商家利用营销手段,给球鞋注入了"拼搏、奋进"等情怀因素,随着消费者的盲目追捧,球鞋超越了自身的使用价值,变得有"态度",甚至有"灵魂",这就沾染了拜物教的气息。在资本主义生产方式下商品似乎已不再从属于生产者,反而具备了主宰生产者命运的力量。以苹果系列产品为例,iPhone、iPad等在市场上大都供不应求,苹果迷们认为拥有苹果产品是身份、地位的象征,是一种识别和认同苹果身份的标记,反映出作为主体地位的人对物的疯狂迷恋,商品拜物教的危害可见一斑。

人类在商品面前是多么的卑微,迷失了自己,陷入商品拜物教的情结中不能自拔。当劳动产品以商品形式呈现在人们面前,把人本身劳动的社会性质反映成劳动产品本身的物的性质,从而把生产者同总劳动的社会关系演化成物与物之间

---

① 马克思. 资本论 (第1卷) [M]. 北京: 人民出版社, 2004: 90.

的社会关系，这种物与物的关系支配着人与人的关系，人生产的商品反过来支配着人。在商品交换中，市场的盲目性、自发性就会给生产者带来不确定性，由此人们便产生了对商品关系的盲目崇拜。可见，商品拜物教产生的根源就是资本主义生产方式下私人劳动与社会劳动之间的矛盾，必须认清商品拜物教的本质以及危害，培养正确的、健康的消费观，让商品回归"人"的社会属性。

三、案例使用说明

（一）教学目标

1. 知识层面。（1）理解并掌握商品、价值、劳动等相关内容。（2）深刻了解商品二因素的对立统一关系。（3）初步理解劳动价值学说，为学习剩余价值理论打下基础。

2. 能力层面。通过对《资本论》与商品这一知识点的讲解，不仅帮助学生系统地掌握了有关商品的性质、内涵等知识点，而且开阔了学生的经济视野，丰富了学生对经济现象的理解能力。通过案例分析，设置两个问题让学生讨论分析，帮助学生观察分析经济现象，培养学生解决经济问题的能力。

3. 素质层面。通过对商品经济的学习，引导学生看清资本主义经济体制的内在矛盾，精准认识我国公有制的经济地位，完整、准确、全面贯彻新发展理念，坚持社会主义市场经济的改革方向，理解新时代下中国宏观经济运行的特征，养成关注国家宏观经济政策制定背景、政策实施效果的习惯。

（二）启发思考题

1. 围绕商品二因素分析讨论：为什么说商品是使用价值和价值的矛盾统一体？
2. 讨论分析商品经济发展的三个阶段及各阶段的发展意义？

参考答案如下：

1. 商品是用来交换的劳动产品，具有使用价值和价值两个因素或两种属性。使用价值是物品的自然属性，价值是商品的社会属性。商品是使用价值和价值的统一体，表现为使用价值和价值的相互依存、相互作用：（1）商品价值的存在是以使用价值的存在为前提,凡是没有使用价值的东西,就不会有价值;(2)使用价值是价值的物质承担者,价值寓于商品的使用价值之中;(3)商品的使用价值体现于商品价值,并通过交换价值得以实现。

商品的使用价值和价值又是对立的,其矛盾性表现为使用价值和价值的相互排斥、相互对立:(1)商品生产者生产的直接动机是实现价值,而使用价值只是价值的物质承担者;(2)商品的使用价值和价值不能被一人同时获得,使用价值和价值的实现是通过市场交换以两者的分离为条件的,只有通过商品交换,生产者才能实现商品价值,消费者得到使用价值,商品二因素之间的对立矛盾才得以解决。

2. 在商品经济产生和发展过程中,随着生产力的发展和社会形态的变化,商品经济循序经历了不同的发展阶段。从社会经济形态的变化来考察,商品经济的发展经历了以下三个阶段:第一阶段,商品经济的起源、萌芽和初始阶段。它以直接的物物交换为特征,是原始部落之间发生经济联系的形式。第二阶段,以私有制为基础的小商品经济阶段。它包括奴隶社会、封建社会处于从属地位的商品经济。其经济是在狭小规模的范围内以货币为交换媒介,以满足私人利益需要为目的,交换的目的是获取对自己有用的使用价值。第三阶段,社会化生产的发达商品经济阶段。它是建立在社会化大生产基础上,以机器大生产和科学技术现代化为特征的发达的商品经济。这一阶段包括资本主义商品经济和社会主义商品经济。商品生产和商品交换的目的不仅为了交换自己需要的使用价值,更为了获得更多的价值,使价值增殖。

四、教学目标达成

专业素质方面,通过理论学习和案例讨论,催化学生的发散性思维,加深学生对理论的理解,同时提高学生学以致用的能力,使其能够运用经济学的分析方法解释实际生活中的经济现象、解决实际问题。思政内容方面,本课程主要实现以下三点教学成效:首先,揭露资本主义经济的内在矛盾,与中国特色社会主义经济制度联系比较,强化学生对中国特色社会主义公有制的理解和价值认同。其次,深化学生对经济高质量发展的认识,理解新时代中国特色社会主义市场经济的改革目标和举措,正确认识资本主义社会生产目的和社会主义社会生产目的的本质区别。最后,通过本案例教学,引导学生在学习《政治经济学》有关商品、价值、劳动等知识点的同时,学会运用马克思主义的立场观点来观察、分析、解决经济发展中的问题，提高分析问题和解决问题的能力。

参考文献

[1] 马克思. 资本论 [M]. 北京：人民出版社，2004.

[2] 马克思恩格斯全集 [M]. 北京：人民出版社，2006.

[3] 王海亭. 商品经济内在矛盾的再认识 [J]. 经济学动态，2001（04）：25-28.

[4] 刘鹏飞. "资本主义基本矛盾与经济危机的关系"教学设计 [J]. 马克思主义理论学科研究，2022（09）：114-120.

案例二　看不见、摸不着的虚拟商品如何形成新的消费热潮

一、案例简介

随着互联网的普及以及信息技术的快速发展，商品的种类也在快速增加，虚拟商品逐渐成为大众的重要消费选择。虚拟商品市场虽然刚刚兴起，但发展却异常迅猛，已然成为一种新的消费时尚，虚拟产品消费逐渐成为人们日常支出项目的重要组成部分。虚拟商品拥有高沉没成本和低边际成本、非排他性、易被定制和个性化、时效性、依赖网络外部性等经济特征，使其在市场上迅速活跃，并形成新的消费热潮。目前虚拟商品主要包括计算机软件、股票行情和金融信息、新闻、书籍、杂志、音乐影像、电视节目、搜索、虚拟云主机、虚拟云盘、虚拟光驱、App 虚拟应用、网络游戏中的一些产品和在线服务等。中国作为全球最大且增长最快的虚拟商品及服务市场之一，虚拟商品及服务市场成交额由 2014 年的 6456 亿元增加至 2019 年的 13935 亿元，年增长率高达 14.9%，主要包括文娱、游戏、通信及生活服务等。

（一）文娱类虚拟商品

文娱类虚拟商品的盈利方式主要是供应商提供会员服务和程序内其他虚拟活动，以及各大娱乐平台上的视频、音乐、付费知识、直播、教育、体育及其他内容。自 2019 年以来，文娱类虚拟商品市场迅猛发展，以哔哩哔哩这一视频网站为例，其 2022 年财报显示，2022 年营业收入 219 亿元，同比增长 13%；日均活跃用户达 9280 万人，同比增长 29%；用户日均使用时长达 96 分钟，用户总使用时长同比增长 51%，创下历史新高。同时，此类盛况也出现在了直播行业，

案例二　看不见、摸不着的虚拟商品如何形成新的消费热潮

在新冠疫情冲击期间，直播行业飞速发展，2022年抖音演艺直播数据报告显示，2022年演艺类直播在抖音开播超过3268万场，同比上升95%；场均观众超过3900人次，同比上涨85%；直播月收入过万元的才艺主播超过6万名，同比上涨46%；非遗类直播每天开播1617场，打赏总收入同比增长553%，直播行业市场消费十分活跃。

（二）游戏类虚拟商品

游戏类虚拟商品的盈利方式，主要是游戏制作商提供给玩家可以在游戏中用于升级游戏角色或购买虚拟服装、配饰、技能、道具、装备以及其他游戏内消费品或功能的虚拟商品。据中国音数协游戏工委发布的《2020年游戏产业报告》显示，2020年全国游戏用户规模逾6.6亿人，中国游戏市场实际销售收入2786.87亿元，同比增长20.71%，增速同比提高13.05个百分点。其中，中国移动游戏市场实际销售收入2096.76亿元，占比为75.24%；客户端游戏市场实际销售收入559.2亿元，占比为20.07%；网页游戏市场实际销售收入76.08亿元，占比为2.73%；其他游戏市场实际销售收入54.83亿元，占比为1.96%，游戏产生的经济效益已引起广泛关注。不仅如此，随着5G技术在中国市场上的发展，新一轮科技革命和产业变革正蓄势待发，云计算、VR等产业加速演进，2021年中国自主研发游戏国内市场销售收入2558.19亿元，同比增长6.51%，自主研发游戏占国内市场的比重已提升至86.28%，游戏类虚拟商品市场蕴含着巨大的潜力。

（三）通信类虚拟商品

通信类虚拟商品的盈利方式主要是通信运营商收取电话费，包括消费者通过电话进行通话以及发送文字信息向他们收取费用，并向消费者销售流量包以及电视宽带套餐等。工业和信息化部公布的2022年通信业统计公报指出，2022年全国电话用户净增3933户，总数达到18.63亿户。其中，移动电话用户总数16.83亿户，全年净增4062万户；5G移动电话用户达到5.61亿户；电信业务收入累计完成1.58万亿元，比上年增长8.0%；除语音业务收入呈下降趋势以外，固定互联网宽带、移动数据流量、新兴业务以及用户规模等方面依然保持增长。随着网络强国和数字中国建设的不断推进，信息基础设施建设成效显著，通信类虚拟商品行业发展持续向好。

(四) 生活服务类虚拟商品

生活服务类虚拟商品的盈利方式主要包括衣食住行服务，生活服务提供商提供预付卡、购物卡、礼品卡以及电子优惠券等虚拟商品，可以在餐厅、酒店、商场等多种场合使用。以 2022 年上海市第一轮发放的"爱购上海"电子消费券活动为例，上海市投入 2 亿元市级财政资金，共计发放 200 万份价值 100 元的消费券包，各类零售、餐饮、文旅行业商户踊跃参加，电子消费券使用范围覆盖全市商户门店共 27.85 万家，其中线上 18.78 万家、线下 9.07 万家，基本覆盖了上海市重点商圈、重点商场和重点平台。据行业统计，参与电子消费券活动的零售类商户 9.14 万家、餐饮类商户 17.53 万家、文旅类商户 1.18 万家，报名参与的消费者约有 453.02 万人，此类消费券等虚拟商品的推广在一定程度上加快和推动了上海市经济恢复和重振。

二、思政元素发掘

(一) 虚拟商品的特点与价值分析

随着互联网的飞速发展，虚拟商品作为一种新生事物，为市场经济的发展注入了新鲜血液，并占据了消费市场的一席之地。与实物商品相比，虚拟商品是一种典型的高知识含量的经验产品，它给消费者提供的是有用的知识和信息，其形式是无形的，物流、租金等实物成本较低。虚拟商品形式灵活、内容多变，具有可复制性，且其复制的边际成本几乎为零。虚拟商品具有非排他性，可多人同时拥有和使用，可无限次数售卖。虚拟商品易定制化和个性化，能够满足消费者个性化需求。

虚拟商品也是商品，拥有使用价值和价值。虚拟商品具有使用价值，能够满足人的某种社会生活需要，包括物质需要和精神需要，为知识付费满足消费者受教育的需要。在短视频平台打赏一定程度上满足消费者娱乐的需要，充值电话、宽带等则是满足消费者日常通信的需要，虚拟商品的使用价值为虚拟商品的价值提供了物质内容。虚拟商品具有价值，与实体商品一样，其价值即凝结着某种无差别的体力或脑力劳动，对于网游公司的点卡、游戏币、电子礼券等具有服务性质的虚拟商品，其价值被认为是这些商品所凝聚的体力脑力劳动以及商品所耗固定资产折旧和服务的成本；但对网络游戏中的游戏 ID、装备等虚拟资产的价值，则认为是玩家在获得这些虚拟货物的过程中凝结的时间、精力、情感以及资金投入。

(二)"元宇宙"引发虚拟商品的狂潮

《中华人民共和国国民经济和社会发展第十四个五年规划和2035年远景目标纲要》提出,要迎接数字时代,激活数据要素潜能,加快建设数字经济、数字社会、数字政府,以数字化转型整体驱动生产方式、生活方式和治理方式变革。随着数字经济的发展,"元宇宙"逐渐活跃在大众视线中,成为数字经济中一个新兴的领域。"元宇宙"是人类运用数字技术构建的,由现实世界映射或超越现实世界,可与现实世界交互的虚拟世界,是具备新型社会体系的数字生活空间,它集合了5G、云计算、人工智能、虚拟现实、区块链、数字货币、物联网、人机交互等科学技术。

2021年奢侈品牌Gucci发布了它们的首款数字虚拟运动鞋"Gucci Virtual 25",只要花费78元就可以穿上它拍照或录制视频。在元宇宙中,消费者可以与虚拟商品进行互动、购买、交换和分享,通过VR设备身临其境地感受商品的实际使用场景,并通过虚拟互动体验加深对商品的理解和感受,消费者不再受到地域和时间的限制,可以在全球范围内购买虚拟商品。此外,元宇宙电商平台提供了更多的社交和互动功能,让消费者可以与虚拟商品进行互动,分享自己的使用心得和体验,增强用户体验和互动性。在元宇宙中,商家可以通过搭建自己的虚拟店铺,通过元宇宙电商平台将虚拟商品转化为实际的商品进行交易。商家还可以通过元宇宙电商平台提供各种服务,如虚拟展示、智能客服、数据分析等,实现数字化转型。虽然"元宇宙"赋予了虚拟商品独特的魅力,但是虚拟商品价格虚高的现象逐渐蔓延,一旦贴上"元宇宙"的标签,各种虚拟商品的价格就变得"高高在上"。就拿受青年人追捧的"元宇宙衣服""元宇宙帽子""元宇宙袜子"等来说,它们都属于虚拟商品范畴,但显然其价格比真实商品的价格更高。因此,虚拟商品的价格也需要监管部门关注,要让其价格和商品的真实价值相匹配,而不应放任自流,使其成为资本的牟利工具。

三、案例使用说明

(一)教学目标

1. 知识层面。(1)理解并掌握虚拟商品的定义、特征、内容等相关知识。

(2) 了解虚拟商品在市场上的生产、流通、消费方式。(3) 能够对比理解虚拟商品与实物商品各自的优点与缺点。

2. 能力层面。通过对虚拟商品这一知识点的讲解，不仅帮助学生系统地掌握有关虚拟商品的定义、特征、优点与缺点等知识，而且分析虚拟商品在市场上的生产、流通、消费方式等知识，开阔学生的经济视野，培养学生解决经济问题的能力。

3. 素质层面。通过对虚拟商品这一知识点的学习，要求学生认识虚拟商品这一特殊商品是如何在市场上迅猛发展的，并了解虚拟商品的发展模式与发展前景。

（二）启发思考题

1. 分析在数字经济背景下如何推动虚拟商品的进一步发展？
2. 结合已有资料分析虚拟商品与实物商品相比拥有哪些特殊性？

参考答案如下：

1. 国家层面：(1) 政府必须发挥好宏观调控功能，以法律手段对市场行为加以规范，进一步完善网络市场交易监管的法律法规体系，维护好网络市场秩序。(2) 保护消费者合法权益，针对现行网络交易中消费者关心的热点难点问题，对网络交易经营者进行制度性约束，禁止网络消费侵权行为，为消费者提供良好的网络消费环境。

企业层面：(1) 随着5G技术的广泛运用，企业应利用数字平台加速虚拟商品数字化转型，提高企业数字化程度；(2) 虚拟商品的生产应根据市场的需求、国家政策形势的变化更新迭代；(3) 探索虚拟商品市场新的数字化商业模式。

个人层面：(1) 消费者应与时俱进、兼容并包，形成新的消费理念，以创新的思维看待新事物的降生，对新事物保持好奇心，接受新事物的发展；(2) 消费者应该树立健康的消费观，做到适度消费、理性消费。

2. (1) 与实物商品相比，虚拟商品拥有的物理优势：虚拟商品具有不易破坏性，虚拟商品是一种最典型的知识含量极高的经验产品，它给消费者提供的是有用的知识和信息，其形式是无形的，物流、租金等实物成本极低；虚拟商品形式灵活、内容也是可以改变的；虚拟商品具有速度优势。(2) 与实物商品相比，虚拟商品拥有的经济优势：虚拟商品具有可复制性，且其复制的边际成本几乎为零，高利润；虚拟商品不具有排他性，可多人同时拥有，可无限次数卖出；虚拟商品易被定制化和个性化，易满足消费者个性化需求。（3）与实物商品相比，虚拟商品的缺点：虚拟商品的沉没成本过高，且具有时效性，其边际效用极低；虚拟商品受众有限，可能会导致虚拟商品市场出现范围经济；虚拟商品具有网络外部性，其价值依赖于使用虚拟商品的用户数量。

四、教学目标达成

专业素质方面，通过理论学习和案例讨论，催化学生的发散性思维，加深学生对理论的理解，同时提高学生学以致用的能力，使其能够运用经济学的分析方法解释实际生活中的经济现象、解决实际问题。思政内容方面，本案例主要实现以下三点教学成效：首先，指出了虚拟商品市场存在的问题，强调政府必须加强市场监管，维护好市场秩序，深化学生对我国市场经济体制的了解与认同。其次，深化学生对加快建设"数字中国"的理解，了解中国式现代化视域下构建现代化产业体系的目标和举措。最后，希望通过本案例教学，使学生在学习《政治经济学》有关商品等知识点的同时，学会使用宏观与微观视角相结合的方法观察、分析、解决经济发展中的问题，提高分析问题和解决问题的能力。

参考文献

[1] 杨相和. 网络虚拟商品的特点与价值分析 [J]. 商业时代，2009 (22)：89-91.

[2] 吴洪，彭惠. 虚拟商品简论 [J]. 清华大学学报（哲学社会科学版），2010 (03)：154-159.

案例三　揭开货币的神秘面纱

一、案例简介

货币，作为人类文明的重要标志之一，随着社会分工的发展以及商品交换的兴起而产生。历史上曾出现过大约173种具有货币属性的实物，其中较为普遍的有贝壳、玉石、金、银、铜、铁、盐、谷物、牲畜等。在公元前2369～前2096年，古代西亚两河流域曾将大麦或大麦的制成品面包作为一般等价物，对各种价值进行计量和支付。在出土的苏美尔楔形文字泥板《汉谟拉比法典》中，记载着许多关于大麦如何作为货币使用的条文，如大麦可以用于支付仓储费用、雇用船工的工资、租牛的租金、对于盗窃者的处罚等。除了大麦以外，白银也被用于大额商品交易或缴纳贡赋，大约公元前18世纪上半叶，古巴比伦国王汉谟拉比统一了两河流域后，白银与大麦并行的货币制度逐渐改变，大麦作为货币的使用逐渐减少，白银货币使用更加普遍，小额白银货币单位成为常用的价值尺度。

在加拿大西海岸温哥华岛的夸扣特尔部族，曾将一种白色的毯子作为当地的货币，充当交易媒介和价值贮藏手段，而且这种白色的毯子往往被当作贵重的礼物馈赠他人，被称为"印第安馈赠"。在位于西亚两河流域的古亚述城遗址（今伊拉克境内），曾出土泥板文书《中亚述法典》，其中记载了黑铅曾在当地作为货币使用的历史，黑铅一般作为量刑或处罚的计量单位。在亚洲中部印度的一些欠发达地区，谷物一直是一种重要的交易媒介和延期付款凭证。在亚洲南部的菲律宾地区，部分偏远的伊富高族的信贷形式为实物借贷，利息定期收取。任何时候借用的稻米，都必须在下一个收割季度双倍偿还。

在古代中国，珠和玉被奉为上币，玉器被视为财富和权力的象征。汉代桓宽《盐铁论·错币》记载"夏后以玄贝，周人以紫石，后世或金钱、刀布"，唐代南诏地区（今中国云南省）便已出现盐币，"颗盐每颗约一两二两，有交易即以颗计之"。据记载，盐币曾一度与黄金并用，黄金与盐币之间有稳定的比价。盐币由官府制作管理，重量固定，并打有特殊的印记，一些偏远地区甚至到民国时期仍在使用盐币。

马克思立足于唯物史观的基本视域，揭开了被货币物质外壳掩盖下的人与人之间的经济关系，从而为论证资本主义生产方式的历史性、暂时性与不义性提供了理论依据。货币除了一般等价物的身份之外，它也是社会权力的象征，还是具有资本主义意识形态色彩的货币拜物教偶像，更是资本家用于资本增殖生息的筹码。然而货币要实现自动增殖和无形生息，需要具备一定的客观条件，一方面商品需要完成一次"惊险的跳跃"，在流通过程中被卖出去，从而转化成货币；另一方面货币以流通为前提购买到在生产过程中能够创造剩余价值的劳动力商品，从"作为货币的货币"变成"作为资本的货币"，商品与货币联姻的爱情结晶最后以资本的形式降临人间。一旦货币被安装了资本的发条，为增殖而狂热的资本家就会千方百计地把货币放贷出去，而这就为生息资本的运动提供了不可遏制的动力。

二、思政元素挖掘

（一）揭开货币"罪恶的面纱"，树立正确的货币观念

以货币指代财富是人类的一大发明，用便于携带和流通的贝壳、金属和纸张作为"未来效用索取权的符号"，不仅发挥了财富的作用、扩展了财富的能力，使得生产关系得以建立、劳动价值得以体现，也激活了人们创造财富和使用财富的热情，并由此推动人类社会发展进程。在现实生活中，我们将作为所有权凭证的货币作为主要的生活工具和生产工具，依赖货币的流转建立起社会形态并确定人与人的关系。但当人们逐渐将"积攒货币就是在积累财富"作为一种固化认知，比如居民储蓄存款率和固定资产保有率居高不下，这时的财富资源就会被封印在极狭窄的范围之中，社会生产力的发展也将因此僵化，货币最后演变为操控人间世界的一只"魔性的手"。因此，正确认识货币的本质以激活社会财富资源，已成为适应人类经济发展和社会生活的必然要求。

货币作为一切价值的公分母，将所有不可计算的价值归一为可计算的量，它平均化了所有异质的事物，直接有效地体现了社会价值的平等。对货币来说，其价值不在于币材本身，而在于法律是否赋予价值单位承担者的权力。如果货币发

展更侧重于对财富资源的占有而非使用,这将会陷入追逐财富的陷阱,衍生出一种"躺平在财富所有权分割缝隙中"的病态社会现象。因此,破解"货币陷阱"绝不是增加更多的货币,而是正确认识货币的性质及其与财富的关系,将货币的使用权处于活跃的流通之中,激活财富资源、拉动内需,不断提高货币的使用效率,最终服务于经济社会发展。同时,在我国社会主义制度下,应摒弃"金钱万能"等错误观点,树立"劳动致富、取财有道"的正确货币观念。

(二) 构建适应新发展格局的"货币命运共同体"

货币命运共同体是指基于共同利益至上、满足个体交换欲望并以货币为中介的一种抽象的统一体,它是现代社会的基本载体和人类历史发展的产物。随着各国经济联系日益增强、国际金融市场迅猛发展,采取有效的国际合作建立"货币命运共同体"已成为当代国际货币体系的重要课题。在货币一体化道路探索方面,欧洲货币体系在稳定汇率、抑制通货膨胀、促进欧共体内贸易、改善国际收支以及稳定国际货币体系等方面发挥的积极作用为世界各国提供了经验借鉴。随着区域经济一体化的持续推进和美元风险的日益扩大,建立一个统一稳定的货币共同体以稳定各国金融市场、促进经济社会健康发展,已成为世界各国实现金融稳定和经济稳健发展的内在要求。在此时代背景下,我国应立足"双循环"的新发展格局,循序渐进推进人民币国际化,将内循环作为货币国际化的先决条件,以外循环作为货币国际化的手段。现阶段要用好共建"一带一路"倡议和RCEP切实扩大人民币"币缘圈",积极探索一条"主动、可控、渐进"的金融开放之路,为构建"货币命运共同体"贡献中国智慧和中国力量。

(三) 筑牢货币金融安全稳定网,畅通国民经济发展"血脉"

随着国际货币金融体系的建立、演化与发展,货币金融关系在不同的国际货币金融体系中表现出不同的金融风险形式。货币的效力来源于发行方的信誉和持有者的信心,所以中央银行基于国家公信力建立的货币信用制度对于维持本币价值稳定、有效发挥货币职能发挥着重要作用。在国际经济、金融全球一体化和中国改革开放不断深化的时代背景下,构建既符合国际惯例又体现中国特色的货币金融安全体系,已成为有效推动人民币国际化、防范金融风险以及保障国家总体安全的关键所在。中国人民银行应综合研判复杂多变的国内外经济金融形势,实施积极稳健的货币政策,发挥好货币政策总量调节和结构调节的双重功能,强化跨周期调节，有效防范化解重大金融风险。同时以高质量发展为要求，建立更科学、更具弹性的现金供应体系，构建更均等、更普惠、更能满足群众货币需求的服务新格局，形成更高治理水平、更加市场化、更好激发新动能的货币金融安全管理新模式。不断以新发展理念引领货币金融支持实体经济发展，服务于高质量发展和中国式现代化的时代命题。

三、案例使用说明

（一）教学目标

1. 知识层面。（1）理解货币的形态演变与本质内涵。（2）掌握货币流通量规律。

2. 能力层面。通过理论讲解和案例分析，帮助学生系统地掌握货币形式的发展、职能及对经济社会的影响，并结合案例，设置两个问题让学生讨论分析，通过讨论和总结，帮助学生学会观察分析经济现象，培养学生解决经济问题的能力。

3. 素质层面。理解货币本质为一般等价物，体现了商品生产者间的社会生产关系，货币的发行要遵循货币流通规律，否则可能导致通货膨胀或通货紧缩。培养学生及时关注最新经济热点，思考实际经济生活与理论指导的差异，进而形成一定的经济敏感度，增强经济专业素养，引导学生树立正确的价值观。

（二）启发思考题

1. 分析货币形态的演变过程与货币职能，并列举货币发展史上典型的货币制度形式。

2. 什么是货币失衡？货币失衡对经济社会有哪些影响？

参考答案如下：

1. 随着商品交换的发展，商品的价值形式经历了从简单的、个别的或偶然的价值形式，到总和的或扩大的价值形式，再到一般价值形式和货币形式的变化过程。货币是商品交换发展到一定阶段的产物，它是固定地充当一般等价物的特殊商品，体现了商品生产者之间的社会生产关系。货币具有价值尺度、流通手段、贮藏手段、支付手段和世界货币五种职能。货币形式由最初的金属货币演化为纸币和信用货币。货币制度是指一个国家以法律形式规定的本国货币的流通结构和组织形式，它由国家有关货币方面的法令、条例等综合构成。货币制度的构成要素有：货币种类（本位币、辅币）、货币材料、货币单位、货币发行与流通、货币的支付能力（无限法偿、有限法偿）。货币制度大致的演变顺序是：银本位制—金银复本位制—金本位制—不兑现的信用货币制度—电子货币—数字货币（未来发展）。

2. 货币失衡是指在货币流通过程中，货币供给偏离货币需求，从而使二者之间不相适应的货币流通状态。货币失衡主要有两大类型：（1）总量性货币失衡。是指货币供给在总量上偏离货币需求达到一定程度从而使货币运行影响经济状态。这里也有两种情况：货币供应量相对于货币需求量偏小；或货币供应量相对于货币需求量偏大。在现代信用货币制度下，前一种货币供给不足的情况很少出现，即使出现也容易恢复，经常出现的是后一种货币供给过多引起的货币失衡。（2）结构性货币失衡。是另一大类货币失衡，主要发生在发展中国家，是指在货币供给与需求总量大体一致的总量均衡条件下，货币供给结构与对应的货币需求结构不相适应。结构性货币失衡往往表现为短缺与滞留并存，经济运行中的部分商品、生产要素供过于求，另一部分供不应求。其原因在于社会经济结构的不合理。因此，结构性货币失衡必须通过调整经济结构进行解决，而经济结构的刚性往往又使其成为一个长期的问题。

四、教学目标达成

本案例在教学设计和实践授课过程中，着重强化课程思政的隐性教育，不采用直接灌输式的思政教育，而是将思想政治教育之"盐"融于专业课程"食材"之中，将"思政"贯穿于知识模块、知识点和教学评价等教学活动的各环节，既让学生扎实掌握经济理论基础、培养其专业技能，又对学生形成潜移默化的价值引领，从课程所涉专业、行业、文化、历史等角度，揭示课程的时代性和人文性，使政治经济学基础知识传授与思政教育同向同行、形成合力。通过我国货币发展史的相关学习，较好地激发了大学生的民族自豪感和爱国主义情怀；通过货币制度改革的讲解，加深了学生对我国改革开放的认同感，增强大学生对中国特色社会主义的制度自信，达到知识学习与立德树人的双重实效。

参考文献

[1] 彭信威. 中国货币史 [M]. 上海：上海人民出版社，2015.

[2] 石俊志. 货币的起源 [M]. 北京：北京法律出版社，2020.

[3] 汪圣铎. 中国钱币史话 [M]. 北京：中华书局，1998.

[4] 刘精诚，李祖德. 货币史话 [M]. 北京：社会科学文献出版社，2012.

[5] 王永生. 钱币上的中国史 [M]. 北京：中信出版集团，2006.

[6] 悉尼·霍默，肖新民. 利率史 [M]. 北京：中信出版社，2010.

[7] 王纪洁. 三千年来谁铸币 [M]. 北京：开明出版社，2018.

[8] 交子金融博物馆. 交子 [M]. 成都：西南财经大学出版社，2020.

[9] 杨睿轩. 马克思"货币"概念的四重意涵 [J]. 经济学家，2023（06）：36-44.

案例四　数字货币：比特币与数字人民币的比较

一、案例简介

数字货币的理论源自1976年哈耶克的《货币的非国家化》，指出数字货币是一种不受管制的、数字化的货币，通常由开发者发行和管理，被特定虚拟社区的成员所接受和使用。

（一）比特币

进入21世纪后金融科技飞速发展，2009年中本聪等进行了以比特币为基础的数字货币实践，比特币是一种数字加密货币，用技术手段解决了货币信用主体化的问题，并在虚拟世界创造了一种民主、透明，但是又绝对保护个人隐私的货币体系，支持点对点的交易，而且让所有的节点都具有同样的知情权和验证权。数字货币的技术基础是区块链，还有哈希函数等密码学知识，与传统货币相比有着明显不同：一是数字货币的发行脱离了政府、央行等这些中心化的中介机构，在流通中支持点对点的交易；二是数字货币又具有高度的匿名性，即这些数字加密货币拥有者的身份，在这个网络世界里面是完全被保密的。

在数字加密货币的世界里，哈希函数解决了挖矿、加密的问题，区块链解决了分布式记账和验证的问题，使得它具有了与现行的货币体系完全不同的特质。与传统货币不同，比特币不依靠特定货币机构发行，它根据特定的算法，通过大量的计算产生，基于密码学的设计可以使比特币只能被真实的拥有者转移或支付，这确保了货币所有权与流通交易的匿名性。另外，比特币与其他虚拟货币最大的不同，是其总数量非常有限，具有极强的稀缺性，该货币系统曾在4年内只有不超过1050万个，之后的总数量将被永久限制在2100万个。

在比特币系统中，交易信息和数据都被以文件的形式永久记录下来，每一个文件就是一个区块，把每个区块的第一笔交易进行特殊化处理，该交易产生一枚由该区块创造者拥有的新电子货币，即比特币。这就增加了节点支持该网络的激励，并在没有中央银行发行货币的情况下，提供了一种将电子货币分配到流通领域的方法。当然，该区块的创造者并不是无偿取得比特币，而是付出了相应的对价，这种将一定数量新货币持续增添到货币系统中的方法，必须运用具有相当算力的计算机，投入固定的时间，消耗一定的电力能源。根据比特币技术的程序设计，越往后取得比特币的难度越大，消耗的能源越多，这就意味着通过计算取得一枚比特币投入的成本越高。

（二）数字人民币

2019年10月24日中共中央政治局第十八次集体学习强调，我国作为新兴的金融大国应该主动拥抱金融领域格局的变化、积极研发区块链的底层技术、开发数字资产交易与数字金融以及供应链金融等区块链技术的延伸应用、构建金融行业对区块链金融应用的监管与治理机制、适时推出央行法定数字货币、防范数字货币金融风险、积极参与国际数字货币标准的制定等。我国央行法定数字货币DCEP则是依托区块链以及电子加密等互联网技术并且由国家背书、央行发行的数字化形态的法币。与比特币等虚拟币相比，数字人民币是法币，与法定货币等值，其效力和安全性是最高的；而比特币是一种虚拟资产，没有任何价值基础，也不享受任何主权信用担保，无法保证价值稳定。这是央行数字货币与比特币等加密资产的最根本区别。

数字人民币是由中国人民银行发行的数字形式的法定货币，字母缩写按照国际使用惯例暂定为"e-CNY"，由指定运营机构参与运营并向公众兑换，以广义账户体系为基础，支持银行账户松耦合功能，与纸钞硬币等价，具有价值特征和法偿性。数字人民币设计兼顾了实物人民币和电子支付工具的优势，既具有实物人民币的支付即结算、匿名性等特点，又具有电子支付工具成本低、便携性强、效率高、不易伪造等特点。数字人民币的优势在于：

1. 发行优势。数字人民币采用"中央银行—商业银行"的双层架构，延续了现行纸币发行流通模式，中央银行负责数字货币的发行与验证监测，并将数字货币发行至商业银行业务库，商业银行受央行委托向公众提供法定数字货币存取等服务，负责提供数字货币流通服务与应用生态体系构建服务，并与中央银行一起维护法定数字货币发行、流通体系的正常运行。

2. 数据管理优势，数字人民币采用最新的云计算和区块链技术，有很大可能会使用区块链技术来拓展应用场景，但一定是经过改造后的区块链技术。央行数字货币是中心化的，在避免区块链去中心化特征的同时，也可以使用其全程留痕、不可篡改、可追溯性、智能合约、共识机制等特点，使得法定数字货币真正能够在区块链上实现智能合约。

3. 用户优势，数字人民币为每个人开通数字钱包，并采取松耦合的方式，采取"前台自愿、后台实名"的原则。数字货币作为一串由特定密码学与共识算法验证的数字，可以储存或携带于数字钱包中，而数字钱包又可以应用于移动终端、PC 终端或卡基上。人们通过数字钱包完成数字货币的存储、交易、借款、贷款等活动。

4. 功能优势，法定数字货币具有法律效力，一方使用法定数字货币交易，另一方不能拒绝，这将继续拓展移动支付的覆盖人群。尤为重要的是，央行数字货币体系可以实现数字货币的脱网交易、离线支付。

5. 使货币政策执行更精确的"触发机制"，中国版的法定数字货币系统将在央行发行数字货币时设计"触发机制"，只有符合央行设定的发行条件，才能启动"触发机制"，成功发行数字货币。这将让央行拥有追踪货币流向的能力，从而可以建立精准执行货币政策、精准预测市场流动性的超级能力，也让打击洗钱等金融犯罪活动变得更简单透明。

二、思政元素挖掘

（一）正确认识数字货币的价值与使用价值

数字人民币是中国人民银行发行的一种数字形式的法定货币，具有国家公信力赋予的价值特征，是确立用户所有权的基础。数字人民币是通过加密前端系统生成的带有用户所有者身份及相关字段的货币串构成，但其价值并不在于货币串本身，而在于给定的国家信用的"抽象价值"。数字人民币作为一种通用等价物，以人民币"元、角、分"为基本计价单位，可以衡量辖区内所有商品的价值，持有者可以自由使用于财产交换、偿债等有价值的交换活动。此外，数字人民币天然具有结算终局性，其产权性质保障了用户享有钱包中数字人民币的所有权，流动性的最终提供者——中国人民银行保证了数字人民币结算的最终性。同时，加密算法等技术使得数字人民币具有不可重复消费、不可非法复制和伪造、交易不可篡改等特性，保证了货币串作为数字货币的可靠性和安全性，使数字人民币成为数字时代有效的价值载体。

（二）数字货币既是历史发展必然，也是数字经济发展重要基石

数字货币的出现是历史发展的必然，是科技进步和经济发展共同作用的结果。(1) 科技进步从供给侧方面为数字货币的发展提供了动力源泉。密码算法、移动互联网、大数据、云计算、区块链、终端存储、人工智能等科技发展，为数字货币实现去中心化、普惠性以及高效性奠定了技术基础。(2) 经济社会发展为数字货币的产生提供了土壤。随着经济社会的发展，各类支付结算行为更加频繁，需要的货币量也越来越大，以央行法定数字货币逐步替代纸币，可以有效节约纸质货币的设计、印制、发行、回笼等成本。(3) 数字货币是数字经济时代的必然产物，更是适应未来数字经济发展的需要。每个时代的发展都有对应的货币形态，农业经济时代的实物货币、贵金属货币，工业经济时代的纸质信用货币，数字经济时代也需要数字货币来完善金融基础设施，更好地服务于经济社会高质量发展。

（三）加强数字货币安全意识，助推数字经济创新提质

为了避免在世界多极经济体下数字货币断裂风险，各国央行必须进行有效的跨境合作、协调和信息共享，通过制定全球统一标准来不断深化数字货币共同体建设。比如，中国人民银行、香港金融管理局、泰国银行和阿拉伯联合酋长国中央银行正在共同探索"多边央行数字货币桥"项目（multiple central bank digital currency bridge，M-CBDC），旨在构建泛亚跨境支付网络。这不仅有助于人民币国际化，更有利于推动全球数字货币安全体系的建设。新兴经济体央行的数字货币作为传统货币的替代形式或补充，短期尚不足以改变国际货币的"差序格局"，但在一定程度上有助于世界各国减少国际交易对 SWIFT 和美国金融系统的依赖，对构建现代国际货币体系具有重要贡献。因此，应不断强化数字经济时代的国家金融基础设施建设，稳步推动数字人民币研发和试点，全面升级人民币跨境支付系统，建设完善全球最大的金融信用信息基础数据库，通过国际合作不断推动全球数字货币安全体系建设。

三、案例使用说明

（一）教学目标

1. 知识层面。理解数字货币的内涵、比特币与数字人民币的优劣势。
2. 能力层面。通过案例分析，了解数字货币发展前沿动态，认识到中国人民银行发行数字货币的必然性及其对社会经济的影响。
3. 素质层面。通过案例不仅了解最早的虚拟货币——比特币，它的运作方式与区块链等金融科技的紧密联系，更要深刻认识未来数字货币的走向与各国法定数字货币间的异同，从而培养一定的经济思维，关注货币及相关政策的最新动态，思考这些变化对国民经济生活会带来的影响。

（二）启发思考题

1. 什么是数字货币，特点几何？
2. 中国人民银行发行数字人民币对当前支付体系造成了哪些影响？

参考答案如下：

1. 数字货币作为数字经济时代的产物，是经由指定线上虚拟成员认可且使用的一种统一发行的电子替代货币。数字货币基于数字加密算法和节点网络共同作用，颠覆了传统支付理论和方式，推动经济交易方式向代码化、智能化转变。按照实体经济与数字货币之间的发展关系，可将数字货币分为三种：（1）封闭性数字货币，此种数字货币与实体经济并无实质联系，只在特定虚拟社区进行商品交易，如魔兽世界交易平台中流通的金币。（2）单向流动性数字货币，此种数字货币通常需由法定货币购买后在对应平台进行流通，如亚马逊币、腾讯Q币等。（3）双向流动性数字货币，此类货币能够与法定货币进行转换和买卖，无论是真实还是虚拟的商品服务，均可运用双向流动性数字货币购买，如比特币、泰达币、以太币等。

数字货币具有以下特性：（1）匿名性，数字货币的匿名性即用户使用数字货币过程中，可选择匿名交易。不过，多数数字货币交易自有保密措施都包含特定线索，帮助确定利益相关人员。（2）算法性，数字货币发行、推广的最大保障是具有可供反复验证的数学模型。简言之，数字货币借助国际承认的数学模型加密算法，使其运行结果具备高度一致性与可信力，现阶段，数字货币广受认可的是基于密码学的哈希算法。（3）自治性，数字货币借助区块链技术能够实现金融活动自治交易，数字货币架构于区块链，催生了共享、共治、共识的商业自组织框架，这进一步使数字货币依托数学算法背书成为新型货币发行方法。（4）可编程性，属于区块链技术核心的分布式共享账本，数字货币若想完成交易，需要计算机代码完成程序之间的账户信息交换，这样的信息交换是预先编制好的智能合约，只要利益涉及方按照约定条件达成，分布式共享账本将自动履约，任何相关方均无法违背。（5）加密性，数字货币之所以需要具备加密特性，一是数据确权，现今透明公开化的互联网络，便利大众生活的同时也给互联网机构非法攫取数据提供可能性；二是隐私保护，网络活动轨迹极易被暴露在专业平台，身份、健康、教育、资产等隐私性信息均有泄露风险；三是安全保障，现今并不规范的数字网络交易容易被域外人士察觉信息痕迹。

2. "数量"的角度分析：e-CNY 作为现有电子货币的有益补充，在零售支付交易额中占比有限。从监管角度来看，e-CNY 坚持 M0 定位，为防止金融脱媒等风险，监管或将限制存取/交易额度，其初步发行规模或仅数万亿元，交易额在整体 C2B/C2C 零售支付中的占比有限。从用户角度来看，e-CNY 具有"支付即结算""可控匿名"等特性，但不计付利息；与此同时，支付宝/微信支付、银行 APP 等电子钱包已相对便捷易得、体验良好。从商户角度来看，当前小微及个体户实际承担支付成本已较低、其为获得增值服务愿意承担一定支付成本，故而不会仅因 e-CNY 收款费率低廉而广泛改变当前收款习惯。"价格"角度分析：由于 e-CNY 指定运营机构不得向个人客户收取相关兑出/兑回服务费，预计 e-CNY 大规模推广或将推动商业银行体系内进一步降费让利，从而降低社会资金流通成本。据官方声明，e-CNY 运营机构、服务机构与商户之间的费率应以市场化方式决定，理论上 e-CNY 商业支付可收取一定收单费以覆盖系统改造及运维成本，但观察到试点阶段数字人民币收单以免费为主，考虑到 e-CNY 作为底层资金来源的占比或有限（相较借记卡/信用卡及信用支付工具），其对收单市场平均费率的影响将有限。作为社会基础设施，领先的支付机构单纯依靠市场领先地位大举提价会面临监管/舆论/竞争压力，狭义费率上行空间有限。

四、教学目标达成

中国人民银行发行数字货币不仅是为了应对非主权数字货币带来的各种新问

题，同时也是为了适应国内数字经济发展的客观需求，具有国际国内双重背景。分析中国数字货币发展的国际与国内双重背景，有助于更加全面、深入地理解中国数字货币发展的历史进程和未来方向。该案例对比特币与数字货币进行重点介绍，意在让学生了解传统虚拟货币的情况下，重点关注本国数字人民币发展的必然性及对未来经济生活的影响。区块链、大数据、云计算等金融科技深入经济领域，形成新兴金融业态，对防范系统性金融风险形成新的挑战，作为经济学专业的学生，要着重培养前瞻性思维并积极提升专业技能，引导学生正确认识发行数字人民币的经济影响。

参考文献

[1] 尹鉴，衣保中. 全球数字货币的发展趋势及我国的实践创新 [J]. 经济体制改革，2021（04）：166-172.

[2] 朱巧玲，杨剑刚. 货币数字化与金融霸权：基于政治经济学的分析 [J]. 改革与战略，2021，37（06）：10-17.

[3] 李拯，唐剑宇. 比特币、Libra 和央行数字货币的比较研究 [J]. 中国市场，2021（07）：13-17.

[4] 高洪民，李刚. 金融科技、数字货币与全球金融体系重构 [J]. 学术论坛，2020，43（02）：102-108.

[5] 穆杰. 央行推行法定数字货币 DCEP 的机遇、挑战及展望 [J]. 经济学家，2020（03）：95-105.

[6] 郝芮琳，陈享光. 比特币及其发展趋势的马克思主义分析 [J]. 经济学家，2018（07）：20-27.

案例五　数字资本主义时代价值规律是否失效

一、案例简介

"数字资本主义"概念是由美国评论家丹·希勒最早提出并使用的，他认为继工业资本主义、金融资本主义之后，信息网络以一种前所未有的方式与规模渗透到资本主义经济文化的方方面面，资本主义正经历一种新的经济形态和社会组织形式，即数字资本主义。因此，"数字资本主义"又被称作"信息时代的资本主义"，意味着资本主义进入了信息时代，网络信息技术成为资本主义先进生产力的代表，并对整个资本主义的生产方式和社会关系产生了重大的影响。根据数字资本主义时代下数字劳动和数字商品的新特点，西方马克思主义学者提出劳动时间无用论、成本趋零论等批判性理论，进而得出价值规律在数字资本主义时代已经失效的结论。随着经济数字化日益深化和拓展，澄清对这一问题的理论认识具有特别重要的意义。

（一）劳动时间无用论

以哈特（Hardt M.）和奈格里（Negri A.）为代表的自治主义是劳动时间无用论的鼓吹者。首先，他们将"非物质劳动"作为研究当代资本主义的核心范畴，提出非物质劳动概念，即"创造非物质产品，如知识、信息、交流、关系或一种情感反应的劳动"，并将其归纳为智力或语言劳动、情感劳动两种类型。其次，他们认为非物质劳动的性质在数字资本主义下发生了根本性的变化——劳动越来越复杂化、合作化和非物质化，从而得出结论：在非物质劳动领域，工厂生产的正常节奏及其明确的工作时间和非工作时间划分趋于下降，工厂的时间制度与马克思的价值规律之间的联系正在消亡,在非物质劳动的霸权主义下,工作日和生产时间发生了很大的变化,工作时间和非工作时间的划分越来越不明显,因此价值理论不能从时间量的角度来考虑。一方面,像微软这样的大公司通过创造一个家庭式的环境,模糊了家庭和工作场所之间以及劳动时间和自由时间之间的界限;另一方面,不稳定的工人在空闲时间可能同时从事多项工作,进一步模糊了劳动时间和自由时间之间的界限。这种类似生命政治的生产,是无法计量的,因为其不能用固定的时间单位来量化。① 由此看出,非物质劳动产品的价值无法用劳动时间这一尺度来衡量,价值规律失去了效力。

进一步地,福克斯(Fuchs C.)通过分析谷歌、脸书等社交媒体平台上的数字劳动和剥削问题,得出结论:这些平台以及其他形式的信息资本主义时代"所有有酬和无酬的知识工人"都成为"被剥削阶级的一部分"。在福克斯看来,互联网用户通过两种方式创造价值和剩余价值:一是用户在消费活动中制作"信息内容",由平台资本家作为商品卖给广告商,比如浏览网站页面以及在社交网站上发布个人信息等;二是用户本身构成广告的受众,通过关注广告,用户也产生了价值和剩余价值。因此,马克思的价值规律适用于分析媒体资本的收入——劳动时间(用户的在线时间)构成社会媒体创造价值的衡量标准,用户在脸书等社交媒体上花费的时间越多,产生的关于他的数据就越多,这些数据是作为商品提供给广告商的。因此,在福克斯看来,互联网上的价值创造活动无处不在。

基于上述的批判,可以看出哈特和奈格里抛弃了马克思关于生产劳动和非生产劳动的区分,用"非物质劳动"替代了"抽象劳动",福克斯模糊了这一区分。马克思认为,无差别的一般人类劳动是价值的唯一源泉,而社会必要劳动时间是度量价值大小的根本尺度,然而在资本主义生产方式下,并不是所有劳动都创造价值和剩余价值,只有生产劳动才创造剩余价值。因此按照马克思的观点来看,依旧以谷歌、脸书等社交媒体平台为例,直接参与用户数据生产过程的劳动者并不是使用社交媒体平台的用户,而是平台雇用的数据工程师。因此,构成数字资本主义生产劳动的是数据工程师的劳动,这一劳动是服从价值规律调节的——数据加工过程耗费的生产资料价值(如硬件、原始加工软件、大数据算法)和补偿工程师活劳动耗费的价值构成这一劳动过程投入的成本,超过活劳动价值的价值则构成这一生产过程的剩余价值。在不考虑垄断的情形下,这一价值是由生产过程耗费的社会必要劳动时间来度量的,而与用户在线时间的长短并

---

① Hardt M., Negri A. Multitude [M]. Penguin Books, 2004: 145 – 146.

不相关。

(二) 成本趋零论

以哈特、奈格里等为代表的数字资本主义学者认为，数据、信息等数字商品具有不同于有形商品的特殊成本结构，即第一单位的产品由于进行大规模研发投资会产生极其高昂的生产成本，而再生产（复制、下载等）的成本即边际成本却极小，甚至接近于零。或者说，作为数据、信息支持性载体的物质性成本（例如光盘）在其规模化经营中可以忽略不计。数字商品这种近乎无成本的可复制性，使得建立在直接用于生产的抽象劳动时间计量基础上的价值规律立即陷入危机。然而，这种"成本趋零论"犯了价值度量的形而上学错误，同样误解了马克思的价值规律理论，因为在数字资本主义时代下，商品依旧作为资本主义生产结果的商品存在，即资本的产品，它的价值并不是孤立地单独决定的。

马克思曾说，"花费在单个商品上的劳动——由于对不变资本中单纯作为损耗而进入总产品价值的那部分采用平均计算，即观念上的估价，由于一般地对共同消费的生产条件采用平均计算，即观念上的估价，最后，由于劳动是直接社会的劳动并且平均化为和估价为许多协作的个人的平均劳动——已经完全不能再计算出来。花费在单个商品上的劳动，只被看做是它们各自分摊到一份并在观念上进行估价的那个总劳动的可除部分。在规定单个商品的价格时，单个商品表现为资本得以再生产出来的总产品的一个单纯观念上的部分"①。因此，旧资本价值和剩余价值的实现是决不能通过各单个商品按自己的价值出售来达到的。② 因此，按照马克思的观点来看，第一件商品巨大的生产成本与其后的再生产几乎无成本之间的不平衡矛盾，就价值决定而言，是毫无意义的，因为后续的每个产品的价值都是这一生产过程总价值的可除或等分部分。而且，真正构成数字商品再生产的，并不是所谓的复制或下载，可能是数字信息商品本身的改进、升级和再优化，这一过程仍然要耗费资本的物化劳动（诸如厂房、计算机、原始生产软件等）和活劳动（为软件升级、改进等耗费的劳动），仍然要服从价值规律的调节。因此，成本趋零论推出价值规律失效这一结论是错误的。

---

①② 中共中央马克思恩格斯列宁斯大林著作编译局. 马克思恩格斯全集（第38卷）[M]. 北京：人民出版社，2019：35.

二、思政元素挖掘

(一) 价值规律作为商品经济的基本规律,具有其时代价值

孙冶方曾说:"千规律,万规律,价值规律第一条"①。在商品的价格背后有一个规律起着支配作用,它通过商品供求关系、商品生产者之间的竞争关系等一系列中介机制,左右着价格变动,调节着资源配置和社会生产,这个规律就是价值规律。在生产价格形成以前,价值规律起作用的形式是市场价格围绕价值上下波动;在生产价格形成以后,价值规律起作用的形式是市场价格围绕生产价格上下波动,生产价格是生产成本与平均利润之和。劳动时间无用论是对第一种形式的价值规律的抨击,成本趋零论则是对第二种形式的价值规律的抨击。然而在案例中通过对两种理论的反驳,最终得出结论:数字资本主义时代作为资本主义社会发展的最新阶段,其运行逻辑并未摆脱价值规律的作用范围,价值规律仍然有效。

(二) 正确认识价值规律的边界,更好服务社会主义市场经济

价值规律作为商品经济下商品生产和交换领域的基本规律,这表明价值规律的作用范围不是无限的,而是有边界的。一方面,价值规律是商品经济的基本规律,在商品经济之前存在的自给自足的小农经济,价值规律就无法直接发挥调节作用。另一方面,价值规律是商品生产和交换领域的基本规律,在商品生产和交换领域之外,价值规律的调节作用有限,调节效果甚至适得其反。因此,只有正确认识价值规律的边界,才能更好利用价值规律,使其更好地为社会主义市场经济服务。

三、案例使用说明

(一) 教学目标

1. 知识层面。(1) 理解价值规律的概念。(2) 掌握价值规律的主要内容以

---

① 孙冶方. 千规律,万规律,价值规律第一条 [N]. 人民日报,1978 - 10 - 28.

及作用的范围。

2. 能力层面。通过对理论的讲解,帮助学生系统地掌握价值规律的主要内容以及作用的范围,并结合案例,设置启发思考题让学生讨论分析,培养学生的思辨能力。

3. 素质层面。通过对于两种反对论的反驳,使学生对于马克思主义理论有更加深入的思考,深刻认识到马克思主义的科学性,不断推进马克思主义政治经济学的中国化时代化,开辟马克思主义政治经济学新境界。

(二) 启发思考题

你认为数字资本主义时代价值规律是否失效?

参考答案如下:

数字资本主义时代价值规律没有失效。劳动时间无用论是对马克思生产劳动与非生产劳动区别的忽视和误解,成本趋零论对于价值度量犯了形而上学的错误。基于对上述两种价值规律失效论的反驳,我们可以得出结论:数字资本主义时代作为资本主义社会发展的最新阶段,其运行逻辑并未摆脱价值规律的作用范围,价值规律仍然有效,只不过价值规律作用的形式发生了变化,由抽象的价值规律转化为生产价格规律。

四、教学目标达成

通过理论学习和案例讨论,加深学生对价值规律理论的理解,同时提高学生学以致用的能力。思政内容方面,希望通过本案例教学,使学生对于马克思主义理论有更加深入的思考,增强对各种反马克思主义的反驳能力,从而深刻认识到马克思主义的科学性,更好地学好用好马克思主义政治经济学,不断开辟马克思主义中国化新境界。

参考文献

[1] 丹·希勒. 数字资本主义 [M]. 杨立平译. 南昌:江西人民出版社,2001.

[2] 白刚. 数字资本主义:"证伪"了《资本论》? [J]. 上海大学学报

（社会科学版），2018，35（04）：53-60.

［3］魏旭. 数字资本主义下的价值生产、度量与分配——对"价值规律失效论"的批判［J］. 马克思主义研究，2021（02）：50-61，151-152.

［4］Hardt M., Negri A. Multitude［M］. London：Penguin Books，2005.

［5］Fuchs C. Labor in Informational Capitalism on the Internet［J］. The Information Society，2010，26（03）：179-196.

［6］Fuchs C. With or Without Marx?［J］. Triple C，2012，10（02）：633-645.

［7］Vercellone C. From Formal Subsumption to General Intellect：Elements for a Marxist Reading of the Thesis of Cognitive Capitalism［J］. Historical Materialism，2007，15（01）：13-36.

［8］马克思恩格斯全集（第38卷）［M］. 北京：人民出版社，2020.

案例六　为市场筑基：建设全国统一大市场

一、案例简介

2022年4月10日发布的《中共中央 国务院关于加快建设全国统一大市场的意见》（以下简称《意见》）提出，要加快建设高效规范、公平竞争、充分开放的全国统一大市场，全面推动我国市场由大到强转变，为建设高标准市场体系、构建高水平社会主义市场经济体制提供坚强支撑。党的二十大报告也提出，要构建全国统一大市场，深化要素市场化改革，建设高标准市场体系。

（一）全国统一大市场的内涵

全国统一大市场是指在政策统一、规则一致、执行协同的基础上，通过充分竞争与社会分工所形成的全国一体化运行的大市场体系。根据《意见》的提法，"统一"指的是国家层面的政策、规则和执行上的统一，这离不开"有为政府"的作用。只有通过顶层设计，才能破除地区之间的利益藩篱和政策壁垒，维护国家法治统一、政令统一、市场统一，真正做到全国一盘棋。"大"则体现在市场范围上，《意见》中提到要促进商品要素资源在更大范围内畅通流动。在此之前，习近平总书记曾强调，"要注意防范各自为政、画地为牢，不关心建设全国统一的大市场、畅通全国大循环，只考虑建设本地区本区域小市场、搞自己的小循环"。① 因此，打破地方保护、市场分割以及行业垄断，打通制约国民经济循

---

① 习近平. 把握新发展阶段，贯彻新发展理念，构建新发展格局[J]. 求是，2021（09）：3-9.

环的关键堵点，是建成全国统一大市场的关键所在。建设全国统一大市场体现了社会主义市场经济的本质特征：

一是坚持了社会主义基本经济制度。在指导思想上，将习近平新时代中国特色社会主义思想作为指导思想；在对待资本的态度上，为资本设置"红绿灯"，防止资本无序扩张；在组织实施保障上，加强党的领导，要求各地区、各部门把思想和行动统一到党中央决策部署上来。

二是坚持了市场经济的共性标准。《意见》指出，要完善统一的产权保护制度，实行统一的市场准入制度，维护统一的公平竞争制度，健全统一的社会信用制度，健全统一市场监管规则等。

（二）全国统一大市场：中国特色社会主义市场经济的基础

《意见》明确提出，建设全国统一大市场是构建新发展格局的基础支撑和内在要求。从新发展格局视角来看，建设全国统一大市场是中国特色社会主义市场经济的基础要求，体现在促进国内市场一体化和国际市场互联互通两个方面：

从国内来看，作为市场发育的高级阶段，全国统一大市场将推动中国市场实现由大向强的转变。1992年党的十四大明确提出，我国经济体制改革的目标是建立社会主义市场经济体制。经过多年实践，中国特色社会主义市场经济体制已不断健全，但仍存在生产要素市场发展滞后、市场秩序不规范、市场规则不统一、市场竞争不充分等问题。要想解决上述问题，真正实现高质量发展和中国式现代化，建设全国统一大市场已成为历史必然。另外，我国拥有超过4亿人的中等收入群体，年进口商品和服务达2.5万亿美元，具有超大规模的市场优势和内需潜力，然而由于国内循环不畅，国内市场的消费潜力没有得到真正释放，导致国内市场长期处于一种大而不强的状态。因此，新时代迫切需要建立全国统一大市场，使生产、分配、流通、消费各环节更加畅通，形成供需互促、产销并进、畅通高效的国内大循环，释放内需潜力，真正实现市场由大到强转变。

从国际来看，建设全国统一大市场符合当前国际形势。百年变局与世纪疫情交织叠加，外部环境的动荡和不确定性明显增强，我国经济发展面临新的挑战。在此背景下建设全国统一大市场，通过内部确定性和高水平的经济循环来抵御外部的不确定性。但全国统一大市场不是"自我封闭"的国内市场，反而是在更高水平上的开放，有助于包括外资企业在内的所有类型企业参与公平竞争，有助于更好地吸引外资和先进的生产要素，为畅通国民经济循环注入新的动力。同时，我国企业在更公平开放的市场中竞争，也有利于提升竞争实力，从而有利于更好地"走出去"参与国际市场。

（三）新时代如何建设全国统一大市场

此次《意见》的公布，就是要求深化改革，立破并举。所谓"破"，就是破除各种封闭小市场、自我小循环，加快清理废除妨碍统一市场和公平竞争的各种规定和做法，比如单一市场主体的垄断及不正当竞争行为、某些地方政府的地方保护和区域壁垒政策。所谓"立"，就是建设统一市场的基础制度、高标准联通的市场设施、统一的要素和资源市场、统一的商品与服务市场、公平监管体系，对不正当市场行为进行干预。具体举措如下：

1. 统一基础制度规则，夯实市场根基。现代市场经济运转需要有良好的市场基础制度规则作为支撑，强化市场基础制度规则统一，是建设全国统一大市场的首要任务，要着力推动产权保护、市场准入、公平竞争、社会信用等基础制度的统一，夯实市场稳定运行的根基。

2. 统一市场设施，促进循环畅通。产品由生产到消费的必经之路是产品运输，只有建立统一联通的市场设施，降低物流和信息流通成本，才能保证国内国际双循环畅通。具体做法包括建设现代流通网络、完善市场信息交互渠道以及推动交易平台优化升级等。

3. 统一要素和资源市场，抓实关键领域。要实现要素和资源市场的统一，就要使土地和劳动力、资本、技术和数据、能源、生态环境等生产要素充分自由流动起来，向全国开放共享，进而畅通国内循环，实现规模经济，任何形式的市场分割都不利于市场经济的正常运行。

4. 统一商品与服务市场，回应市场关切。生产以产品销售为最终目的，加快推进跨区域产品标准、质量及售后服务水平的统一，有助于提高产品的竞争力，促进我国市场由大向强转变。

5. 统一市场监管，促进公平公正。市场监管是政府的重要职能，是有效市场和有为政府的重要结合点，推进市场监管公平统一是建设全国统一大市场的重要保障，要"形成政府监管、平台自律、行业自治、社会监督的多元治理新模式"。

二、思政元素挖掘

（一）建设全国统一大市场需用好"数字赋能"

随着数字经济的蓬勃发展，全国统一大市场的范围已不再局限于实体商品交易范畴，数字商品也成为全国统一大市场的重要交易标的之一。中国适时启动实施"东数西算工程"，通过构建数据中心、云计算、大数据一体化的新型算力网络体系，将东部算力需求有序引导到西部，优化数据中心建设布局，促进区域协同联动发展，为构建全国统一大市场提供重要的信息基础设施基础。当前数字经济为赋能全国统一大市场建设提供了坚实基础，但平台垄断、数据要素孤立、算法治理缺失、数字鸿沟等问题制约了其功能的有效发挥，因此，必须通过健全监管规则、统一数据要素市场、加强算法治理、弥合数字鸿沟等引导和规范数字经济发展，以促进全国统一大市场建设。

（二）构建新发展格局离不开全国统一大市场

构建新发展格局的关键在于内外经济循环的畅通无阻，让各种生产要素及其组合在生产、分配、流通、消费各环节有机衔接、循环流转。然而现实中区域市场条块分割、地方保护和不当竞争等问题时有发生，不仅阻碍要素自由流动，而且成为经济活动高效循环发展的桎梏之一。为此，迫切需要加快建设全国统一大市场，破除地方保护和市场分割，打通制约经济循环的关键堵点，促进商品要素资源在更大范围内畅通流动，形成供需互促、产销并进、畅通高效的国民经济循环体系，进而在这个基础上扩大对外开放，推进国际大循环。可见，全国统一大市场为构建以国内大循环为主体、国内国际双循环相互促进的新发展格局提供坚强支撑。

（三）充分发挥市场在资源配置中的决定性作用，更好发挥政府作用

《意见》明确指出了一个原则：有效市场＋有为政府，即"充分发挥市场在资源配置中的决定性作用，更好发挥政府作用"，这不仅是习近平新时代中国特色社会主义经济思想的直观体现，更有助于推动市场和政府两者更好结合。一方

面，生产要素的市场配置是市场经济的基本特征，它以要素价格市场化为前提，以要素的自由流动为条件，如果没有生产要素市场和生产要素在各部门的流动，市场机制对资源的有效配置也就难以实现。另一方面，市场具有自发性、盲目性和滞后性的缺陷，解决这一矛盾需要发挥国家的宏观调控功能。在社会主义市场经济中，国家的经济治理在经济发展中发挥着重要和积极的作用，成为维持宏观稳定、推动经济结构优化、增强创新能力和竞争力的有效途径。

三、案例使用说明

（一）教学目标

1. 知识层面。（1）理解市场经济、市场体系、市场秩序等概念。（2）掌握市场经济的基本特征。

2. 能力层面。提高学生正确认识、理解国家经济政策的能力，也加深学生对于我国社会主义市场经济体制的理解。

3. 素质层面。通过对于建设全国统一大市场的学习，使学生进一步认识到构建高水平社会主义市场经济体制的优越性，并激励学生为全面建设社会主义现代化国家贡献青春力量。

（二）启发思考题

1. 全国统一大市场与新发展格局之间存在怎样的关系？
2. 建设全国统一大市场，政府发挥何种作用？

参考答案如下：

1. 建设全国统一大市场是构建新发展格局的基础支撑和内在要求。加快建设全国统一大市场必定要使劳动力、资本、技术、数据等生产要素流动畅通，打破体制机制障碍与制度壁垒，疏通阻碍经济循环的各种堵点，促进国内大循环，而不仅仅是局限于区域或省市内的小循环。当生产、分配、流通、消费等环节更加畅通，市场运行的效率与规模必将大幅提高与扩大，推动我国市场由大到强的转变。同时，在实现高质量国内大循环的基础上与国际市场相结合，进而实现国内国际双循环。

2. 《意见》指明一个原则：有效市场+有为政府。这意味着在建设全国统一大市场过程中，既要充分发挥市场在资源配置中的决定性作用，还要更好发挥政府作用。政府的作用一方面体现在不断提高政策的统一性、规则的一致性、执行的协同性，从而实现全国统一大市场的"统一性"，真正做到全国一盘棋；另一方面体现在坚持放管结合、放管并重，提升政府监管效能，增强在开放环境中动态维护市场稳定、经济安全的能力，有序扩大统一大市场的影响力和辐射力。

四、教学目标达成

通过理论学习和案例讨论，催化学生的发散性思维，加深学生对市场经济理论的理解，同时提高了学生学以致用的能力。思政内容方面，本课程主要实现以下教学成效：使学生从全局和战略高度认识建设全国统一大市场的重要性，从而坚定不移推动构建高水平社会主义市场经济体制。

参考文献

[1] 中共中央 国务院关于加快建设全国统一大市场的意见 [N]. 人民日报，2022-03-25.

[2] 习近平. 高举中国特色社会主义伟大旗帜 为全面建设社会主义现代化国家而团结奋斗——在中国共产党第二十次全国代表大会上的报告 [M]. 北京：人民出版社，2022.

[3] 刘志彪. 全国统一大市场 [J]. 经济研究，2022 (05)：13-22.

[4] 国家发展改革委. 加快建设全国统一大市场为构建新发展格局提供坚强支撑 [J]. 宏观经济管理，2022 (07)：1-3，5.

[5] 习近平谈治国理政（第四卷）[M]. 北京：外文出版社，2022.

[6] 以中国大市场创造发展新机遇 [N]. 人民日报，2022-12-20.

[7] 徐礼伯，沈坤荣. 全国统一大市场建设与双循环新发展格局构建 [J]. 经济问题，2022 (08)：1-8.

[8] 余淼杰，季煜. 构建全国统一大市场的价值意蕴及路径探析 [J]. 新疆师范大学学报（哲学社会科学版），2022 (06)：110-120.

[9] 苏剑. 以全国统一大市场筑牢市场经济根基 [N]. 光明日报，2022-04-19.

[10] 陈伟光，裴丹，钟列炀. 数字经济助推全国统一大市场建设的理论逻辑、治理难题与应对策略 [J]. 改革，2022 (12)：44-56.

案例七 贪婪与高贵的财阀：
洛克菲勒家族

一、案例简介

约翰·洛克菲勒（John Davison Rockefeller）是自由资本主义向垄断资本主义过渡时期举足轻重的人物，他既是一个垄断资本家，又是一个慈善家。洛克菲勒的一生以沉默、神秘和逃避而著称，作为美国第一位亿万富翁，他白手起家，通过石油托拉斯，为家族积累了巨额财富，强大的经济基础巩固了洛克菲勒家族在美国的地位。洛克菲勒给石油工业的发展留下了不可磨灭的印记，他创立的垄断信托将美国企业带入了一个新时代。与此同时，洛克菲勒的慈善信托基金使他的巨额财富得以分散，并为他和他的家族带来了好名声。从贪婪的标准石油公司（Standard Oil）创始人、才华横溢但冷酷无情的人，到去世后新闻讣告赞颂为慈善家的一生，他对于垄断托拉斯和慈善托拉斯的发展产生了深刻影响。

（一）洛克菲勒及其家族的兴起

说到美国历史，人们很难不提到洛克菲勒家族的姓氏。走在纽约街头，人们随处可以欣赏到洛克菲勒家族昔日的辉煌：摩根大通银行、洛克菲勒中心、洛克菲勒基金会、现代艺术博物馆以及世界领先的洛克菲勒大学，甚至盘尼西林作为一种通用药物的普及也与洛克菲勒及其家族有很大关系。即使在《反垄断法》出台后标准石油公司解体，老洛克菲勒的遗风依然统治着世界石油工业，而他本人也已被视为当今无处不在、无所不能的西方石油工业的人格化象征。洛克菲勒被称为全球历史上最富有的人，他的成长历程充分体现了商人的特质、家庭的影响和宗教的洗礼，从前半生戎马倥偬的商业生涯，使洛克菲勒家族通过标准石油公司一举成为20世纪初世界最富有的家族，到后半生通过慈善托拉斯疏散财富、回馈社会，敛财的贪婪和疏财的高贵让洛克菲勒本人及其家族都成为资本主义经济社会的重要研究对象。

洛克菲勒本人从小就深谙父亲经商理财之道。1858年，洛克菲勒向父亲借款1000美元，加上自己的积蓄800美元，与比他大10岁的克拉克合股创办了一家经营谷物和肉类的公司，开始了自己的创业生涯，他未参加南北战争，却在战争期间赚取丰厚利润，1862年公司利润达到17000美元。南北战争后美国工业经济迅速发展，出现了许多新兴的工业部门，如铁路、石油、钢铁、化学等，也出现了像洛克菲勒、卡内基、摩根等工业巨子。洛克菲勒从精炼厂开始进入石油工业，1863年在克利夫兰开了一家炼油厂，1867年洛克菲勒将四家小型石油公司合并成立了石油联合公司，1870年重组为标准石油公司，资产达到100万美元。在这一过程中，洛克菲勒将公司管理制度引入石油工业，为现代企业管理模式树立了典范，通过合并标准石油公司先后控制了从石油生产、炼油到管道运输的产业链条，建立了广泛的销售网络。后来，他又用各种手段排挤同行业竞争者，与铁路公司联手，几乎垄断了整个石油行业。19世纪末20世纪初的美国，正处于由自由竞争向垄断竞争过渡时期，激烈的竞争导致小企业不断被大企业吞并，美国工业大企业的时代已经来临。洛克菲勒是最先意识到小企业时代即将结束，大企业时代即将来临的少数预见者之一，他不仅意识到大企业即将来临，而且还采取行动来迎接转型时期的经济挑战，提出了构建托拉斯组织的想法，把美国企业推向托拉斯阶段。

托拉斯是资本主义垄断组织的一种高级形式，是生产同类商品或在生产上有密切关系的企业为了垄断某些商品产销，以获得高额利润而组成的大垄断组织。参加该组织的企业在商业、生产和法律上都丧失了独立性，而由托拉斯的董事会掌管所属全部企业的生产、销售和财务活动，原来的企业主则作为托拉斯的股东，按照股权分配利润。托拉斯作为一种更稳定的垄断组织，拥有极易聚集财富的结构，使得标准石油公司两年后成为全世界最大的石油集团企业，并很快垄断美国的石油工业，洛克菲勒创建的石油帝国及其继承公司——埃克森（Exxon）、美孚（Mobil）以及雪佛龙（Chevron），连同起家于德州的德士古（Texaco）、海湾（Gulf）、英国石油公司（BP）及其英荷皇家壳牌石油公司（Royal Dutch/Shell）并称石油7姐妹，成为世界上最大的7家跨国石油公司。洛克菲勒家族通过石油公司获得巨额利润，以此投资于金融业和制造业，积累了巨大的社会财富，洛克菲勒财团资产总额在1935年仅66亿美元，1960年增至826亿美元，25年中增长了11.5倍，1974年资产总额达到3305亿美元，超过了摩根财团，跃居美国十大财团首位。

(二) 洛克菲勒家族的后续发展

老洛克菲勒唯一的儿子和继承人是小洛克菲勒。小洛克菲勒共有6个子女，姐姐芭布斯最大，其他都是男孩，从大到小分别是约翰、纳尔逊、劳伦斯、温斯罗普和大卫。老洛克菲勒说过，"赚钱的能力是上帝赐给我们的一份礼物"，出于对家族的责任感，年迈体衰的老洛克菲勒也把这种人生观传递给了他唯一的儿子。小洛克菲勒成为家族掌门人之后，不仅接管了家族的石油生意，同时还接管了家族的慈善事业。劳伦斯从祖父那里继承了赚钱的天赋，他的名下拥有15亿美元的资产，在《福布斯》全球587位亿万富翁中排名第377位。1937年劳伦斯继承了祖父买下的纽约证券交易所，从华尔街踏上创业之路，开创了美国风险投资的先河。

第二次世界大战期间，劳伦斯冻结生意，进入海军服役，军阶至少校。战争结束后，他重返商场继续寻找新创立的企业进行投资。1959年《华尔街日报》的一篇文章特别指出劳伦斯在"风险资本"这一新领域所作的贡献，从而确立了他"风险投资之父"的地位。1946年劳伦斯联合洛克菲勒家族其他成员以及包括现代艺术馆在内的一些机构成立了专事风险投资的凡洛克风险投资公司；1969年为英特尔和苹果电脑以及许多其他初创技术公司提供了重要的早期投资，包括许多其他涉及医疗保健的公司。多年来，劳伦斯的投资兴趣扩展到航空航天、电子、高温物理、复合材料、光学、激光、数据处理、热学、仪器仪表和核电等领域。另外，洛克菲勒家族也有长期的慈善事业，包括现代艺术博物馆、洛克菲勒大学和纪念斯隆－凯特林癌症中心。

(三) 洛克菲勒家族财团的经营历史

洛克菲勒财团自20世纪80年代以来，经济实力日益衰退，地位也随之下降，并被摩根财团所超越。这主要是因为美国财团互相渗透，洛克菲勒财团旗下的大企业和大银行都已受到别的财团的渗透而成为共同控股的企业。1911年5月15日美国最高法院判决，依据1890年《谢尔曼反托拉斯法》，美孚石油公司属于垄断机构，应予拆散，导致美孚石油公司被拆分成约37家地区性石油公司。然而投资者依然热衷地追捧这些美孚股票，使得拆分后公司的股票市值合起来远远超过原来美孚公司市值，洛克菲勒家族财产非但没有减少，反而比从前更多。

洛克菲勒财团是银行资本控制工业资本的典型例子，洛克菲勒财团拥有以大通曼哈顿银行为核心的庞大金融网络，以及纽约化学银行、大都会人寿保险公司、公平人寿保险公司等100多家金融机构。通过这些金融机构，洛克菲勒财团直接或间接控制了许多工矿企业，并在冶金、化学、橡胶、汽车、食品、航空运输、电信以及军工等各个经济部门占有重要地位。洛克菲勒财团还单独或与其他财团联合控制着美国五大航空公司，包括联合航空公司、泛美航空公司、美国航空公司、环球航空公司和东方航空公司。1973年能源危机后，石油输出国组织各国与美国垄断资本展开斗争，给洛克菲勒财团以沉重打击，洛克菲勒财团采取了各种措施来扭转这种不利局面，通过参与美国国内石油开发获得美国沿海地区近海油田的租赁权，1976年在阿拉斯加和大西洋中部海岸获得了130万英亩的石油租约。另外，它与英荷壳牌石油公司共同开发了英国北海油田，还渗透到能源行业的其他相关领域，并向石化行业大力发展。

洛克菲勒作为美国标准石油托拉斯王国的创始人，创立的石油托拉斯标志着美国从自由竞争向垄断竞争的转变，通过石油信托为家族积累了巨额财富，并为其家族财团洛克菲勒基金会奠定了雄厚的经济基础。后来，洛克菲勒的慈善信托基金使他的巨额财富得以分散，不仅为他和他的家族带来了好名声，而且可以避免大量税收，为他的家人留下财富。值得关注的是，洛克菲勒用公司的组织形式来建立和管理慈善事业，改变了传统的慈善组织模式，使捐赠的私有财产既保持其私有特性，又具有公司治理的结构性质。

二、思政元素发掘

（一）反托拉斯法实施后，托拉斯消失了吗

由于1882年标准石油公司的成功，其他行业的大企业便纷纷仿效，组成了各式各样的托拉斯：1884年成立了棉油托拉斯；1885年成立了亚麻籽油托拉斯；1887年成立了食糖托拉斯、威士忌托拉斯、信封托拉斯、绳索托拉斯、油布托拉斯、沥青托拉斯、芝加哥炼气托拉斯、纽约肉制品托拉斯等。到19世纪80年代末，全美形成独占地位的托拉斯遍布石油、铜、橡胶、煤炭、牛肉、玻璃、威士忌、农业机械等数十个行业，致使大批中小企业纷纷被收购，或者因托拉斯的掠夺性行为而破产，失业率急剧上升，贫富差距拉大，赤贫人口增多，企业劳资

关系紧张。招致社会的强烈指责，以致美国各州不得不采取措施去限制托拉斯的活动，1890年出台《谢尔曼反托拉斯法》，1911年标准石油托拉斯解散。但是洛克菲勒的石油托拉斯并没有消失，而是以慈善托拉斯形式继续存在与发展。

（二）资本垄断集团与国家政权

洛克菲勒创造了标准石油托拉斯和慈善托拉斯，标准石油公司是洛克菲勒控制美国乃至全球的石油帝国，石油托拉斯为其家族赢得了巨额财产，使得洛克菲勒家族兴起。洛克菲勒的家族财团——洛克菲勒财团，给20世纪的美国政治、经济、社会、生活带来了巨大的影响。他的儿子小洛克菲勒把自己的才能主要集中到发展慈善事业和社会事业方面，对政治、经济、文化教育、社会福利各个领域大量投资，形成了包罗万象的网状组织，把触角伸向美国经济社会生活的各个角落，扩大了洛克菲勒财团以及家族的影响。从19世纪末到20世纪初，洛克菲勒财团是美国的十大财团之一，是以银行资本控制工业资本的典型。

洛克菲勒财团不但在经济领域占绝对优势地位，在政府中也安插了一大批代理人，在一定程度上影响着美国政府的内政外交政策。洛克菲勒财团经常资助对外政策方面的研究，并且曾经为美国输送了大批对外事务方面的高级官员，包括约翰·杜勒斯（John Foster Dulles）和亨利·基辛格（Henry Alfred Kissinger）等。戴维·洛克菲勒作为财团的主要人物，还亲自大力推动美国打开与中国的关系，在尼克松访华后不久，大通·曼哈顿银行在北京开设办事处。洛克菲勒虽不喜欢政治，却从不反对其手下用重金收买、贿赂高级官员来达到影响政府决策的目的。在反托拉斯呼声高涨之时，大力支持威廉·霍华德·塔夫脱（William Howard Taft）竞选总统，寄望于他在执政期间能够缓和反托拉斯的攻势。1963年11月肯尼迪被刺前夕，洛克菲勒又正式宣布参加1960年总统大选，要争取提名为共和党的总统候选人，最后被巴里·莫里斯·戈德华特（Barry Morris Goldwater）所代表的另一部分垄断集团的势力所击败。洛克菲勒家族第三代纳尔逊·洛克菲勒一生都投身于政治中，曾经在三位总统手下度过九年的华盛顿生活，之后当了四届纽约州州长，1974年当选为美国副总统。因此，一个垄断资本集团在形成和发展之后，总是要寻求政治上的统治和垄断，洛克菲勒集团当然也不例外。

三、案例使用说明

（一）教学目标

1. 知识层面。（1）理解垄断资本主义及其特点。（2）掌握垄断对资本主义经济的影响。

2. 能力层面。通过对资本主义经济制度基础理论和发展演变的讲解，帮助学生系统地掌握垄断资本主义的成因及对经济社会的影响，并结合案例，设置两个问题让学生讨论分析，培养学生解决经济问题的能力。

3. 素质层面。理解资本主义经济制度有其自身的资本主义生产关系，垄断资本主义与帝国主义密切相关，资本输出国通过将过剩资本输出海外，压迫和剥削发展较为落后的国家。如今，垄断资本主义呈现出新的特征且金融资本的统治地位在不断加剧，社会财富呈现两极分化，加剧了社会矛盾和冲突。通过案例的学习了解当代各国反垄断的政策，拓宽学生视野，增强社会责任感。

（二）启发思考题

1. 分析资本主义经济制度的发展过程及其阶段性特征。
2. 分析垄断资本主义形成的原因及其影响后果。

参考答案如下：

1. 第一阶段，14～16世纪资本主义萌芽阶段。资产阶级思想文化兴起，东西方的交流逐步加强，西欧封建制度开始瓦解，逐渐向资本主义社会过渡，由于文艺复兴和新航路的开辟，人们思想和行为上走向开放。第二阶段，17～18世纪早期资产阶级革命阶段。资本主义制度开始确立，在启蒙思想的影响下，英国、法国、美国通过资产阶级革命，先后建立了资本主义制度，进入资本主义时代，但欧洲封建势力仍比较强大。第三阶段，18世纪60年代～19世纪70年代自由资本主义阶段（蒸汽时代）。在工业革命的推动下资产阶级力量大幅增强，19世纪六七十年代出现资产阶级革命或改革的世界潮流，资本主义最终战胜封建主义。英、法、美、日等国家完成资本主义革命，逐步开始对外扩张。第四阶段，19世纪70年代～20世纪四五十年代，垄断资本主义阶段（电气时代）。在第二次工业革命的推动下资本主义国家的生产力获得了突飞猛进的发展，开始从自由资本主义向垄断资本主义过渡，19世纪末20世纪初主要资本主义国家美、德、英、法、日、俄等国，相继进入了帝国主义阶段。第五阶段，20世纪四五十年代至今，国家垄断资本主义阶段。在第三次科技革命的推动下，资本主义由一般垄断向国家垄断过渡，这一阶段经济发展更为迅速，自动化、信息化、产业化时代到来，世界政治格局朝着多极化方向发展。

2. 资本主义从自由竞争阶段进入到垄断竞争阶段，是资本主义社会生产力和生产关系矛盾运动的结果。垄断竞争取代自由竞争是资本主义私有制范围内生产关系的阶段性调整，垄断资本主义在发展过程中又出现新的变化，从私人垄断资本主义转变为国家垄断资本主义。在垄断资本主义阶段，垄断资本家为了追求高额垄断利润，导致国家内部无产阶级和资产阶级的矛盾加剧。从生产领域来看，垄断组织垄断了优越的技术条件，建立起严格的管理制度，极大地提高了工人的劳动生产率，其结果是工人为垄断资本家创造的财富日益增多。从流通和分配领域来看，资本主义国家对国民收入进行有利于资产阶级的再分配，加深了垄断资本主义国家内部无产阶级和资产阶级之间贫富的鸿沟，使两个阶级的矛盾加剧。为了缓和阶级矛盾，资本家阶级开始调节劳资关系、开展失业救济、加强社会保险等，但不能从根本上解决资本主义国家的基本矛盾。

四、教学目标达成

通过理论学习和案例讨论，催化学生的发散性思维，加深了学生对理论的理解和对客观事物的认知，同时提高了学生学以致用的能力，使其能够运用经济学的分析方法解释实际生活中的经济现象、解决实际问题。思政内容方面，本案例主要实现以下三点教学成效：（1）通过对洛克菲勒家族发展历程案例的研究，认识到资本主义经济制度的本质，加深学生对中国特色社会主义制度的认知，增强理论自信。（2）垄断资本主义实质上是帝国主义，会严重侵害人民群体的权益，甚至以资本输出的形式荼毒发展中国家和地区，这就要求强化"国家立场"和"人民立场"，坚定捍卫中国特色社会主义制度。（3）通过本案例教学，使学生在学习《政治经济学》资本主义经济制度相关知识点时，学会运用马克思主义的立场观点观察、分析、解决经济发展中的问题，提高分析问题和解决问题的能力。

参考文献

[1] 何庄. 慈善的石油"恶魔"洛克菲勒家族 [M]. 北京：社会科学文献出版社，1998.

[2] 复旦大学资本主义国家经济研究所. 美国垄断财团 [M]. 上海：上海人民出版社，1977.

[3] 李寿祺. 利益集团与美国政治 [M]. 北京：中国社会科学出版社，1988.

[4] 资中筠. 散财之道——美国现代公益基金会述评 [M]. 上海：上海人民出版社，2003.

[5] 张强. 垄断与竞争——美国反托拉斯政策剖析 [M]. 天津：南开大学出版社，1994.

[6] Flynn, John T. God's gold the story of Rockefeller and his times [M]. New York：Harcourt Brace，1932.

[7] Bremner, Robert H. American Philanthropy [M]. Chicago：The University of Chicago Press，1960.

[8] Bensel, Richard, Franklin. The political economy of American industrialization：1877–1900 [M]. New York：Cambridge University Press，2000.

案例八　英国脱欧：欧洲一体化进程缘何遇阻

一、案例简介

2016年6月23日，英国脱欧公投中"脱欧派"以微弱优势获胜，2017年3月29日时任英国首相特蕾莎·梅宣布启动《里斯本条约》第50条，英国与欧盟启动脱欧谈判，2020年1月31日英国正式退出欧盟，结束了长达47年的欧盟成员国身份。从欧洲一体化的倡导者、旁观者、参与者，从"脱欧"公投到启动"脱欧"程序，再到正式"脱欧"，英国成为首个退出欧盟的成员国。英国脱欧削弱了欧盟的全球影响力，打破了欧盟内部的力量对比，深刻影响了欧洲一体化的方向和路径。

（一）加入欧盟

英国依赖于工业革命以来积累的经济实力和国际地位，在第二次世界大战后美苏争霸和殖民体系崩溃的背景下，时任英国首相丘吉尔奉行三环外交政策与欧洲大陆国家进行贸易往来，但对于加入欧洲一体化组织却一直表现出拒绝态度。20世纪60年代初，英国经济发展陷入困境，GDP增速下降，经济总量落后于法国和联邦德国，为了寻求经济增长的新动力，英国决定向欧共体靠拢。

自1961年以来，英国曾三次提交入盟申请，前两次均遭到时任法国总统戴高乐的反对，最终未获批准。戴高乐认为英国只是想获得作为欧洲共同体成员的许多好处，而不想承担相应的义务，加之戴高乐对英国的大西洋主义政策也十分不满。法国在这个问题上一直没有让步，直到1970年戴高乐卸任法国总统。当时，德国已经发展成为欧共体的头号强国，法国希望英国加入形成欧洲内部的

"三驾马车"制衡机制。1973年1月1日，英国正式加入欧共体。为了减轻布雷顿森林体系崩溃后美元的大幅度贬值带来的损失，欧共体国家在1979年建立了欧洲货币体系，设立欧洲货币单位，成员国之间保持汇率稳定。

1984年拉美债务危机爆发后，国际资本流动主要在发达国家之间进行。新的国际分工导致欧共体国家内部贸易大幅增加，2/3的贸易发生在成员国之间，保持稳定的汇率是非常必要的，使用统一的货币将降低90%以上的交易成本。正是在这样的背景下，欧共体国家签订了《马斯特里赫特条约》。然而，伦敦的金融市场比德国和法国发达得多，国际化程度也更高，影响英镑的因素不仅来自区域内贸易，也来自国际资本流动，特别是区域外的资本流动，导致英国很难与欧洲大陆国家采取共同的货币政策来维持彼此汇率的稳定。1992年英德两国货币政策分化，导致以索罗斯为首的国际资本冲击英镑，引发欧洲货币危机，英国外汇储备损失惨重。尽管英国已经吸取了教训，拒绝加入欧元区，但巨大的市场前景和经济区域化带来的好处，仍然让英国愿意留在欧盟。

（二）难民危机："脱欧"导火索

欧盟作为全球范围内区域经济金融一体化的伟大实践，注定要不断面临各种挑战，需要不断进行政治、经济、文化等方面的调整才能生存和发展。2008年金融危机的爆发，使经济结构脆弱的葡萄牙、意大利、希腊、西班牙等国家陷入了主权债务危机，也即欧洲债务危机。一些国家已经超过了欧元标准红线，引起人们对欧元是否会解体的广泛怀疑，加之全球经济萧条加剧了中东地区的国内政治矛盾，阿拉伯之春运动在埃及、利比亚和叙利亚爆发，导致有的国家被推翻，有的国家陷入内战，数以百万计的难民涌入欧洲，激化了欧盟内部的矛盾。

1. 欧债危机加重了英国的经济负担。当希腊在2001年加入欧元区时，它并没有完全达到《马斯特里赫特条约》规定的加入欧元区的标准。希腊政府为了降低利率以达到加入欧元区的标准，不得不大量借贷以增加货币供应，导致高额债务。2008年的金融危机中断了希腊"借新债还旧债"的资金链，提高了资金成本。2009年希腊主权债务危机瞬间爆发，葡萄牙、西班牙、意大利等国相继爆发债务危机。为了稳定欧元和欧洲经济，欧盟成员国制定了7500亿欧元的救助机制，其中4400亿欧元由成员国提供，600亿欧元由IMF提供，2500亿欧元由欧洲央行在金融市场发行，还要求成员国免除希腊50%的债务。美国的金融危机对伦敦的打击非常大，2009年英国经济负增长4.2%，面对自身的经济困境，作为欧盟"三驾马车"之一的英国不得不承担巨大的救助义务，民众的不满与日俱增。在英国看来，欧债危机不仅是葡萄牙、意大利、希腊、西班牙等国家错误财政政策的结果，也是欧盟治理体系不合理的结果。由于欧共体创始大国之间的博弈和制衡，欧元区有统一的货币政策，但没有统一的财政政策，在经济动荡时期无法使用货币贬值等政策工具，成员国只能做自己的事，通过举债和扩大赤字来刺激经济，一旦一个成员国爆发债务危机，就会在统一的金融市场中波及整体，并迅速将危机扩散到其他成员国。欧债危机表明，在希腊高负债、国家破产等现象的影响下，欧元区经济动荡是不可避免的，英国置身其中自然要为经济的平稳运行和金融的稳定付出相应的代价。

2. 英国脱欧的另一个关键因素是移民问题。在20世纪的大部分时间里，向内和向外移民的影响在英国或多或少地相互抵消，自1994年以来，移民到英国的人数不断超过向外移民人数；从1998年开始，每年有10万以上人口净流入；2004年欧盟扩大后，移民人数进一步增加。英国连同瑞典和爱尔兰是向新成员国工人开放其劳动力市场而不加限制的少数几个老成员国之一，值得注意的是，2007年罗马尼亚和保加利亚加入欧盟，英国改变了做法，选择将这两个国家的国民进入劳动力市场的时间推迟到2014年。自2004年以来，净移民每年达到20万人；自2014年12月以来，每年净移民达到30万人。然而受地缘冲突的影响，数以百万计的难民涌入欧洲，欧盟各国面对难民的后续处置等一系列问题上无法给出一致的答案，应对措施缺乏协调性和一致性，相互推诿责任的现象十分突出。德法等欧盟主导国家希望成员国分担并履行国际义务和人道主义责任。经济实力较弱、失业问题严重的南欧国家和福利水平较高的北欧国家强烈反对接收难民，没有履行欧盟的难民配额计划，并将难民危机的根源指向了对接收难民持积极态度的德国。难民危机在欧盟国家之间造成了明显的分歧，破坏了成员国之间的政治信任。如果说欧债危机暴露了欧盟治理的缺陷，让英国充满了对欧盟的抱怨，那么难民危机则是火上浇油，促使英国政治中"疑欧派"和"留欧派"之间的力量平衡发生了重大变化。

（三）复杂艰难的脱欧历程

早在2013年1月23日，时任英国首相戴维·卡梅伦（David Cameron）在彭博社（Bloomberg）的一次演讲中讨论了欧盟的未来，并宣布他支持英国在欧盟新解决方案的基础上，在未来举行一场脱欧公投。2015年12月17日《欧盟公投法案》获得皇家批准，提出就英国未来的欧盟成员国身份进行公投。2016年2月22日英国首相宣布脱欧公投日期为2016年6月23日。2016年6月24日英国脱欧公投结果公布：选民投票率为72.2%，赞成脱欧者达总投票人数的51.89%，留欧投票数为48.1%，脱欧阵营获胜。2016年6月24日早晨8时，时任英国首相卡梅伦在唐宁街10号首相府前发表讲话，在讲话中宣布辞职。

英国脱欧触发了欧盟《里斯本条约》第50条，开始了英国正式脱欧的两年倒计时。按照该条约规定，如果确认脱离欧盟，欧洲理事会应在2年时间内与英国就脱欧后各种关系变动达成协议，并交欧洲议会批准。受到英国脱欧影响，英镑对美元汇率当即大幅跳水，在公投结果出来两天之内猛跌至1985年来最低点。2017年1月17日时任英国首相特雷莎·梅在兰开斯特宫发表演讲，阐述了政府的"英国计划"以及英国将用于谈判脱欧的优先事项；2017年1月26日英国政府公布欧盟退出通知法案；2017年2月2日英国政府发布英国脱欧白皮书，正式阐述英国脱欧战略。2017年3月16日《欧盟（退出通知）法案》获得批准；2017年3月29日英国首相触发《欧盟条约》第50条；2017年3月30日英国政府发布《大废除法案》白皮书。

英国脱欧，在60多年的欧洲一体化进程中从未有过先例，英国该怎么与欧盟进行谈判，脱欧后又将如何应对，都是需要深入讨论的议题和备受关注的热点。从2016年6月23日公投脱欧，到2017年3月29日启动脱欧进程，英国脱欧靴子落地用了整整280天的时间。2017年3月29日英国驻欧盟大使蒂姆向欧洲理事会主席图斯克递交"英国脱欧函"，标志着脱欧程序正式开始，脱欧谈判也随之开始。初期的谈判主要围绕英国和欧盟的费用均摊问题、英国与北爱尔兰关系、脱欧后的贸易和关税协定三个问题展开，在费用问题达成共识后，2017年12月欧盟方面宣布第一阶段脱欧谈判结束，这时所达成的只是一个框架性的谈判结果，完全没有涉及贸易和细则。

长期以来，国际社会一直预计英国将于2019年3月29日晚上11点离开欧盟。然而，在2019年3月14日下议院投票后英国政府寻求欧盟批准延长《里斯本条约》第50条，并同意推迟脱欧日期。2019年3月20日，英国首相致函时任欧洲理事会主席唐纳德·图斯克，要求将第50条延长至2019年6月30日。欧盟理事会（european council）召开会议，27国领导人同意延长脱欧期限，2019年4月2日特雷莎·梅宣布她将寻求进一步延长《里斯本条约》第50条的脱欧进程，并提出与反对党领袖会面，以达成一项能够赢得议员支持的协议。在2019年4月10日的欧洲理事会会议上，英国和欧盟27国同意将《里斯本条约》第50条延长至2019年10月31日。

2019年5月24日，面对英国议会反复的压力和遥遥无期的脱欧进程，时任首相特雷莎·梅在其与欧盟达成的脱欧协议第三次被英国议会否决后宣布辞职，接替她的是前伦敦市长、外交大臣鲍里斯·约翰逊。2019年6月18日约翰逊与4名竞争对手一同参加BBC举行的电视辩论，坚称英国必须于10月31日如期退出欧洲联盟，而这样做的唯一方法是为"无协议脱欧"做好准备。然而，到了2019年6月27日，他又称只有百万分之一的概率会带领英国无协议脱离欧盟；2019年7月17日在选举结果出来前的最后一次辩论中，约翰逊表示特雷莎·梅的脱欧协议无法继续执行，他会迫使欧盟让步和同意重新谈判，同时他也拒绝支付390亿欧元的英镑财政清算。2019年7月24日，约翰逊正式接任英国首相，就职后向民众继续表达了脱欧的强硬立场，并重申英国必须于10月31日如期退出欧洲联盟。

2019年10月19日，约翰逊的新脱欧协议在下议院修正案中失败。根据《2019年欧盟退出（第2号）法案》，约翰逊写信给时任欧洲理事会主席唐纳德·图斯克要求延长英国脱欧进程。2019年10月28日欧盟各国大使同意将英国脱欧延期至2020年1月31日。2019年12月12日鲍里斯·约翰逊因其强硬的脱欧立场，被保守党推上首相之位，再次以绝对优势赢得大选。随着2020年1月22日和29日英国议会两院和欧洲议会宣布批准时任英国首相鲍里斯·约翰逊的英国脱欧协议，在2020年1月31日的格林尼治时间23点，英国宣布正式退出欧盟。

二、思政元素发掘

（一）全球化发展失衡是英国脱欧的重要因素

欧洲一体化进程是经济全球化的一个缩影，作为一种次全球化现象，它充分彰显了经济全球化的内在悖论。英国通过金融化的政策引导，在全球化和欧盟化进程中获得了重要地位，但欧盟内部资本、货物、人员的自由流动，并未自动带来均衡的财富转移效应和积极的社会后果，反而导致全球化进程中国家间的利益高度分化，结构性改革和社会治理难度加大，引发各种反全球化的本土主义运动。英国"脱欧"即由这种本土主义运动不断膨胀所致，反映出英国民众不断加重的经济、社会和文化焦虑，以及不列颠民族"偏安自保"传统心态的强势回归。

金融资本主导着经济政策，导致英国出现阶层失衡、产业失衡和地区发展失衡，产生普遍的经济焦虑。经济金融化带来的繁荣不仅推高了社会贫富两极分化程度，而且加速了经济的去工业化，英国经济被低技能、低技术、低工资的服务业以及越来越不安全和不稳定的就业形势所支配。进一步导致英国地区间发展不平衡，出现伦敦和英格兰东南部地区与前工业中心地带之间"冰火两重天"的经济格局。

（二）欧元区危机阻碍一体化进程，夺回主权成为脱欧最大动力

2008年的金融危机和欧元区危机成为英国脱欧的第一个导火索。英国央行对金融危机的反应更具扩张性，在欧元区整体陷入衰退的情况下，率先走出危机阴影，从而加速了英国和欧盟经济的分化。更重要的是，欧元区危机使得欧盟更深层次的融合显得必要，一方面要求驯服不受监管的英美金融体系，从而危及到伦敦金融城的经济利益；另一方面要求改变欧盟财政分立的现状，通过打造完全的经济、金融、财政和政治联盟，走向"联邦欧洲"。这导致英国在欧盟内部的地位堪忧，到底是接受现状更深层次地融入欧洲一体化进程，还是通过"脱欧"做出强硬回绝？卡梅伦政府一开始是抵制欧元危机带来的一体化压力，保障英国金融业务不受欧盟过度监管，同时在其他政策领域收回英国主权。但2010～2015年的一系列事件，凸显了欧盟通过"更紧密联盟"解决欧元区危机的政治决心，也暴露了英国的弱势。

在应对欧元危机和移民危机中，欧盟机构获得大量权力，成员国主权不断被侵蚀，这成为一体化进程的重要契机，但却与英国的国家利益产生冲突。由于英国无法撼动欧洲一体化的政治决心，导致英国在欧盟核心决策机构中被日益边缘化，这种弱势处境激发出强烈的疑欧情绪，并汇聚成推动"脱欧"运动的两股主要力量：一股是支持超自由主义的全球主义，将欧盟视为英国资本主义全球野心的监管障碍；一股势力是右翼民族主义，它要求国家采取行动，解决被全球化所遗忘的"留守者"的生存问题。因此，欧盟日益强化的金融监管，危及到伦敦金融城的利益，这使得金融业摆脱欧盟约束，通过全球化的金融网络来谋取利润的诉求日益强烈。很多超级富豪和对冲基金则抱着投机的心态，试图从脱欧引发的波动和不确定中谋取巨额利益。对自由贸易者而言，欧盟限制了英国与其他国家达成双边贸易协议的能力，它们希望英国在"脱欧"之后，通过减税、吸引外国直接投资等方式，成为全球贸易和投资的集散地，从而打造自由竞争的全球"乌托邦"。

案例八 英国脱欧：欧洲一体化进程缘何遇阻

三、案例使用说明

（一）教学目标

1. 知识层面。（1）理清区域经济一体化的相关理论。（2）了解英国脱欧以及脱欧方式的选择对英国乃至全世界经济金融发展产生重要影响。

2. 能力层面。通过对理论的讲解，帮助学生系统地掌握区域经济一体化的成因及经济社会影响，并结合案例，设置两个问题让学生讨论分析，培养学生解决经济问题的能力。

3. 素质层面。理解英国脱欧这一震惊世界的"黑天鹅"事件的缘起和复杂曲折的谈判历程所涉及的经济实质和政治立场。明晰经济发展本身具有客观规律，其各项生产要素流动和经济重心的形成与一个国家的历史渊源和资源禀赋密切相关。政策制定往往会牵一发而动全身，战略层面更当具备全局性和前瞻性，运用发展的视角分析事件的客观运行规律。通过案例的学习及对中国现阶段宏观经济基本面的分析，理解英国脱欧对中国在贸易和金融等方面产生的影响，分析新格局变化又将带来哪些机遇和挑战。

（二）启发思考题

1. 区域经济一体化产生的原因是什么，英国脱欧会产生哪些经济和社会影响？

2. 讨论英国脱欧对伦敦金融中心地位和国际金融市场产生的影响，海外中资企业应该怎样应对。

参考答案如下：

1. 区域经济一体化的原因主要有：（1）联合一致抗衡外部强大势力，是区域经济一体化的直接动因；（2）第二次世界大战后科学技术和社会生产力的高速发展，是区域经济一体化的客观基础；（3）维护民族经济利益及其政治利益是地区经济一体化形成与发展的内在动因，无论是发达国家的经济一体化，还是发展中国家的经济一体化，其根本原因都在于维护自身的经济、贸易等利益，为本国经济的发展和综合国力的提高创造更加良好的外部环境；（4）贸易与投资自由化是区域经济一体化产生并持续发展的经济源泉；（5）贸易创造等各种积极的经济效应，是区域经济一体化产生并持续发展的重要原因。英国脱欧必然会带来欧盟与英国之间在服务产业布局、资源流动与再分配政策等的变化，英国脱欧对于欧盟来说短期上是体量的缩小，长期来看则是欧盟贸易边界的重新安排，是欧盟与英国、欧盟内部成员国与英国以及欧盟与全球贸易关系的重新界定。

2.（1）英国脱欧对英国金融业发展带来一定负面冲击。由于英国丧失了欧盟的"金融服务通行证"，其为欧盟经贸活动提供的金融服务下降，英国营商环境也发生了变化。脱欧也同样给英国的微观金融机构、金融市场、宏观经济统计和伦敦国际金融中心排名等带来负面影响。（2）基于英国在金融监管及法律体系、传统业务方面的竞争优势，以及掌握着新兴金融业务，英国在全球金融体系中的地位依然重要。（3）脱欧对中英金融合作带来发展机遇，中国企业可着眼人民币国际化、绿色金融和共建"一带一路"等方面开展金融合作，促进双边经贸发展，缓冲中英政治外交关系变化的影响。

四、教学目标达成

专业素质方面，通过理论学习和案例讨论，催化学生的发散性思维，加深学生对理论的理解，提高学生学以致用的能力，使其能够运用经济学的分析方法解释实际生活中的经济现象、解决实际问题。思政内容方面，本课程主要实现以下三点教学成效：（1）引导学生正确认识英国脱欧的实质及其背后的原因。（2）引导学生合理分析英国脱欧带来的经济后果，提出中国应对这一经济后果的政策建议。（3）希望通过本案例教学，使学生在学习《政治经济学》有关资本主义制度知识点的同时，学会使用宏观视角的方法观察、分析、解决经济发展中的问题，提高分析问题和解决问题的能力。

参考文献

[1] 张健. 英国脱欧的战略影响 [J]. 现代国际关系，2019（11）：43 - 50，61.

[2] 金玲. 英国脱欧：原因、影响及走向 [J]. 国际问题研究，2016（04）：24 - 36，131 - 132.

[3] 李靖堃. 从英国脱欧透视欧洲的社会与政治分裂 [J]. 人民论坛·学术前沿，2019（09）：75 - 83.

［4］吴韵曦. 英国大选的脱欧因素与后脱欧时代的政治走向［J］. 当代世界与社会主义，2020（04）：118-123.

［5］李明明. 论欧盟差异性去一体化与后脱欧时代的一体化走向［J］. 欧洲研究，2020，38（05）：6，72-89.

［6］黄平，周弘，江时学. 欧洲发展报告（2015-2016）：欧洲难民危机.［M］. 北京：社会科学文献出版社，2016.

［7］王展鹏. 英国发展报告（2018-2019）［M］. 北京：社会科学文献出版社，2019.

［8］Andrew Glencross. Why the UK Voted for Brexit：David Cameron's Great Miscalculation［M］. Palgrave Macmillan UK，2016.

［9］Francis B. Jacobs，The EU after Brexit：Institutional and Policy Implications［M］. Springer International Publishing，2018.

案例九　合作伙伴还是竞争对手：人工智能创造剩余价值了吗

一、案例简介

以数字化、网络化和智能化高度融合为主要特征的新一轮科技革命引致人类生产方式迈向智能化时代，人工智能加速嵌入物质资料和非物质资料的生产活动，从根本上重塑了商品生产模式，释放出巨大的社会生产力。马克思主义政治经济学的劳动价值论如何应对人工智能的挑战，需要从商品生产模式、劳动价值论和剩余价值论方面厘清人工智能的普遍应用与剩余价值创造的逻辑关系，深化对剩余价值理论的认识。

（一）人工智能重塑商品生产模式

人工智能"将永久地改变这个物质世界的运转方式"，推动人类社会生产方式进入智能化时代。以此为基础的智能化生产将彻底改变传统的机械生产和自动化生产，并逐渐代替人体的劳动，开启机器代替人的体力和脑力的智能化生产时代，重塑商品生产模式，从根本上改变了人类社会经济生活方式。

1. 生产过程向智能化转变。随着大数据、云计算、深度学习等技术的飞速发展，人工智能也经历了由简单的机械替代向配备有强大运算系统并具有学习、思考、交流、决策能力的机器人转变。人工智能的出现，作为生产工具的机器将被赋予灵魂，可以通过机器自身的智能完成某些生产领域的一系列生产过程。在商品生产一线，高度智能化的机器系统凭借其理性决策、精准操作等性能几乎可以独立完成包括工艺、检验、运输等环节的所有工作，实现虚拟信息系统与实体生产体系的灵活协作。人工智能赋能社会生产实现了商品生产方式的全面革新与超越，开启了人类社会生产方式新阶段，即在历经了农业生产、工场手工业、机器大工业、自动化生产后最具颠覆性的阶段。

2. 生产资料使用社会化，随着信息的爆发式增长和生产性应用的大规模扩展，人工智能对数据搜集和信息交互的依赖性也越来越强了，消费偏好、产品特性、消费反馈等私人信息在企业融入智能化生产的过程中，逐渐实现向生产资料的转变，使其转化成为商品生产的关键要素有力地支撑企业的生产决策。这些庞大的私人数据在人工智能产业化应用及规模化扩张的推动下迅速转化为生产部门内部决策使用的社会数据。

（二）人工智能时代对马克思价值论的新理解

根据唯物史观和劳动价值论的理论观点，人工智能时代活劳动依然是价值的唯一源泉。在人工智能时代，人工智能与机器是有本质区别的，人工智能即操纵机器生产的算法，它脱离机器的承载是无法作为一个实体单独存在的，所以人工智能无法作为劳动实体。人工智能机器作为科学转化与技术承接的载体，无异于手推磨、蒸汽机等生产工具，本质上仍为人类物化劳动嵌入其中的劳动资料。从政治经济学的角度讲，马克思很早就对这种自动化机器的诞生有过论述，并且指出这种自动的机器体系，也只是"像不变资本的任何其他组成部分一样，机器不创造创值，但它把自身的价值转移到由它的服务所生产的产品上。"① 所以人工智能并不创造价值。

智能化生产中，虽然人工智能机器被赋予人脑智慧，可以在相当程度上代替工人执行具体操作甚至进行生产决策，但其仅仅是"劳动者置于自己和劳动对象之间、用来把自己的活动传导到劳动对象上去的物或物的综合体"②。无法从根本上颠覆人类劳动的主体性地位，尽管在大数据与深度学习等技术的支撑下，人工智能机器能够模拟人的思维过程自主开展生产活动并自我管理，但这种自主性只是人类自我意识的映射与延伸。科学家和工程技术专家作为智能劳动者通过复杂劳动首先键入生产指令、生产程序系统，并将根据情境对应执行程序的运算模型嵌入其中，随后作为劳动资料的人工智能机器依照预定的程序逻辑机械式地搜集、处理信息，并将其转化为具体操作直接作用于劳动对象，帮助人类实现自己

---

① 马克思. 资本论（第1卷）[M]. 北京：人民出版社，2004：443-444.
② 中共中央马克思恩格斯列宁斯大林著作编译局. 马克思恩格斯文集（第5卷）[M]. 北京：人民出版社，2009：209.

的生产目的。从历史发展来看,人工智能仍旧属于人类想要不断解放人力、提高生产效率所发明的机器,所以在人工智能时代,活劳动仍然是价值创造的唯一源泉。

(三) 人工智能与剩余价值创造

在"生产剩余价值或者赚钱"[①] 的过程中,资本家为了获取更多的剩余价值,会采用更高效率的机器设备进一步缩短必要劳动时间,在相同的生产周期内生产出更多的剩余价值。资本家在这一生产过程中通过降低工人必要劳动时间而提高了剩余价值率,采用了新生产方式的资本家,能够比同行业的其他资本家在同一段劳动时间内占有更多的剩余劳动,这种剩余劳动表现为更多的产品所凝结的价值量。这样的资本家在产品售卖市场上占据优势地位,在同等价格水平下资本家可以通过庞大的产品销售量来获得超额利润。另外,具有高生产率的资本家同样拥有定价权,由于劳动生产率的提高导致单个商品所蕴含的劳动量减少,使得产业资本家能够以低于该商品的市场价格进行出售,从而利用低价占据更多的市场份额,获得超额利润。这一过程在自由竞争的市场条件下并不会持续太久,竞争迫使其他资本家采用同样或更先进的生产技术手段,最终导致这种相对剩余价值的获取能力逐渐消失。从现实来看,总有企业投入大量的研发费用进行科技创新,所以总有企业获得这种超额利润,但从较长的一段历史过程来看,这种超额剩余价值的获取最终会因为科学技术的不断进步和普遍化应用而消失。

二、思政元素挖掘

(一) 人工智能是马克思机器概念的延续吗

马克思在《资本论》中根据机器运行的结构与过程,将机器具体地分为动力机、传动机和工具机三个部分。其中,动力机是机器的动力来源,比如瓦特所发明的蒸汽机;工具机则是区分或规定机器具体所能够从事工作的核心部分,即传统手工工场时人类手工技术的替代品;而传动机负责以动力传递的方式将二者加以连接。机器的三种技能各司其职,不可或缺。

---

① 中共中央马克思恩格斯列宁斯大林著作编译局. 马克思恩格斯全集(第 23 卷) [M]. 北京: 人民出版社, 1972: 679.

案例九　合作伙伴还是竞争对手：人工智能创造剩余价值了吗

就目前的发展而言，"人工智能"还是一个相对模糊的概念，通常来说，"人工智能就是让计算机完成人类心智能做的各种事情"①。而作为一门学科，人工智能作为计算机科学的一个分支，通常是指通过普通计算机程序来呈现人类智能的技术，以及这样的智能系统能否实现，如何实现。虽然人工智能时代在某种程度上已经来临，但其在当前仍然处于初始阶段，人工智能及其产品既在其核心技术属性与发展方向上有别于"机器"，也同样有足够的理由仍然被认为是"机器"。

虽然仍可将人工智能看作是机器，但很明显人工智能已经与传统意义上的机器有了本质区别。在传统大工业时代，机器虽然在很大程度上淘汰了手工工场的劳动力，却没有实现对人类知识或经验的复制而对某一行业或领域内劳动者完成替代，马克思就指出机器"不断地把工人逐出工厂，或者把新的补充人员的队伍拒之门外"②。现阶段人工智能技术能够通过人工神经网络技术实现高精度、高速度的机器翻译和深度学习，展现出同人类智能高度类似的计算能力、记忆能力、决策能力甚至情感能力。人工智能的应用不再单单增加劳动者的剩余劳动时间，更是在一定程度上直接成为劳动者从而代替了一些领域的劳动者。换句话说，人工智能不仅是人类科技线性发展的自然结果，更是技术所期望的"质变"（虽然这种质变尚未真正完成），即对"人"的行为模式、思维方式、情感状态进行模拟从而实现真正的"智能"。以往机器能够不同程度地实现对人类某种劳动形式的模拟和取代，而人工智能科学则在设计和一定程度的表征上体现为对"人"本身的直接模拟，人工智能已经在知识层面超越了传统机器范畴。

（二）人工智能时代剩余价值的源泉是什么

"机器是生产剩余价值的手段"③，对于资本而言，人工智能的目的就是帮助资本"被其自身所固有的规律即利润率鼓舞着追求高额利润"④。在人工智能的生产条件下，人工智能因其绝对的性能和效率优势成为一种被资本采用的更加"文明的和精巧的剥削手段"⑤，价值实体仍是人类的活劳动。那么，剩余价值就依然仅仅来源于雇佣工人的剩余劳动，而非人工智能机器。其一，人工智能时

---

① 玛格丽特·博登 A. 人工智能的本质与未来 [M]. 孙诗惠，译. 北京：中国人民大学出版社，2007：3.
② 马克思. 资本论（第1卷）[M]. 北京：人民出版社，2004：523.
③ 马克思. 资本论（第1卷）[M]. 北京：人民出版社，2004：427.
④ 保尔·芒图. 十八世纪产业革命——英国近代大工业初期的概况 [M]. 杨人梗，陈希秦，吴绪，译. 北京：商务印书馆，1983.
⑤ 马克思. 资本论（第1卷）[M]. 北京：人民出版社，2004：422.

代,那些不用休息的人工智能机器可以完美规避工人长时间、高强度劳动所面临的道德谴责、法律制裁与生理界限,绝对延长剩余劳动时间,使得资本"不仅突破了工作日的道德极限,而且突破了工作日的纯粹身体的极限"①。其二,智能生产在以自然力代替人力的基础上,以标准化、模式化的生产工艺代替不确定性强的工人手工操作,以机器的系统协作代替工人之间的协作,以严密科学的逻辑决策代替经验决策,大大优化了劳动组织形式与生产过程,促进了劳动生产率与相对剩余价值的协同提升。

此外,人工智能极大地减弱了生产对工人的依赖,使人类劳动几乎隐匿于剩余价值生产的全过程,但这种人类劳动的隐匿却强化了资本的剥削能力。在人工智能机器排挤工人压力和大规模产业后备军的威胁下,现役的劳动力不得不接受繁重的工作和极低的工资水平。正如马克思在揭示资本积累一般规律时指出的那样,失业工人的贫困折磨和在业工人的劳动折磨成正比。而且,在企业内部,管理大规模人工智能机器所需的费用远低于管理承担同等生产任务的大量工人的费用,加之人工智能这一劳动资料的生产和制造耗费了大量复杂的人类智慧劳动,生产和制造过程所投入的不变资本看似巨大,但其中更多的却是技术成分,而这些技术在同一生产部门实现规模化应用的边际成本几近为零。历史和现实再一次证明"剩余价值不是来源于资本家用机器所代替的劳动力,而是相反地来源于资本家雇来使用机器的劳动力"②。因此,人工智能非但无法颠覆反而充分证明了劳动仍然是价值的唯一源泉,剩余劳动仍然是剩余价值的唯一源泉。

三、案例使用说明

(一)教学目标

1. 知识层面。(1)掌握人工智能、价值、剩余价值的概念。(2)理解价值理论在人工智能时代的适用性。

2. 能力层面。引导学生系统地掌握价值理论在人工智能时代的适用性以及人工智能对经济的影响,并结合案例,设置两个问题让学生讨论分析,培养学生分析经济问题和解决经济问题的能力。

---

① 马克思. 资本论(第1卷)[M]. 北京:人民出版社,2004:306.
② 马克思. 资本论(第1卷)[M]. 北京:人民出版社,2004:468.

3. 素质层面。理解人工智能时代商品生产模式虽然发生了巨大的变化，但价值理论仍有很好的解释力，能够弄清楚人工智能时代的剩余价值是怎样形成的。理解新时代数字经济对中国宏观经济运行的影响，养成关注国家经济运行趋势、特点及其政策的习惯。

（二）启发思考题

1. 分析人工智能时代商品生产模式发生了怎样的变化？
2. 讨论人工智能的经济影响及其应对之道？

参考答案如下：

1. 生产模式是指企业体制、经营、管理、生产组织和技术系统的形态和运作方式，生产模式的变革是随着科学技术发展及市场化程度状况的变化而不断发展变化。人工智能时代商品生产模式发生的变化如下：（1）生产过程向智能化转变。随着大数据、云计算、深度学习等技术的飞速发展，人工智能也经历了由简单的机械替代向配备有强大的运算系统并具有学习、思考、交流、决策能力的智能化转变。在商品生产一线，高度智能化的机器系统凭借其理性决策、精准操作等性能几乎可以独立完成从原材料投入到成品出产环节的所有工作，实现虚拟信息系统与实体生产体系的灵活协作。（2）生产资料使用社会化，随着信息的爆发式增长和生产性应用的大规模扩展，人工智能对数据的搜集和信息交互的依赖性也越来越强，消费偏好、产品特性、消费反馈等私人信息在企业融入智能化生产的过程中，逐渐实现向生产资料转变，使其转化成为商品生产的关键要素支撑企业的生产决策。

2. （1）人工智能的发展导致社会生产方式和生活方式发生很大改变。人工智能技术作为新一代信息技术、新一代自动化技术和知识生产元技术，一些重复性的、机械的简单劳动已经被机器大范围替代，算法的更新也让人工智能逐渐进入到学习、思考、决策等复杂劳动中来，生产方式有了很大的改变。智能生活改变了人们的生活方式，给人们的生活带来了便捷和舒适，让人们能够更加享受自己的生活，生活质量有了很大的提高。（2）人工智能对劳动的结构也产生了巨大的影响，一些重复性的简单劳动已经被替代，而替代性较强的劳动也岌岌可危，唯有需要深度学习、自主性很强、难以被替代的复杂劳动才能为个人带来较大的价值，所以在人工智能的时代背景下，通过科学调整人才培养结构，推动人才培养方式适应数字经济和人工智能的需要。

四、教学效果分析

通过理论学习和案例讨论，催化学生的发散性思维，加深了学生对理论的理解，同时提高了学生学以致用的能力，使其能够运用经济学的分析方法解释实际生活中的经济现象、解决实际问题。思政内容方面，本课程主要实现以下三点教学成效：（1）数字化变革对世界各国的经济发展都带来了极大的影响，引导学生既要认识到人工智能带来的生产方式和生活方式的改变，也要认识到人工智能释放的巨大社会生产力，理解科技对社会生产力发展的重要作用。（2）要做好人工智能时代的人才储备，在分配方式中要规范财富积累机制，警惕经济快速发展带来的收入差距过大引发的社会问题。（3）希望通过本案例教学，使学生在学习《政治经济学》剩余价值相关知识点的同时，学会运用马克思主义的立场观点观察、分析、解决经济发展中的问题，提高分析问题和解决问题的能力。

参考文献

[1] 埃里克布莱恩约弗森．安德鲁麦卡菲第二次机器革命 [M]．蒋永军译．北京：中信出版社，2016．

[2] 克劳斯施瓦布．第四次工业革命 [M]．世界经济论坛北京代表处，李菁译．北京：中信出版社，2016．

[3] 史孝林．未来人工智能视域下的资本有机构成——马克思劳动价值理论面临的挑战与思考 [J]．重庆社会科学，2020（03）：43 – 50．

[4] 马克思恩格斯文集（第5卷）[M]．北京：人民出版社，2009．

[5] 马克思．资本论（第1卷）[M]．北京：人民出版社，2004．

[6] 徐兴豪．对马克思主义剩余价值理论的再认识——基于企业人工智能普遍应用的现实分析 [J]．西藏发展论坛，2017（05）：19 – 22．

[7] 程承坪，陈志．人工智能促进中国经济增长的机理——基于理论与实证研究 [J]．经济问题，2021（10）：8 – 17．

[8] 张晓晶．关于规范财富积累机制的思考 [J]．中国金融，2022（22）：25 – 27．

[9] 荆继武．我国网络信息安全发展的探讨 [J]．中国科学院院刊，2022（11）：1543 – 1545．

案例十 "劳力"不"伤神"：劳资矛盾的缓解

一、案例简介

马克思科学揭示了资本主义劳资关系具有不可调和的对抗性。劳资关系的产生、发展和变革一定伴随着生产方式的变革，而生产方式又嵌入到劳动过程，因此劳资关系随着资本主义劳动过程的演变而不断跃迁。

（一）劳资关系的演变历程

在马克思主义政治经济学的理论视阈中，劳资关系随着14世纪下半叶近代手工业资本主义经济出现而产生。马克思主义劳资关系的框架以商品流通为起点，贯穿资本主义的生产、交换、分配和消费的全过程。

第一次工业革命的发展极大推动了资本主义世界体系和工人阶级的形成，劳资矛盾不断凸显并日益变化。在生产领域，劳动者作为劳动力的出卖者在生产过程中付出他们的劳动力，而资本家作为购买者要消费劳动者的劳动力，所以劳动者实质上是隶属于资本家的，他们之间的关系是明显对立的，工场手工业的形成和发展在一定程度上使得资本家可以更加系统地剥削工人。19世纪末，资本主义国家对劳资关系的调整由自由放任向政府干预转变，工人组织也慢慢壮大，劳动者从绝对劣势地位向拥有一定的谈判能力转变，劳动者通过集体谈判取得显著成效，实物工资制被取消、十小时工作日法案获得通过、默认工联存在等一系列缓和劳资矛盾的政策相继出台。这些劳动条件的改善表面上为构建和谐劳资关系奠定了基调，但本质上依然是"资产阶级掩饰工人阶级灾难的手法"[①]。

[①] 中共中央马克思恩格斯列宁斯大林著作编译局. 马克思恩格斯文集（第1卷）[M]. 北京：人民出版社，2009：190.

20世纪初期,在"福利资本主义"宣传的麻痹下劳资关系有所缓和,但仍旧是表面性的。直到20世纪30年代的大萧条时期,经济危机使得工人的生活状况急转直下,才真正推动了工人阶级的联合抗争,劳资冲突大幅增加。迫于工人运动和集体谈判的压力,第二次世界大战以后至20世纪70年代,发达资本主义国家构建了以"三方体制"为核心的劳资关系协调体制,从而为劳资矛盾的缓和奠定了基础。然而,从20世纪70年代开始,随着新自由主义的盛行,"对立—紧张"又重新成了劳资关系的特征。纵观劳资关系的演变历程,尽管通过工人阶级的不断努力和斗争,劳资关系有所缓和,但矛盾和冲突一直是劳资关系的主线。

(二) 数字时代下劳资关系的新表现

数字经济作为当前经济发展的新形式,数字经济的出现给生产过程带来了很大变化,而劳资关系的发展变化是嵌入在生产方式的变革过程中的,所以在数字化时代下,劳资关系也出现了一些新的变化。

网络经济和平台经济的融合发展为劳动者提供了一种新型工作方式——零工经济,劳动者可以根据自身的工作能力和偏好自由选择创业或兼职工作。但考虑到零工经济的最大特征就在于临时性和不可靠性,加之社会保障并不充分,所以劳资关系的不稳定性增强了。同时,数字经济带来的技术变革是前所未有的,一些传统行业逐渐被淘汰,人工智能的广泛应用也造成工人大规模的失业。

对于资本家来说,信息的数字化和网络化降低了行业的进出壁垒,增加了行业的竞争。资本家为适应新的商业模式,必须不断创新和调整业务状态,特别是采取流程重组的方式以优化结构、重置成本,而这种纯市场行为导致的降薪或裁员成为资本主义国家的一种常态化现象,从而使劳资关系出现恶化。另外,数字经济对于劳动者的注意力和学习能力的要求都提高了,虽然劳动者的学习技能不断提升,但劳动者的负担也在大幅增加。总的来看,数字经济的出现使得劳资关系有恶化的迹象,但一些公司为了释放劳动者的潜力,缓和劳资关系,还是采取了一系列利于劳动者的管理措施。

(三) 华为全员配股制:和谐劳资关系的创新实践

华为在管理制度上是实行"全员配股制"的民营股份制企业,华为的创始人任正非曾强调,"我创建公司时设计了员工持股制度,通过利益分享,团结员工",

案例十 "劳力"不"伤神"：劳资矛盾的缓解

员工持股制作为华为企业管理的灵魂与核心，是贯穿华为企业发展的主线。

在创业初期，公司需要大量资金用于市场开拓和科研投入，为了解决融资难的问题，1990年华为尝试引入"内部融资、员工持股"机制。华为初步设计了员工持股的具体办法，即"工作1年以上的员工均可参照员工的级别（13~23级）、绩效、可持续贡献等购买股票；员工以工资、年底奖金出资购买股份，资金不够的由公司协助贷款；员工购买股份后的主要收益来自公司分红，分红情况与公司效益挂钩。员工离职时，公司按照员工原来的购买价格回购"。工会（下设持股委员会）作为公司真正的股东，代表员工管理持有的股份，工会具有公司法上股东完整的权利，而员工并没有完整的股东权利。其中公司内部股票的发行作为一种融资方式，在为公司提供现金流的同时，也增强了员工对企业的归属感，是一种有效的激励机制，大大降低了现金流风险和创业团队不稳定风险。

2001年底，网络经济泡沫给当时华为的经营带来了严峻挑战，华为再次陷入融资困境。为了化解融资难题，华为提出了"虚拟受限股"（虚拟股票）的概念，将期权机制引入公司。虚拟股票是指公司授予激励对象虚拟的股票，据此激励对象可享受一定的分红权和股价升值权，但虚拟股票没有所有权和表决权，也不能转让和出售，在离开企业时自动失效。虚拟受限股的基本做法是公司根据所设置的评价体系，对员工工作绩效进行评价，确定员工所获期权额度，员工定期自愿兑现期权额度。员工在离开企业时，只能由华为控股工会回购其股票。虚拟股票可以更好地达到重点激励的效果，通过重新调整股票的分配方式，华为整个组织的活力得到了更好的维护。

2008年，世界经济发展因美国次贷危机演变为国际金融危机而遭受重创，华为的经营环境出现恶化，对此，华为改革股权激励机制，对股权激励进行了较大调整。2008年底华为推出"全员配股"，配股对象为工作时间一年半以上的全体员工，实行"饱和配股"。饱和配股制是按级别规定员工的配股上限，每个级别达到上限后，就不再参与新的配股。这一规定下，由于华为总部的大部分老员工持股已达到其级别持股量的上限，所以在这一次配股中将其纳入配股对象，但这对于华为的新员工是一种很强的激励，并且华为以公司名义为新员工购买公司股票提供银行贷款担保，员工可以从银行贷款购买股票，解决了员工资金不足的问题。通过这次股权改革和调整，华为内部员工持股的结构有了很大的变化。

华为通过"员工全员配股"将人力资本与企业发展挂钩，形成了正向反馈，极大地激发了员工工作积极性。华为的评价体系以智慧、能力、责任和贡献作为股权分配的标准，兼顾了效率与公平，能够最大程度地吸引人才并留住人才，使得员工从内心深处愿意为公司集体奋斗，因为集体的利益就是个人的利益。华为坚持激励员工，和员工利益共享的道路在实践中得到了很好的证明，这也为我国其他的实体经济企业做了很好的榜样，尽管数字经济发展的特点会加剧劳资关系，但企业仍旧可以采取很好的管理方式构建和谐劳资关系。

二、思政元素挖掘

（一）数字经济时代劳资关系的探究

整体来看，数字经济时代资本主义劳资关系存在恶化趋势，正如恩格斯所言"工人和资本家的对立越尖锐，工人中的无产阶级意识也就越发展，越明朗"[1]。随着资本剥夺式积累的转移和深化，劳动者的斗争意识也将不断强化。

1. 数字经济发展衍生出的社会分化、结构性失业以及频繁的社会混乱和冲突都将成为激发阶级抗争的因素。特别是随着劳资之间财富和收入不平等程度的加剧，劳动者阶级的再生产将受到威胁，以至于劳动者不得不选择斗争。

2. 数字经济增加了劳动者对权利的认知和获取权利的机会。网络信息化平台的快速发展为劳动者提供了一种获取权利的张力，劳动者可以通过各种社交渠道实现跨时空交流，以获取更多权利以及维护权利的方式和能力。

3. 数字经济时代催生孕育"网络化意识"，使劳动者紧密团结成为可能。正如马克思预见的那样，"资产阶级无意中造成而又无力抵抗的工业进步，使工人通过结社而达到的革命联合代替了他们由于竞争而造成的分散状态"[2]。数字技术彻底打破了人类沟通的时空障碍，构筑起了个人意识、组织意识、全球社会意识之间的互联网络，为全世界无产者的联合创造了基础。

（二）以"人民为中心"为超越资本逻辑、构建和谐劳资关系提供了根本遵循

已有研究表明，"以人民为中心"与"以资本为中心"分别体现了社会主义

---

[1] 中共中央马克思恩格斯列宁斯大林著作编译局. 马克思恩格斯文集（第1卷）[M]. 北京：人民出版社，2009：475.

[2] 中共中央马克思恩格斯列宁斯大林著作编译局. 马克思恩格斯文集（第2卷）[M]. 北京：人民出版社，2009：43.

市场经济和资本主义市场经济的本质和要求。在资本主义社会,劳资矛盾根本上就是资本家为了压榨劳动者,而劳动者的力量又过于薄弱而产生的,劳资矛盾的缓和也仅仅是资本家为了更好地攫取剩余价值而做出的暂时性让步。在这一点上,社会主义国家与资本主义国家有本质区别,我国劳资矛盾并不是社会发展的主要矛盾,只是社会发展过程中需要不断调试和完善,更好地体现"以人民为中心"的发展立场。

中国共产党自诞生之日起就始终坚持人民是历史的创造者,始终将为人民服务作为根本宗旨,坚持"发展为了人民、发展依靠人民、发展成果由人民共享"[①]的执政理念。在数字经济迅猛发展时期,中国始终践行这一原则,坚持数字经济的发展以人民日益增长的美好生活需要为根本导向,坚持数字经济发展成果人民共享的基本原则,相继推出数字普惠金融、数字乡村建设等政策,积极利用数字化的平台和技术改善低收入家庭的经济收入和生活状况,遵循"数字技术促发展,发展成果惠人民"的基本逻辑,从而为超越资本逻辑、构建和谐劳资关系提供了根本遵循。

(三) 坚持共同富裕,为构建和谐劳资关系奠定坚实基础

资本主义社会崇尚的是精英主义,社会发展更注重精英的需求,而大多数普通人的发展需求往往得不到重视。中国特色社会主义追求的是先富带动后富,最终实现全体人民共同富裕。改革开放以来,我国一直走在脱贫工作的一线,尤其在党的十八大以来,脱贫工作取得了巨大的成就,2020年历史性地解决了困扰中华民族几千年的绝对贫困问题,农民收入水平显著提高,城乡收入差距不断缩小,城乡收入比从2016年的2.59∶1下降到2020年的2.43∶1。党和国家在政策制定、实施以及宏观调控等方面都始终坚持把人民的利益放在最高位置,各项战略政策的稳步实施也取得了很好成果,正在向共同富裕的目标一步步迈进。另外,中国作为数字经济发展的大国,始终坚持数字经济发展以满足人民需求为根本导向,将发展成果由人民共享作为发展数字技术的根本出发点和落脚点,坚持共同富裕原则,为构建和谐劳资关系打下坚实基础。

[①] 习近平. 高举中国特色社会主义伟大旗帜 为全面建设社会主义现代化国家而团结奋斗——在中国共产党第二十次全国代表大会上的报告[M]. 北京:人民出版社,2022:27.

三、案例使用说明

(一) 教学目标

1. 知识层面。(1) 理解劳资关系的概念。(2) 掌握劳资关系的演变历程以及劳资关系嵌入生产方式的变革过程。

2. 能力层面。引导学生系统地掌握劳资关系的演变历程以及劳资关系嵌入生产方式随社会变革而发生变化的过程,并结合案例,设置两个问题让学生讨论分析,通过讨论和总结,培养学生解决经济问题的能力。

3. 素质层面。理解劳资关系是资本主义生产方式下的一种经济现象,劳方和资方一产生就处于对立面上,劳资关系嵌入生产方式随生产方式的变化而发生改变。理解在我国的社会主义制度下,劳资关系并不是主要矛盾,要充分发挥我们国家的制度优势,保障劳动者的权益。

(二) 启发思考题

1. 分析劳资关系的发展历程,并描述劳资关系如何随生产方式的变化而发生改变?
2. 讨论当前中国数字经济发展的背景下企业如何构建和谐劳资关系?

参考答案如下:

1. 第一次工业革命的爆发,极大地推动了资本主义世界体系和工人阶级的形成,劳资矛盾不断凸显并日益变化,工场手工业的形成和发展在一定程度上使得资本家可以更加系统地剥削工人。19 世纪末国家对劳资关系的调整由自由放任向政府干预转变,工人组织也慢慢壮大,劳动者从绝对劣势地位向拥有一定的谈判能力转变。劳动者通过集体谈判取得显著成效,实物工资制取消、十小时工作日法案通过、默认工联存在等一系列改良政策出台。这些劳动条件的改善表面上为构建和谐劳资关系奠定了基调,但本质上依然是"资产阶级掩饰工人阶级灾难的手法"[①]。20 世纪初期,在"福利资本主义"的麻痹下,劳资关系有所缓

---

① 中共中央马克思恩格斯列宁斯大林著作编译局. 马克思恩格斯文集(第1卷)[M]. 北京:人民出版社,2009:190.

和但仍旧是表面性的。直到20世纪30年代的大萧条时期，经济危机使得工人的生活状况急转直下，才真正推动了工人阶级的联合抗争，劳资冲突大幅增加。迫于工人运动和集体谈判的压力，第二次世界大战以后至20世纪70年代，发达资本主义国家构建了以"三方体制"为核心的劳资关系协调体制，从而为劳资矛盾的缓和奠定了基础。然而，从20世纪70年代开始，随着新自由主义的盛行，"对立—紧张"又重新成了劳资关系的特征。

2. 华为员工持股在所有制性质上属于非公有制企业，但它的发展方向是中国特色民营集体所有制，华为开创了一个适应新型集体经济发展的民营集体经济组织模式，即完全不同于非公有制民营企业一切听命于企业家个人的组织架构。华为创造的民营集体经济新模式是公有制经济在非公经济主体中的创新应用，从根本上体现了社会主义制度的优越性。其他企业也可以从自身出发，结合集体经济的优点创新性地发展，尊重人才、尊重每一位员工的劳动付出，用好的管理制度和激励方式将员工的个人利益与企业的集体利益绑在一起，形成正向反馈，促进企业不断发展。

四、教学目标达成

通过理论学习和案例讨论，催化学生的发散性思维，加深学生对理论的理解，同时提高学生学以致用的能力，使其能够运用经济学的分析方法解释实际生活中的经济现象、解决实际问题。思政内容方面，本课程主要实现以下三点教学成效：（1）将政治经济学中的劳资关系理论与中国特色社会主义经济制度中的公有制经济联系在一起，增强理论自信。（2）资本主义社会劳资矛盾的缓和是暂时性的，而我国坚持以人民为中心的发展立场，不断追求共同富裕，使得构建中国特色和谐劳资关系具有现实基础。（3）希望通过本案例教学，使学生在学习《政治经济学》劳资关系相关知识点时，学会运用马克思主义的立场观点观察、分析、解决经济发展中的问题，提高分析问题和解决问题的能力。

参考文献

[1] 徐志向，罗冬霞. 数字经济与后危机时代资本主义劳资关系的演化探析——基于马克思价值运动理论的视角 [J]. 河北经贸大学学报，2022，43（05）：17-24.

[2] 赵秀丽. 劳动过程变迁视角下劳资关系的演变与最新发展 [J]. 当代

经济研究，2022（05）：79-88.

［3］裴小革. 世界经济危机发展史的政治经济学分析［J］. 辽宁大学学报（哲学社会科学版），2015（02）：1-13.

［4］孙寿涛.20世纪70年代以来发达资本主义社会劳资关系的新变化［J］. 教学与研究，2014（02）：62-69.

［6］张晓旭. 华为员工持股计划对非上市公司员工激励的启示［J］. 现代商业，2021（28）：66-68

［7］陈永忠. 中国特色民营集体所有制探索——对华为员工持股模式的政治经济学思考［J］. 经济论坛，2021（03）：66-77.

［8］冯金华. 以人民为中心和以资本为中心：两种发展道路的比较——基于劳动价值论的若干思考［J］. 学术研究，2020（12）：72-78.

［9］马克思. 资本论（第1卷）［M］. 北京：人民出版社，2004.

案例十一　准时化生产：丰田汽车独领时代风骚

一、案例简介

准时化生产（JIT）是日本丰田汽车公司在1953年首次提出的一种生产模式，1961年进行全面推广。当时日本制造业生产已经恢复到了第二次世界大战以前的生产水平，各大汽车公司面对汽车市场上越来越多样化的产品需求以及越来越高的产品质量要求，依然按照传统的生产方式，耗费大量的人力、物力、财力进行大批量的生产，而后因为供需关系以及市场环境的变化导致大量的产品滞销，造成了大量浪费。而就在这时，丰田公司根据当时的市场需求发明了准时化生产这一独特的生产方式，通过节省生产产品各个环节的时间来提高资本周转速度，进而提高生产速度，让丰田汽车的发展也达到了新的高度。丰田汽车公司成为各企业的学习对象，同时也带来了汽车生产的历史性改革。

准时化生产（JIT）的基本思想是"按需生产所需产品"，即"Just in time"，简称"JIT"。也就是说按照客户订单的需求来进行准时化生产。这一创新性生产方式极大程度上减轻了传统生产造成的产品滞销问题以及产品保存问题，从根源上减少生产，从环节上减少人力、物力等资源的消耗，让繁冗复杂的公司运行变得更加轻盈，减少了很多不必要的步骤。相比于传统生产模式，准时化生产模式主要从"减"和"增"两方面进行管理优化。

（一）准时化生产的"减"

1. 减少生产。减少生产并不意味着盲目减少产量，而是依照准时化生产的原则，根据客户的需求量进行生产，相比于大批量一次性的传统生产模式，准时化生产更加倾向于小规模多次生产。随着对整个流程愈加精准的把控，丰田汽车公司逐渐减少同批次的生产数量，生产规模越来越小，所消耗的人力、物力、财力也就更少。丰田公司按照消费者需求进行汽车生产的行为，无疑是从根源上减少资源的消耗，把更多的时间用在提高产品质量和产品创新等方面，增强了丰田汽车在市场上的竞争力。（1）准时化生产意味着可以减少从零部件运输、组装，到汽车生产、运输、存放以及后续汽车保养、维修等过程中的资源消耗以及储存、保养、监管、维修汽车等所需要的场所空间。（2）准时化生产在减少生产的同时，也在减少库存，准时化生产的最终目标就是没有库存或者尽可能地减少库存，这样就大大减少了存货的存储问题以及后期的保养、售后等工作量，避免了资源的消耗。（3）准时化生产减少了在生产汽车各环节中所需要的成本，增加了丰田公司的最终利润，这为丰田公司后期的发展壮大奠定了基础。

2. 减少时间。减少时间的目的是通过减少汽车生产中复杂化流程，减少非必要的步骤，通过更加精确、简化的流程来减少生产产品各环节的时间进而提高资本周转速度。丰田公司为减少汽车零配件运输和组装时间，减少工件排队运输时间，会设定完成某个零件组装所需时间，如果经过反复试验发现还是达不到标准，公司内部会有多方人员在现场进行讨论，边探讨问题边进行反复试验，直到达到标准时间为止。简化运输流程可以避免耗费大量的人员在相对机械化的岗位，为丰田公司节省了大量的人力成本。此外，丰田公司还减少了生产准备时间，生产准备时间越短就意味着生产准备成本越低，无论是缩短准备时间还是缩短零配件运输和组装时间以及工件排队运输时间，丰田公司都是为了通过缩短生产环节的时间，来提高公司资本周转速度，进而帮助公司更好地运行。

3. 减少员工。丰田公司通过减少产量和减少时间、简化运输流程使原来处于这些岗位的员工没有了工作空间，因此淘汰掉了很多员工，减少了一大笔开销。随着丰田公司对准时化生产的掌握度越来越高，公司对员工的能力要求也越来越高，对员工生产产品的能力提出了更高的要求。因为准时化生产并没有多余的产品作为候补，一旦产品出现问题就需要很强的解决问题的能力，这就要求员工需要不断提升自身的专业能力，以适应准时化生产的需要。

（二）准时化生产的"增"

1. 增强产品质量。准时化生产是根据消费者的需求进行生产，并没有多余的同类型产品进行候补，丰田公司这样的选择虽然最大化地降低了成本，增加了丰田公司在汽车制造业的竞争力，同时也对自身产品生产的各个环节提出了更高的要求，在产成品方面更是容不得半点疏忽。所以，丰田公司在生产环节设置了层层关卡，从零件供应商的选择到零件组装再到最终成品测试都设置了严格的考核标准，容不得半点的疏忽和将就。也只有这样严谨的生产过程才可以提高丰田公司的产品质量和核心竞争力。

2. 增强一线员工权力。一线员工掌握着最前线的一手资料，有着丰富实践经验，同时又知道哪个环节可以改进，哪个环节出现了问题。准时化生产方式在极大程度上发挥了一线员工的作用，给予一线员工更多的权力，让擅长的人做擅长的事情。因此，一线员工不仅负责完成自己的本职工作，还要随着实践的不断发展对自己的工作进行改进，让自己的业务完成得又快又好。如果在哪个过程出现问题还需要和指导者以及同事进行讨论和反复试验，不断进行改进并最终确定出最合理的方案，这也是准时化生产各个环节能够不断进步和提升的原因。

3. 增强管理的灵活性。准时化生产凭借缩短生产各环节的时间、小批量生产减少库存、降低成本等让丰田公司在汽车行业独领风骚。但这样的生产模式不仅对生产环节提出了很高的要求，而且对丰田公司的管理模式也提出了更高的要求。于是，丰田公司并没有效仿传统死板的生产模式，而是采取更加灵活的管理方式，在保持高标准、严要求、强监管的前提下，明确每个员工的责任，加强各个员工之间的交流和联系。各项流程的实践细节以及改进方案，是由多方工作人员以及指导者现场讨论、不断商议、反复试验、不断完善最终决定的，给员工更大的成长空间，在不断实践的同时，及时发现问题、解决问题，员工不断成长，生产流程不断优化。因此，准时化生产的成长性可想而知，随着实践的反复、技术的升级、方法的改进，准时化生产也在众人的努力下与时俱进，公司、员工以及产品一起成长，这也是准时化生产的魅力所在。

综上所述，丰田之所以能够一枝独秀的秘诀，就在于准时化生产改变了原来传统的生产模式，其"低成本、高效率、高质量生产、最大限度满足顾客需求"的特点让丰田公司完成了从量变到质变的"蝶变"，在汽车市场上独领风骚。

二、思政元素挖掘

（一）提高资本周转速度是企业追求剩余价值的关键

丰田公司准时化生产的管理模式取得成功的原因是复杂多样的，不过其中最关键的原因就是丰田公司尽可能地去提高资本周转速度进而节约预付资本，创造了更多的剩余价值，为企业迎来了新的美好蓝图。丰田公司采用准时化管理的生产模式，主要从"三增""三减"两个方面去进行生产环节的优化，即增强产品质量、增强一线员工权力、增强管理的灵活性，减少生产、减少时间、减少员工。其中减少生产中不必要环节在避免资源浪费的同时还提高了资本周转速度，增强了产品在行业内的竞争力。增强产品质量可以减少产品返厂维修、售后造成的资源浪费，增强一线员工权力、增强管理的灵活性也是为了通过不断地优化生产环节进而提高周转速度。所以说准时化管理的成功离不开提高资本周转速度这一方法，也是值得借鉴参考的地方。

（二）创新是引领发展的第一动力

准时化生产是基于市场和时代变化创造的一种新管理模式，有别于传统的批量生产模式，更加强调少量、多次、按照客户的需求提供更加精确的生产服务，丰田公司也以此在汽车市场中拔得头筹，由此可见创新在引领发展过程中的重要性。然而，创新具有灵感瞬间性、方式随意性和路径不确定性的特征，因而新时代建设创新型国家必须破除一切制约创新的思想障碍和体制机制约束，允许科学家自由畅想、大胆设想、认真求证，积极推动教育改革与创新，着力培养创造性思维和创新精神，聚焦世界科技前沿引领技术、关键共性技术、现代工程技术，争取在新一轮科技革命和产业变革大势中赢得主动，推动中国从"人口大国"向"人才强国"迈进，为创新驱动战略的有效实现提供人力资本支撑。

（三）企业文化事关企业发展成败

准时化生产管理方式难以复制的原因之一就是丰田公司独特的企业文化。企业文化虚无缥缈又无处不在，准时化生产中人、事、物之间的配合、协调以及优化并不是靠简单的规定就能限制和规范的，更多的是靠企业内部之间的联结和默契，这也是企业文化的体现。培养企业文化对企业发展有着重要意义，可以增加企业凝聚力，能够让员工在企业内部形成一种认同感，进而增强企业内部的凝聚力，使员工更加团结，为企业未来的更好发展共同努力。另外，培养企业文化可以提高员工的归属感，使员工更加愿意为企业的发展壮大而努力，提高员工的工作热情和工作效率。因此，共同的目标、价值观以及行为准则，使得企业的内部管理更加井井有条，企业文化也能够增强企业的品牌形象和市场认可度，提高企业的市场占有率和竞争力。

三、案例使用说明

(一) 教学目标

1. 知识层面。(1) 掌握资本周转定义以及影响资本周转速度的因素。(2) 了解提高资本周转速度的意义和途径。

2. 能力层面。通过对理论的讲解,帮助学生系统地掌握影响资本周转速度的因素以及提高资本周转速度的意义和途径,结合案例设置两个问题让学生进行讨论分析,通过讨论和总结,引导学生学会观察和分析生活中和社会上发生的经济现象,进而提高学生独立思考的能力。

3. 素质层面。明确资本周转速度的定义以及计算公式,学会活学活用,培养学生举一反三的能力,将书本上学到的知识应用在生活中。理解提高资本周转速度的意义和途径,引导学生观察身边的经济现象,将知识运用到生活中去,养成学生发现经济学问题的习惯,将经济学的思维方式真正融入现实生活中。

(二) 启发思考题

1. 讨论分析丰田汽车公司准时化管理成功的原因何在?
2. 每年有大量其他企业的人员前往丰田公司交流学习,但是至今还没有企业能够复刻日本丰田的成功案例,你觉得原因有哪些?

参考答案如下:

1. 丰田汽车公司准时化管理之所以能够执行成功,原因在于恰到好处地把握了准时化生产的基本要求,让准时化生产在各个环节体现得淋漓尽致。准时化生产模式中有很多环节是需要工作人员、产品、公司、供货商等多方面进行联系、沟通、协调,相互之间打配合才能够完成的。丰田公司要求工作人员不仅负责完成自己的工作,还要负责这部分工作流程的改善,像这种既没有办法设定统一考核标准,又没有办法进行明文规定,但是出乎所有人意料的是丰田的员工做到了更好的优化。他们在实践中不断发现问题、解决问题,不断改善自己的工作内容,让丰田公司不断成长,与时俱进。丰田公司的企业文化和整个工作氛围以及管理制度帮助他们完成了这样的"不可能",也创造出了准时化生产的时代。

2. 难以复刻丰田准时化生产的主要原因有以下两方面：一是准时化生产并不只是像表述的那样，简单按照准时化生产的基本思想以及丰田公司实际遵循的规定去复刻就可以完成的，准时化生产模式是多环节相互交织、沟通、协调的默契结果，这不是单纯靠明文规定就能进行改善和优化的。二是所处的市场环境不同，所应用的年代也不同。里面有太多的细节无从考究，只能从后来的发展以及公布的各种资料中找寻到痕迹。丰田公司准时化生产的理念和方法也不具普适性，因而需要因地制宜创造出适合企业自身的管理模式才是关键所在。

四、教学目标达成

通过理论学习和案例讨论，培养学生独立思考问题的能力，催化学生的发散性思维，加深学生对理论的理解，同时提高学生学以致用、举一反三的能力，使其能够运用经济学的分析方法解释实际生活中的经济现象、解决实际问题。思政内容方面，本课程主要实现以下三点教学成效：（1）运用丰田汽车公司准时化管理模式的案例提醒学生开阔眼界，正确认识资本主义社会企业管理的性质，能够"学为所用"。（2）丰田汽车公司的准时化生产不仅仅优化了汽车行业的生产管理模式，对其他企业、行业也有很多可以学习和借鉴的地方，这也是值得我们思考的地方。（3）希望通过本案例教学，使学生在学习《政治经济学》资本周转相关知识点的同时，学会运用马克思主义的立场观点观察、分析、解决经济发展中的问题，提高分析问题和解决问题的能力。

参考文献

[1] 丰田引体为傲的 JIT 管理模式给中国企业带来什么启示？[N/OL]. 搜狐网（2022-02-20），http://news.sohu.com/a/524158569_120182263.

[2] 准时化生产方式的思想是什么？[N/OL]. 搜狐网（2017-04-05），https://www.sohu.com/a/132104173_565811.

[3] 丰田经验：谁做就谁改、谁改善就谁制定标准！[N/OL]. 搜狐网（2020-06-01），https://www.sohu.com/a/398984859_267417.

[4] 李祺，王毅捷，山田基成. 中国企业深入推行丰田生产方式的障碍分析[J]. 技术经济与管理研究，2004（02）：50-51.

案例十二　现代物流：实现商品产需对接的革命性变革

一、案例简介

马克思在《政治经济学批判》和《资本论·政治经济学批判》中把商品向货币的转化形象比喻为"惊险的跳跃"，"如果掉下去，那么摔碎的不仅是商品，而是商品的所有者"[①]。物流的发展不仅关系着国家的经济生态，而且联系着百姓生活的方方面面。随着社会经济的发展、科技的进步以及产品的更迭，现代物流的概念渐渐被提及和关注。

（一）现代物流的概念及其特征

现代物流倚靠互联网的飞速发展以及科技进步加持，信息化技术愈加发达、公共交通运输愈加便捷，现代物流与生产者和消费者有着更加紧密的联结机制，重视产需对接，将运输、仓储、包装、装卸、流通加工、信息处理等功能集结在一体，形成采购物流、生产物流、销售物流、回收物流一体化的多功能物流体系。现代物流按照主要操作可以在总体上大致分为物料管理和实物配送两部分：物料管理涉及统计产品需求预算、产品采购、设置产品的需求计划、形成产品的生产计划，将原材料、半成品、成品进行储存等；实物配送涉及产品的储存、产品的包装、产品的搬运、产品的配送以及物流集成系统，将生产产品的企业、销售产品的企业、物流企业以及消费者供应链连接在一起，串联起一个庞大的物流管理体系，使商品更顺畅、更快速、更便捷地进行流通，从而使社会更加快速发

---

① 马克思. 资本论（第1卷）[M]. 北京：人民出版社，1975：124.

展。现代物流具有以下特点：

1. 现代物流具有全球化属性。自从 2013 年习近平主席提出共建"新丝绸之路经济带"和"21 世纪海上丝绸之路"的合作倡议之后，越来越多的国家加入其中，使现代物流的发展范围进一步拓展到全球。随着中国经济的快速发展、科技的快速更新，越来越多的中国制造走出国门，进入到更加广阔的海外市场。加之后疫情时代很多实体经济遭受到严重冲击，线上购物成为更多人的首选，导致以电子商务为代表的现代物流迅猛发展。

2. 现代物流具有信息智能化属性。随着大数据、人工智能、数字经济的发展，现代物流也在更加快速地走向高度信息化和智能化，更加便利的交通运输网络让采购物流环节节省更多时间和成本，高度的机械化生产使生产物流更加智能化，节省更多的人力物力。利用大数据、云计算等先进手段研究产需关系，化被动为主动、创造能够满足消费者心理的销售物流。现代物流面对客户需求的反应时间越来越短，同时在配送服务和售后服务方面也已经形成一套固定的物流模式，减少了消费者和商家等待的时间，周转时间越来越短，配送的频率越来越快，形成良好的物流产业循环体系。

3. 现代物流具有多功能一体化属性。由于现代物流不再像传统物流那样只负责产品出厂后的物流活动，而是将运输、仓储、包装、装卸、流程加工、信息处理等多功能集于一体，形成现代物流管理体系，将很多繁杂又费时的业务揽在自己的体系中，依靠多功能的物流管理，将生产方和需求方进行有机的联结，使商品流通更加顺畅。

（二）农村电商助力武功县猕猴桃产业振兴

"电子商务"作为现代物流发展的重要业态之一，陕西省武功县在发展猕猴桃产业过程中，充分利用得天独厚的资源优势、大园区大基地的示范引领优势、闻名西北的电商销售优势，狠抓产销两头，强化产业发展，促进乡村振兴，全力打造人民群众的"致富果"、乡村振兴的"特色果"、县域经济的"拳头果"。

武功县地处关中盆地西部，雨水充足，土地肥沃，气候适宜，全年光照充足，自然条件优越，满足猕猴桃种植的条件，武功县产出的猕猴桃有着天然的竞争优势。但即便如此，由于农民并没有统一的管理，也没有稳定的销路，农民从采摘到运输就损失近六成的猕猴桃果子，在这种情况下还要面对商贩的压价和同行的竞价，小农常常面临丰产但不丰收的情况，再加上猕猴桃属于后熟型水果，消费者并没有办法很好地把握吃猕猴桃的时机，导致武功县猕猴桃的销量一直并

案例十二 现代物流：实现商品产需对接的革命性变革

不是很好。明明是一片非常适合种植猕猴桃的土地，经过一年又一年的努力，武功县猕猴桃的发展却并没有想象的美好。

后来，随着电子商务的兴起以及乡村振兴战略的实施，越来越多的人关注到农村电子商务的发展，这也为武功县的发展带来了重大利好。由政府牵头将小农们联合在一起形成农民合作社，进行统一的管理和技术上的指导，农民不再需要面对商贩不合理的压价行为，同时政府联系企业和工厂参与其中，为果农们寻找稳定的消费者供应链，为武功猕猴桃寻找出路。近十年来，武功县凭借"地处核心区、辐射大西北"的区位交通优势，抢抓"互联网+农业"和共建"一带一路"重大机遇，创新提出"买西北·卖全国"电商发展模式。目前，县域内汇聚全国电商企业368家、物流快递企业40余家、村淘发展105家，培育个体网店1200余家、微商3000余人，涌现出西域美农、大漠盛宴、铺铺旺等一批电商龙头企业，俨然成为"西北电子商务第一县"和全国县域电商"领头羊"。中国网丝路中国频道发布的"2021年7月陕西省县域数字经济发展热度指数"榜单中，武功县综合指数为341.23，在全省107个县（市、区）排名第三位，2014~2021年武功县电商的销售额从4亿元涨到50.6亿元，成为武功对外推介的一张靓丽名片。

二、思政元素挖掘

（一）商品流通是实现供需对接的关键环节

马克思在《资本论》中提到："商品到货币是一次惊险的跳跃。如果掉下去，那么摔碎的不仅是商品，而是商品的所有者"[①]。生产者的切身利益与生产出来的商品联系在一起，在以货币为媒介交换的过程中，商品生产者只有顺利实现商品到货币的跳跃，把商品换成可以和其他一切商品相交换的货币，生产者才能在市场中生存下去。随着科技进步和电子商务兴起，商品流通的范围和空间得到大幅拓展，如何将生产者生产出来的产品与消费端的需求进行精准对接，进而让生产者获得价值、消费者获得使用价值，是商品流通和价值实现的基本要求。

---

① 马克思. 资本论（第1卷）[M]. 北京：人民出版社，1975：124.

（二）现代物流发展是实现商品产需对接的革命性变革

随着新一轮科技革命的发展，以电子商务为代表的现代物流应运而生。现代物流更加关注产需之间各个环节的平衡，重视生产者和消费者、供应端和需求端的精准对接，使商品流通的整个环节更加流畅、高效。以武功县为例，现代物流的发展打破了猕猴桃售卖的时间和空间限制，使新鲜的猕猴桃可以从武功运往全国乃至世界各地，突破了猕猴桃产业的发展瓶颈。因此，现代物流贯穿商品流通各个环节，使商品运输更加高效、精准，减少途中滞留时间，通过精准配送，让供需之间的距离大大减少。

（三）构建"双循环"的新发展格局需要建设高标准流通体系

《中共中央 国务院关于加快建设全国统一大市场的意见》指出，要立足内需，畅通循环。以高质量供给创造和引领需求，使生产、分配、流通、消费各环节更加畅通，提高市场运行效率，进一步巩固和扩展市场资源优势，使建设超大规模的国内市场成为一个可持续的历史过程。高质量现代流通体系贯通国民经济循环各环节，涵盖商贸、物流、交通等现代大流通各领域，在全国统一大市场建设中具有重要作用。建设高质量现代流通体系有利于构建"双循环"的新发展格局，不仅能够激活国内消费体系，助力供需循环畅通，形成需求牵引供给、供给创造需求的更高水平动态平衡，而且通过创新流通模式，推动上下游、产供销、内外贸一体衔接，促进产业链供应链畅通，进而促进我国国内大循环流通顺畅。同时，建设高质量现代流通体系有利于更好联通国内国际市场，促进国内外市场融合，推动自贸试验区建设，广泛吸引先进生产要素，坚持高水平对外开放，从而赋能国内国际双循环。

三、案例使用说明

（一）教学目标

1. 知识层面。（1）掌握资本循环及资本循环新变化。（2）理解资本循环的三个阶段和三种职能形态。

案例十二 现代物流：实现商品产需对接的革命性变革

2. 能力层面。通过案例分析，帮助学生系统地掌握资本循环、资本循环的三个阶段和三种职能形态及在现实生活中的应用，设置两个问题让学生讨论分析，通过讨论和总结，培养学生解决经济问题的能力。

3. 素质层面。理解资本循环在商品流通环节中的应用过程，掌握资本循环的三个阶段和三种职能形态。理解在中国经济社会高质量发展、高度智能化时代背景下资本循环的新变化，养成关注国家社会经济发展和时代发展变化趋势的习惯。拓宽学生视野，引导他们关心国家发展变化和全球发展趋势，加强个人与国家之间的联结，培养爱国精神、增强社会责任感。

(二) 启发思考题

1. 资本循环的三个阶段和三种职能形态在现代物流上有怎样的具体体现？
2. 结合案例中武功县猕猴桃产业发展实际，讨论我们在其中学到了什么？

参考答案如下：

1. 资本循环的三个阶段分别为购买阶段、生产阶段、销售阶段；三种职能形态分别为货币资本、生产资本、商品资本。在购买阶段，现代物流将产业资本家作为购买者买到的生产资料运输到相应仓房或者工厂进行加工，进而形成商品。在生产阶段，工人将生产资料加工成具有剩余价值的商品，现代物流则负责各种生产资料的运输以及半成品、成品的包装、运输、仓储以及装卸等一系列操作。在销售阶段，现代物流将商品配送到各个买家。

2. 武功县在发展猕猴桃产业过程中，充分利用得天独厚的资源优势、大园区大基地的示范引领优势、闻名西北的电商销售优势，狠抓产销两头，强化产业发展，促进乡村振兴，全力打造人民群众的"致富果"、乡村振兴的"特色果"、县域经济的"拳头果"。一是利用资源优势下足功夫抓生产，武功县土壤有机质含量高出全省猕猴桃产区平均值，水资源供给丰富，年日照时数为全国猕猴桃产区最高，是全国猕猴桃适生区北沿的最大产区。二是充分发挥政府主导优势，武功县通过政府主导、企业领航，高标准建成省级猕猴桃试验示范站，打造"万元果"示范基地，发展优质猕猴桃，赢得了良好口碑。三是充分实施科技管理优势，武功县从种苗培育、土质改造、技术引进等方面着手，种植高端猕猴桃、有机猕猴桃，有力推动全县猕猴桃品质提升，形成了明显的市场竞争优势。

四、教学目标达成

通过理论学习和案例讨论，培养学生举一反三的能力，催化学生的发散性思维和独立思考问题的能力，加深学生对理论的理解，同时提高学生学以致用的能力，使其能够运用经济学的分析方法解释实际生活中的经济现象、解决实际问题。思政内容方面，本课程主要实现以下两点教学成效：（1）将资本循环相关知识点与现代物流相结合，增强政治经济学在现实生活中的应用性；（2）希望通过本案例教学，使学生在学习《政治经济学》资本循环相关知识点的同时，学会运用马克思主义的立场观点观察、分析、解决经济发展中的问题，提高分析问题和解决问题的能力。

参考文献

[1] 徐景明，蔡绵绵. 现代物流产业迸发充沛活力 [N]. 厦门日报，2022-11-17.

[2] 吴谢玲. 现代物流企业发展战略问题探讨 [J]. 商业经济研究，2022（20）：125-127.

[3] 林玢. 资本循环和周转理论在物流业建设中的运用 [J]. 发展研究，2003（08）：37-38.

[4] 祁香宁，赵凯，程延静等. 乡村振兴背景下武功县有机猕猴桃产业发展思考 [J]. 现代农业，2022（05）：84-86.

[5] 齐传彬. 以电商助力县域经济崛起武功县走出高质量发展新路子 [N/OL]. 中国网（2021-08-17），http://sl.china.com.cn/2021/0817/122675.shtml.

[6] 武功县乡村振兴局. 武功：狠抓产销两头做强猕猴桃产业促振兴 [N/OL]. 中国网（2022-11-16），http://iot.china.com.cn/content/2022-11/16/content_42173395.html.

案例十三　贫富差距：资本主义不可逾越的鸿沟

一、案例简介

贫富差距是指贫富不均、收入不平等，是一个群体或社会中个人拥有财富的差距。马克思在《资本论》中分析了剩余价值的生产过程，揭示了资本主义剩余价值规律和资本主义资本积累的实质和历史趋势，指出随着资本的不断积累，社会财富越来越多地向少数资本所有者集中，而劳动者则是处于受剥削的地位。因此资本主义生产方式的历史进步"首先也是以直接生产者的完全贫困化为代价而取得的"，① 资本主义生产规律"制约着同资本积累相适应的贫困积累。因此，在一极是财富的积累，同时在另一极，即在把自己的产品作为资本来生产的阶级方面，是贫困、劳动折磨、受奴役、无知、粗野和道德堕落的积累"②。

（一）资本主义国家贫富差距：美国"数"说

美国多年来一直是发达国家中贫富两极分化最严重的国家，据瑞士信贷发布的 2022 年度财富报告显示，2021 年美国有约 250 万人成为新晋百万富翁，美国百万富翁数量达到创纪录的 2448 万人，美国的财富基尼系数长期高于 0.8 的严重不平等区间，2021 年更是达到 0.85。由此可见，美国贫富差距的鸿沟仍难弥合，走不出"富者愈富、穷者愈穷"的困局。

---

① 中共中央马克思恩格斯列宁斯大林著作编译局. 马克思恩格斯文集（第 7 卷）[M]. 北京：人民出版社，2009：697.
② 中共中央马克思恩格斯列宁斯大林著作编译局. 马克思恩格斯文集（第 5 卷）[M]. 北京：人民出版社，2009：743-744.

美国联邦储备委员会2021年10月发布的数据显示,截至2021年第二季度,美国收入最高的1%的家庭总资产达到了36.2万亿美元,超过了中产阶级持有的总资产35.7万亿美元,这是美国有追踪数据以来前1%富人拥有的财富首次超过占比为60%的中产阶级的财富总和。根据美国人税收公平协会和不平等政策研究所的分析数据,美国的亿万富翁在新冠疫情期间变得更加富有,财富总量飙升了70%,排名前5位的亿万富翁的财富扩张速度,甚至比整个美国亿万富翁阶层还要快。相反,底层家庭不但财富增长慢,甚至还可能成为通胀和宏观经济政策的牺牲品,不断上涨的房租和债务正不断消耗他们的储蓄。

美国著名智库兰德公司在2020年9月发表了一份最新研究报告,指出从1975~2020年,美国最富有的1%人群从后90%人群那里掠夺了超过50万亿美元的财富,自1975年以来美国收入统计中位于后95%人群的收入增长率始终未能与美国经济增长保持同步,而位于塔尖的1%人的收入增长率达到了人均GDP增长率的300%以上。该报告认为,财富从绝大多数美国工人直接转移到了最顶端的少数人身上,与20世纪五六十年代的增长模式不同,美国大多数全职工人没有分享到过去40年的经济增长成果。2022年7月联合国可持续发展办公室发布的一份报告也显示了美国贫富差距过大的问题,从实现消除贫困、消除饥饿、减少不平等17个可持续发展目标的情况看,美国的排名从之前的32名降至41名,拖了发达国家的"后腿"。

(二) 资本主义国家贫富差距不断扩大的原因

贫富差距鸿沟难平不仅仅出现在美国,凡是资本主义国家都存在贫富两极分化。马克思在《资本论》中指出,资本积累的进行必然会引起资产阶级财富和工人阶级贫困的同时积累,必然造成社会阶级的两极分化。

1. 资本主义的发展导致无产阶级相对贫困化。随着资本主义国家生产力的发展,依次经历了电气革命、工业革命以及信息革命,使得美国等发达国家经济实力和科技创新不断取得重大突破,部分以前需要工人的劳动岗位由机器代替,迫使部分工人失业,导致相对过剩人口大量增加,产生大量劳动力后备军,导致在业工人的压力在无形中逐渐增加,他们的工资相对减少。另外,由于社会分工的细化以及机器的使用,使在业工人都从事一些简单劳动,从而使工人一旦失业就不能依靠自身技能赚取能够维持自身生活的工资,在无形中加剧了工人阶级的相对贫困化。

2. 资本家对剩余价值的追求导致无产阶级绝对贫困化。在资本主义社会竞争和信用是促进资本集中的两个有力杠杆,生产同一商品的不同企业之间出现竞争现象,使个别产业资本家需要扩大生产规模,增加资本有机构成,从工人的劳动中索取更多剩余价值来获得更高的生产利润,取得超额剩余价值,获得竞争的优势。在个别资本家的"示范"下,整个社会的产业资本家都提高资本有机构成的规模,使整个行业的资本有机构成提高,即不变资本相对可变资本提高。考虑到可变资本是剩余价值的源泉,所以资本家获得的利润就会相对减少,促使资本家通过绝对延长工人剩余劳动时间,或增加劳动强度和相对缩短工人必要劳动时间,或提高劳动生产率来获得更高的生产利润。从而使资本家获得的剩余价值更多,工人获得的收入更少,导致无产阶级绝对贫困化。

3. 其他原因导致的贫富差距。20世纪以来随着成本价格和商业流通费用的不断提升,商业资本家的不断崛起,商业资本家从职能资本家中分走的商业利润不断增加,迫使产业资本家在原有基础上无偿占有更多的剩余价值,也会使贫富加剧。随着商业信用的发展,部分资本家离开生产和流通领域转变为借贷资本家,在资本市场上提供借贷资本,但由于工人除出卖自身劳动力来维持生活外,没有任何经济来源,所以借贷资本家认为工人阶级没有偿还借贷资本及利息的能力,便不会给工人提供借贷资本,进一步加剧了工人阶级的贫困状况。

二、思政元素发掘

(一) 贫富差距鸿沟难平,是资本主义分配制度的必然产物

马克思主义政治经济学认为生产决定分配,生产方式决定分配方式。在资本主义制度下生产资料与劳动力是分离的,生产的物质条件是以资本等形式掌握在非劳动者手中,而广大劳动者所拥有的只是劳动力,社会逐渐呈两极分化状态。一极是拥有生产资料的资本家;另一极是被剥夺了生产资料的工人,他们除了自己的劳动力之外,一无所有。在资本主义生产方式下,生产过程是这样进行的:占有生产资料的资本家在劳动力市场上按劳动力价值雇佣工人,剥削压迫工人使其进行劳动,最后把工人所生产的产品占为己有。资本家支付给工人的,只是劳动力的价值,在生产过程中工人劳动创造的价值超过劳动力价值的那部分剩余价值,则被资本家无偿占有。而资本家之所以能够无偿占有剩余价值,就是因为生产资料属于资本家所有。所以,资本主义的分配方式是工人凭借出卖劳动力所获

得的那部分价值,而资本家凭借生产资料所有权却能获得更多的剩余价值。可见,资本主义生产规律"制约着同资本积累相适应的贫困积累。因此,在一极是财富的积累,同时在另一极,即在把自己的产品作为资本来生产的阶级方面,是贫困、劳动折磨、受奴役、无知、粗野和道德堕落的积累"①。

(二) 实现共同富裕是社会主义的根本原则和发展目标

马克思强调按劳分配是社会主义特有的分配方式,在社会主义公有制条件下,劳动者成了生产资料和生产过程的共同主人,根据劳动人民的需要组织生产,劳动成果全部归劳动者共同占有、支配和使用,"全体公民在同整个社会的生产资料的关系上处于同等的地位"②。生产资料的社会主义公有制使得生产过程中生产资料同劳动力可以直接结合在一起,因为劳动者自身就是生产资料的共同所有者,两者的结合不需要像私有制条件那样要通过生产资料所有者作为中介,排除了任何个人凭借生产资料所有权无偿地占有他人剩余劳动产品的可能,排除了剥削赖以存在的基础。因此,社会主义公有制的经济制度就决定了社会主义是以按劳分配为主体、多种分配方式并存的分配方式。

改革开放以来,从"让一部分人先富起来,先富带动后富,最终实现共同富裕"③,到"初次分配和再分配都要兼顾效率和公平,再分配更加注重公平"④,再到"全面小康的道路上,一个也不能少"⑤,中国特色社会主义现代化建设进程中共同富裕的政策取向一直没有变。党的十八大以来,以习近平同志为核心的党中央把脱贫攻坚摆在治国理政突出位置,组织开展了人类发展史上规模最大的脱贫攻坚战。2021 年习近平总书记庄严宣告我国脱贫攻坚战取得了全面胜利,共计 9899 万农村贫困人口全部脱贫,832 个贫困县全部摘帽,12.8 万个贫困村全部出列,区域性整体贫困得到解决,完成了消除绝对贫困的艰巨任务,中国成为世界上减贫人口最多的国家,也是世界上率先完成联合国千年发展目标的国家。脱贫攻坚战的胜利不仅彰显了中国共产党领导和中国特色社会主义制度

---

① 中共中央马克思恩格斯列宁斯大林著作编译局. 马克思恩格斯文集 (第 5 卷) [M]. 北京:人民出版社,2009:743 - 744.
② 中共中央马克思恩格斯列宁斯大林著作编译局. 列宁全集 (第 24 卷) [M]. 北京:人民出版社,1990:392.
③ 邓小平文选 (第 3 卷) [M]. 北京:人民出版社,1993:149.
④ 胡锦涛. 坚定不移沿着中国特色社会主义道路前进为全面建成小康社会而奋斗——在中国共产党第十八次全国代表大会上的报告 [J]. 求是,2012 (22):3 - 25.
⑤ 习近平. 在十九届中共中央政治局常委同中外记者见面时的讲话 [N]. 中国军网,2017 - 10 - 25.

案例十三　贫富差距：资本主义不可逾越的鸿沟

的政治优势，而且还为全球贫困治理贡献中国智慧和中国方案。习近平总书记指出："脱贫攻坚战的全面胜利，标志着我们党在团结带领人民创造美好生活、实现共同富裕的道路上迈出了坚实的一大步"①。

三、案例使用说明

（一）教学目标

1. 知识层面。（1）理解并掌握资本主义分配制度、剩余价值的分配等相关内容。（2）深刻了解资本主义分配制度的内在弊端。（3）对比理解我国分配制度与资本主义分配制度的不同之处。

2. 能力层面。通过对资本主义分配制度、剩余价值的分配等知识点的讲解，帮助学生系统地掌握有关剩余价值的分配这一章节的知识点，梳理资本主义分配制度与贫富差距的关系来开阔学生的经济视野，丰富学生的经济理解能力。结合案例，设置问题让学生讨论分析，通过讨论和总结，帮助学生学会观察分析经济现象，培养学生解决经济问题的能力。

3. 素质层面。通过对资本主义分配制度、剩余价值分配的学习，引导学生看清资本主义分配制度的内在弊端，牢牢把握我国按劳分配为主体、多种分配方式并存的分配制度，理解我国为缩小贫富差距、促进共同富裕所实施的一系列战略举措，养成关注国家宏观经济及其政策制定背景、政策实施效果的习惯。

（二）启发思考题

结合案例分析资本主义国家贫富差距不断扩大的原因？

参考答案如下：

资本主义国家生产力的不断发展导致机器代替了工人，社会生产对劳动力需求减少，迫使部分工人失业，导致资本主义相对过剩人口增加，其余在业工人的工资也相对减少，工人一旦失业就不能依靠自身的技能赚取能够维持生活的工

---
① 习近平. 在全国脱贫攻坚总结表彰大会上的讲话［N］. 人民日报（第 2 版），2021-02-26.

资,在无形中加剧了工人的相对贫困化。资本家对剩余价值的狂热追求促使资本家不断扩大生产规模,增加资本有机构成,通过绝对延长工人剩余劳动时间,或增加劳动强度和相对缩短工人必要劳动时间,或提高劳动生产率,从工人的劳动中无偿占有更多剩余价值,这就导致资本家不断扩大生产规模和工人不断受资本家剥削而使消费能力不断减少,最终使资本家获得的资本更多,工人获得的收入更少,导致无产阶级陷入绝对贫困化,贫富差距问题趋于恶化。可见,资本主义生产规律"制约着同资本积累相适应的贫困积累。因此,在一极是财富的积累,同时在另一极,即在把自己的产品作为资本来生产的阶级方面,是贫困、劳动折磨、受奴役、无知、粗野和道德堕落的积累"①。这也是资本主义社会贫富分化难以消除的根本原因。

四、教学目标达成

专业素质方面,通过理论学习和案例讨论,催化学生的发散性思维,加深学生对理论的理解,同时提高了学生学以致用的能力,使其能够运用经济学的分析方法解释实际生活中的经济现象、解决实际问题。思政内容方面,本课程主要实现以下三点教学成效:(1)展示资本主义分配制度的弊端以及资本主义国家贫富差距的现状,将资本主义分配制度与我国分配制度联系比较,更加强化学生对我国分配制度的理解和价值认同。(2)深化学生对中国减贫实践和理论贡献的理解,引领学生服务于"巩固脱贫攻坚成果、全面推进乡村振兴"的时代命题。(3)希望通过本案例教学,使学生在学习《政治经济学》有关剩余价值的分配等知识点的同时,学会运用马克思主义的立场观点观察、分析、解决经济发展中的问题,提高分析问题和解决问题的能力。

参考文献

[1] 刘鹏飞."资本主义基本矛盾与经济危机的关系"教学设计[J]. 马克思主义理论学科研究,2022,8(09):114-120.

[2] 列宁全集(第二版)[M]. 北京:人民出版社,2017.

---

① 中共中央马克思恩格斯列宁斯大林著作编译局. 马克思恩格斯文集(第5卷)[M]. 北京:人民出版社,2009:743-744.

案例十四　百年未有之大变局：世界经济格局新变化

一、案例简介

百年未有之大变局，从微观到宏观层面，更多着眼于"变"，"变"则意味着机遇与风险并存，研究机遇、防范风险，进而从国家的角度提出具有前瞻性的战略方法，采取具有可操作性的举措，推动我国经济社会高质量发展。

（一）经济总量及增长率视角

根据国际货币基金组织（IMF）发布的数据，发达经济体占世界经济总量的比重从2001年的78.84%下降到2021年的59.08%，其中传统七国集团经济体占比从2001年的64.68%下降到2021年的44.72%；新兴市场和发展中经济体占比从2001年的21.15%上升到2021年的40.92%。2021年发达经济体实际GDP增长率为5.3%；新兴市场和发展中经济体则保持在6.4%，高于发达经济体，预计到2035年，发展中国家GDP规模将超越发达经济体。就主要经济体来看，2021年美国GDP与2020年同期相比增长率突破5%，领先于日本和欧盟，但美国政府总债务与GDP的比重却高达133%。中国从2010年至今，GDP总量始终位居世界第二，2022年中国GDP总量达到121.02万亿美元，比2021年增长3.0%，占世界经济的比重超过18%，与美国的距离正在不断缩小。但长期来看，全球贫富差距将进一步拉大，根据WTO发布的数据，预计到2024年发达经济体的总产出将超出疫情前趋势水平0.9%；而新兴市场和发展中经济体（不包括中国）总产出仍比疫情前低5.5%。

(二) 全球贸易视角

受到新冠疫情影响，2020年按名义美元计算的全球商品和服务贸易价值下降9.6%，是自第二次世界大战以来最严重的衰退，根据联合国贸易和发展会议的数据，2021年全球贸易增长势头强劲，全球贸易额达到28万亿美元，比2020年增加约5.2万亿美元，比2019年增加约2.8万亿美元，但受到新冠疫情导致的相关政策限制，预计未来十年全球贸易增长将会逐渐减速。中国作为世界进出口大国，在全球供应链体系中的主导地位不断强化，2020年中国货物进出口总额达32.16万亿元人民币，出口额占世界货物贸易出口总额的14.7%，进口额占世界货物进口总额的12%，货物贸易已连续多年位居全球第一。但随着中美贸易摩擦的演化以及新一轮贸易保护主义抬头，逆全球化思潮迭起，据全球贸易预警数据库统计，2020年1~8月全球实施的贸易保护主义措施增加922项，为2009年的5.62倍。

(三) 全球投资视角

新冠疫情导致世界经济下行抑制了全球的投资增长，根据联合国贸易和发展会议发布的投资趋势监测报告，全球外国直接投资从2019年的1.5万亿美元下降到2020年的8590亿美元，降幅达42%，这是自2005年以来全球外国直接投资额首次低于1万亿美元，达到近20年来的最低水平。全球外国直接投资的下降主要集中在发达国家，发达国家的投资流量骤降69%，其中流向北美和欧洲的投资分别下降40%和80%；与之相反，流入发展中国家的投资额上升为72%，达到了有记录以来的最高水平。2022年流入发达经济体的外国直接投资下降37%至3780亿美元；与之相比，2022年流入发展中国家的外国直接投资增长4%至9160亿美元。其中亚洲地区发展中国家的外国直接投资额保持平稳，约为6620亿美元，约占全球流入量的一半；中国吸引外国直接投资额则继续稳步增长，达到创纪录的1891亿美元，成为世界第二大投资流入国，同时对外直接投资稳定在1330亿美元，成为全球最大的投资流出国，这意味着中国将成为全球投资复苏的重要引擎。

(四) 全球能源格局视角

全球能源结构与格局发生深刻变革，新能源逐步取代传统能源，碳中和的重要性日益显现,但全球能源治理结构"散碎",国际能源治理结构中缺乏讨论能源议题的单一场所,而是分散为各种相互重叠乃至充满竞争的组织机构,除了石油输出国组织(OPEC)和国际能源署(IEA)等老牌综合性国际能源组织,一批新兴能源组织和机构不断涌现,清洁能源领域有国际可再生能源机构(IRENA)、21世纪可再生能源政策网等,应对核能领域有国际原子能机构(IAEA)、核能署(NEA)等;提高能源效率领域有国际能效合作伙伴关系组织(IPEEC)等。从全球能源供给格局看,美国在新能源领域的投入研发持续加大,因此未来除欧佩克、俄罗斯等传统能源供给组织外,美国或许将成为全球新能源领域的重要供给国。根据美国能源信息署(EIA)发布的数据,从全球能源需求格局看亚洲将取代欧美,成为全球能源需求中心,发展中国家尤其是共建"一带一路"国家,将成为未来全球能源需求增长中心。

二、思政元素挖掘

(一)全面认识世界变局中存在的机遇与挑战

2018年7月,习近平总书记在金砖国家工商论坛上发表题为《顺应时代潮流 实现共同发展》的重要讲话,指出"当今世界正面临百年未有之大变局。对广大新兴市场国家和发展中国家而言,这个世界既充满机遇,也存在挑战"①。对中国来说,百年未有之大变局改变了中国发展的外部条件和环境,但也为中华民族伟大复兴提供了战略空间和战略机遇。一些国家逆全球化思潮泛起甚至升级对中国的施压,导致中国外需增长放缓,但也倒逼中国转变发展方式,从而成功开启供给侧结构性改革、大力推动高质量发展。虽然全球科技创新速度有所回落,但中国创新发展的脚步正在加快,特别是世界新一轮科技革命和产业变革与中国推动高质量发展形成历史性交汇,中国可以利用广阔的国内市场和丰富的人力资源,在新技术创新浪潮中实现"弯道超车"甚至"变道超车"。全球治理体系深刻重塑为中国参与全球治理体系带来了诸多不确定因素,但也为中国提供了新空间,中国的国际话语权不断得到提升,为优化全球治理不断贡献中国智慧、中国方案、中国力量。因此,需要全面认识世界变局中存在的机遇与挑战,在百年变局当中把握大局,抓住机遇,顺势而为,乘势而上。

---

① 习近平. 出席金砖国家工商论坛并发表重要讲话[N]. 人民日报,2018-07-26.

（二）人类命运共同体：应对百年未有之大变局的理念引领

党的二十大报告指出，当前世界之变、时代之变、历史之变正以前所未有的方式展开，人类社会面临前所未有的挑战。世界又一次站在历史的十字路口，何去何从取决于各国人民的抉择。中国始终坚持维护世界和平、促进共同发展的外交政策宗旨，致力于推动构建人类命运共同体。

2018年6月，在中央外事工作会议上，习近平总书记指出，当前我国处于近代以来最好的发展时期，世界处于百年未有之大变局，即世界在经济、政治、文化、安全、生态等领域均面临着"百年未有"的大变革，世界各国密切相连、世界局势难以稳定、国际社会稳定面临重重挑战。为应对百年未有之大变局，习近平总书记创造性地提出"构建人类命运共同体"，主张以创新互惠的发展前景、平等互谅的伙伴关系、和而不同的文明交流、共建共享的安全格局、崇尚自然的生态体系等应对国际社会在相关方面遇到的困境和挑战。构建人类命运共同体有着重要的引领性意义：一是有利于中国国际关系理论与实践的创新和中华民族的伟大复兴，推动中国在新的时代局势中不断前进；二是有利于全球治理理论的革新和国际新秩序的构建，促进国际社会在和平稳定的氛围中实现发展；三是有利于人类自我解放和人类文明的进步，引领人类社会在复杂多变的时局中走向美好未来。

三、案例使用说明

（一）教学目标

1. 知识层面。（1）理解并掌握百年未有之大变局的相关知识。（2）深刻了解中美贸易摩擦的现状、原因、结果以及中国的应对措施。

2. 能力层面。通过对中美贸易摩擦这一案例的讲解，帮助学生分析中美贸易摩擦的现状、原因、结果以及当前世界经济格局，拓宽学生的经济视野，提高学生的经济理解能力。

3. 素质层面。通过对百年未有之大变局这一知识点的学习，引导学生对当前世界经济格局有一个全面的了解；引导学生了解高质量发展、高水平对外开放等相关政策内容；理解新时代下中国宏观经济运行的特征，养成关注国家宏观经济及其政策制定背景、政策效果的习惯。

(二) 启发思考题

1. 结合课本知识与案例，分析经济全球化面临的新趋势有哪些？
2. 结合案例给出的分析视角，说明现阶段全球经济治理的重点在哪里？

参考答案如下：

1. （1）世界经济处于新旧动能转换的关键期。当今世界新一轮科技革命突飞猛进，新兴技术与传统技术相结合的新技术革命正在形成，由此催生大量新产业、新业态、新模式，给全球经济和人类生产生活带来巨大的发展潜力和前所未有的不确定性。（2）国际格局和力量对比加速演变。近年来美国等传统西方国家经济社会发展陷入低迷，产业空心化、人口老龄化、收入差距扩大化严重威胁经济发展，社会内部严重分裂甚至走向对立。而新兴市场国家和发展中国家呈现加速发展态势，国际力量对比正在发生近代以来最具革命性的变化。（3）后疫情时代百年未有之大变局加速演进，世界进入新的动荡变革期，世界之变、时代之变、历史之变正以前所未有的方式展开。国际力量对比深刻调整，国际秩序和格局进入深度调整时期，一些发达国家积极谋求世界地位，新兴市场国家和发展中国家的国际地位和话语权也在不断提高，介入到国际秩序和格局的深度调整之中。和平与发展的时代主题遭遇逆风逆流的冲击，逆全球化、单边主义、保护主义思潮暗流涌动。

2. （1）全球金融治理。针对金融全球化与全球金融监管不力的矛盾，需要构建公正高效的全球金融治理格局，防范和化解金融体系风险，维护世界经济稳定大局。（2）全球贸易和投资治理。针对产业关联纵深发展带来的贸易和投资全球化与全球贸易和投资保护主义抬头的矛盾，需要构建开放透明的全球贸易和投资治理格局，巩固多边贸易投资体制，释放全球贸易投资合作潜力。（3）全球能源治理。针对全球能源发展面临的资源紧张、环境污染、气候变化三大难题，需要建立运转良好、开放、竞争、高效、稳定和透明的能源市场，构建绿色低碳的全球能源治理格局，推动全球绿色发展合作。（4）全球发展治理。针对全球发展存在的不平等、贫困、难民危机等问题，需要构建包容联动的全球发展治理格局，以落实联合国 2030 年可持续发展议程为目标，共同增进全人类福祉。

四、教学目标达成

通过理论学习和案例讨论，催化学生的发散性思维，加深了学生对理论的理解，同时提高了学生学以致用的能力，使其能够运用经济学的分析方法解释实际生活中的经济现象、解决实际问题。思政内容方面，本课程主要实现以下四点教学成效：（1）由世界经济格局的变化引入，提出构建人类命运共同体，为优化全球治理贡献中国智慧、中国方案、中国力量；（2）以案例数据展示世界变局中存在的机遇与挑战，引导学生全面认识这种机遇与挑战；（3）由世界经济格局发生的变化为背景，引导学生更加充分理解构建以国内大循环为主体、国内国际双循环相互促进的新发展格局的重要性，形成政策认同；（4）希望通过本案例教学，使学生在学习世界经济格局相关知识点的同时，学会运用马克思主义的立场观点观察、分析、解决经济发展中的问题，提高分析问题和解决问题的能力。

参考文献

[1] 卢江，许凌云，梁梓璇．世界经济格局新变化与全球经济治理模式创新研究［J］．政治经济学评论，2022，13（03）：118－143．

[2] 张晓晶，刘磊邵，兴宇．国家大账本：21 世纪中国经济的"存量赶超"［J］．中国经济报告，2021（02）：53－71．

[3] 中国社会科学院财经战略研究院课题组，何德旭，赵瑾．"十四五"时期推进中国贸易高质量发展的问题与对策［J］．财贸经济，2021，42（10）：21－35．

[4] 赵丽娜．世界经济格局大调整与我国外贸高质量发展［J］．理论学刊，2021（01）：59－68．

[5] UNCTAD. World Investment Report［R］. New York：United Nations Publications，2021．

[6] 商务部，国家统计局，国家外汇管理局．2020 年度中国对外直接投资统计公报［R］．北京：中国商务出版社，2021．

[7] 连波．国际能源治理结构"碎片化"探析——兼论中国参与国际能源治理的战略行为［J］．国际经济评论，2021（02）：5，54－70．

[8] 李昕蕾，张宁．全球可再生能源治理中的制度性领导：德国外交路径

及其启示 [J]. 国际论坛, 2021, 23 (04): 3-26, 156.

[9] 李帆. 构建人类命运共同体: 应对"百年未有之大变局"的中国方案 [D]. 广东: 中共广东省委党校, 2020.

[10] 张蕴岭. 精确认识百年未有之大变局 [N/OL]. 中国社会科学网 (2022-7-28), https://baijiahao.baidu.com/s?id=1739559091957749010&wfr=spider&for=pc.

案例十五 资本主义经济危机是周期性的吗

一、案例简介

资本主义经济制度的出现，打破了以小生产为基础的封建生产关系，推动了生产力的巨大发展和社会进步。但是，资本主义经济制度蕴含着深刻的内在矛盾，在一定条件下又成为社会化大生产进一步发展的桎梏。资本主义经济危机，是在资本主义再生产过程中由资本主义经济制度因素引发的周期性生产过剩危机，这是资本主义生产方式产生的特殊经济问题。自1825年英国第一次爆发普遍的经济危机以来，资本主义经济从未摆脱过经济危机的冲击。研究资本主义经济危机，不能着眼于一个或几个国家，而应从世界性经济危机来考察，如此才能把握经济危机的产生、发展和作用的规律。

（一）1857年资本主义经济危机

这是历史上第一次具有世界性特点的普遍生产过剩危机，也是第一次在美国而不是在英国开始的危机。1847年经济危机结束后，从1850年开始了周期性高涨，世界贸易急剧扩大，19世纪50年代世界贸易的年平均增长额比前20年提高了2倍。机器工业的迅猛发展、运输业的革命、新兴国家和新兴部门卷入国际商品流通，以及加利福尼亚和澳大利亚金矿的发现，导致世界市场迅速扩大。英国向美国大量销售纺织品和重工业品，英国产品充斥美国市场，严重阻碍了美国冶金业和棉纺织业等重要工业部门发展，同时，英国对美国铁路建设进行大规模投资，众多金融机构在美国市场大肆投机炒作。美国在这一阶段的确得到了飞速发展，铁路事业的繁荣带动了商业贸易领域的扩展，但一定程度上是靠金融炒作和外国进口产品支撑的。随后美国铁路股票开始大幅下跌,货币金融危机随之而起,美国的银行、金融公司和工业企业大量倒闭,仅 1857 年就有近 5000 家企业破产。反过来,英国的经济发展也受到美国危机的打击,参与投机炒作的银行、商业公司纷纷破产,英国失业人群数量增多。紧接着,经济危机也蔓延到了德国、俄国、奥地利、意大利和北欧国家,引发了一阵又一阵的破产浪潮。

(二) 1873 年资本主义经济危机

这场危机导源于 1873 年 5 月 9 日维也纳的债券交易,24 小时内股票贬值了几亿盾,接踵而至的是信用全面瘫痪和有价证券交易中止,维也纳的交易所危机很快蔓延到欧洲的其他交易所。由于欧洲各国停止对美国的资本输出,导致美国纽约银行不再对铁路公司和工业界拨款,于是在 1873 年 9 月 18 日,随着拥有北太平洋铁路大量债券的泽依—库克金融公司宣告破产,一场影响深远的世界性经济危机全面爆发。这次危机的主要震源是美国,在美国铁路建设资金中,约有一半左右是来自英国、法国、荷兰和德国等其他国家的投资。1872 年美国新建铁路线的增长速度开始放慢,铁路股票行市开始下跌,触发了资本主义世界交易所的危机。受这次危机打击或影响的国家,除了奥匈帝国、美国、德国、英国、法国外,还有俄国、意大利、日本、阿根廷、印度等非西方国家,这是 19 世纪资本主义危机史上最严重的一次危机,它不仅波及范围广、规模大,而且持续时间长达 7 年。

(三) 1929 年资本主义大萧条

资本主义发展史上最深刻的经济危机当属 1929~1933 年美国经济危机,第一次世界大战后美国经济迅速增长,技术革命和新兴工业的崛起使得经济规模不断扩张,导致生产过剩和大量产品积压、传统工业与新兴工业发展失衡、农业生产危机、金融市场混乱、狂热投机炒作和经济泡沫等现象。最终,1929 年以纽约股票市场的崩盘为标志,由金融领域引发的经济危机在美国爆发,并很快从美国蔓延到资本主义各国,各国企业大批破产,工业生产急剧下降,农业生产严重衰退,商品严重滞销,各国相继发生了深刻的货币信用危机。在这场危机中,各国工业产量倒退到 19 世纪末的水平,资本主义世界贸易总额减少 2/3,资本主义世界失业工人达到 3000 多万。另外,经济危机也使资本主义国家之间的矛盾激化,引出一连串的关税战、倾销战和货币战,这场危机一直持续到 1933 年才有所缓和，但整个资本主义经济发展却经历了此后长达十年的大萧条。

（四）1957年战后资本主义经济危机

1957年战后资本主义经济危机是第二次世界大战后第一次世界性经济危机，20世纪50年代中期，各国广泛采用先进技术激起固定资本投资热潮，发达资本主义国家普遍出现了经济高涨。美国的投资增长率超过10%，被认为是战后美国经济最繁荣的时期，然而随着生产的扩大和有支付能力的需求之间矛盾的加深，1957年3月一场世界性的经济危机首先在美国爆发了。商品滞销，库存增长，工业生产下降13.5%，钢铁和汽车等部门的生产量下降一半以上，出现了经济停滞与通货膨胀并存的局面，还爆发了战后第一次美元危机。日本、加拿大、英国、意大利、法国和前联邦德国也相继卷入危机，特别是日本对美国出口依赖程度高，其危机深度和持续时间仅次于美国。可见，这次经济危机同时袭击了各主要资本主义国家，显示了危机同步性。

（五）1973年石油与经济危机

经历了20世纪60年代的"繁荣"期后，资本主义世界于1973~1975年爆发了一场严重的世界性经济危机。1973年布雷顿森林体系崩塌，全球进入了信用货币时代，缺乏约束的各国货币供应量暴增，巨额财政赤字和信用扩张导致通货膨胀极其严重，恰逢中东石油战争爆发，西方国家发生石油危机，石油价格暴涨导致需求大幅萎缩，生产过剩的危机开始爆发。1973~1975年，美国工业生产下降了15.1%，失业率高达9.1%，物价上涨超过11%。这场危机几乎同时在各主要资本主义国家爆发，造成西方资本主义经济较长时间的"滞胀"现象。其中，日本受到的冲击尤为严重，因为日本的石油几乎全部依靠进口，石油价格暴涨后，不但国内需求萎缩，而且国际收支出现困难，导致日本工矿业生产指数下降了20.6%，完全失业人数高达112万人，倒闭企业超过1.3万家。

（六）1982年拉美债务危机

20世纪70年代两次石油危机导致原油价格大涨，石油输出国获得了巨额美元收入，国际市场美元供给充足。同时，石油危机期间美联储货币政策整体宽松，低利率环境降低了拉美国家的借贷成本，欧、美商业银行加大了对拉美国家的信贷投放，墨西哥、阿根廷、巴西等主要拉美国家盲目举债，推动经济扩张激进。1980年美联储为应对滞胀困境，宣布加息，然而拉美国家举借的外债多为浮动利率，国际借贷成本骤升，债务负担加剧，点燃了债务危机的导火索。1982年8月墨西哥宣布无力偿还外债，拉美债务危机爆发，随后巴西、委内瑞拉、阿根廷、秘鲁和智利等国也相继发生还债困难。拉美国家国际收支状况日益恶化，资本外流加剧，货币被迫贬值。

（七）1990年日本地产泡沫

1987年10月19日，美国道琼斯指数大幅下跌22.6%，随后几年国民生产总值的增长率持续下滑并沦为负增长，这次股灾在其他国家也产生了连锁反应，受到这次经济危机影响最大、持续时间最长的就是日本。1986年以来日本成为世界上最大债务国，日元对美元不断升值，而政府采取低利率政策，刺激房地产市场投资，房地产价格涨到了一种让人瞠目结舌的地步。20世纪90年代初期首都东京市区一套30平方米公寓，总房价达到惊人的600万美元，折合20万美元/平方米。1990年日本房地产泡沫达到高峰后瞬间破灭，三年内房价猛跌90%，日本经济迎来致命一击，股市崩盘、失业严重、房产过剩和满街的烂尾楼，日本经济繁荣景象如大厦倾倒一般荡然无存。不仅使日本房地产业全面崩溃，还引发严重的财政危机，使日本陷入了长达10年的萧条和低迷，被称为"失去的十年"。

（八）1997年亚洲金融危机

20世纪80年代以来亚洲新兴经济体表现出较高的增长态势，但泡沫化严重，出现虚假繁荣、不良资产和坏账激增的现象。1995年"新经济"时代美元开始升值，然而东南亚经济体大多实行固定汇率制度，美元升值带动了与美元挂钩的东南亚各国货币一起升值，降低了东南亚各国的出口竞争力。从1995年开始，东南亚国家出口停滞不前，进口激增，国际收支产生巨大逆差。随着泰国房地产泡沫的破裂，银行坏账大量增加，加之在外汇储备大量流失后，被迫一再扩大汇率波动幅度。1997年7月2日投机者开始大量抛售本币抢购外汇，泰国宣布放弃固定汇率制，实行浮动汇率，引发了一场遍及东南亚的金融风暴。这场风暴波及了印度尼西亚、马来西亚、新加坡、日本、韩国、中国和俄罗斯等地，并引发严重的经济衰退，货币大幅度贬值和股市暴跌。除了上述国家以外，欧美国家经济也遭受重创，整个世界的经济增长率都大幅下降。

（九）2008年美国次贷危机

2001年互联网泡沫破灭、"9·11"事件发生、安然丑闻曝光等因素导致美国民众情绪恐慌，美国经济出现衰退。为刺激经济，美国利率持续降低，最明显的变化就是带来了以次级按揭贷款为特征的贷款发放，引发房地产市场需求大幅上升，推动地产价格上涨。围绕次级按揭贷款形成了一个金融创新链条，即居民向商业银行等房贷机构申请贷款，房贷机构又将贷款卖给房利美、房地美和投资银行，后者将贷款处理成次贷抵押贷款债券，卖给包括商业银行、保险公司、养老金、对冲基金等在内的全球投资者。随着经济出现周期性下滑，次贷购房者的还贷负担不断加重，同时美国房价见顶回落，次贷购房者难以通过出售或抵押住房来获得融资，大量违约客户出现引起次级贷款市场危机爆发。2007年年初超过25家次级抵押贷款公司陆续申请破产，随后美国第二大次贷放贷机构新世纪金融公司宣布倒闭；2007年8月美国第五大投行相继爆出巨额亏损；2008年7月美国房地产抵押贷款巨头房地美和房利美遭受700亿美元巨额亏损；2008年9月四大投行之一的雷曼兄弟提交破产申请，次贷危机正式爆发，并迅速从美国扩展到全球，美国、日本、欧盟等主要发达经济体都陷入了衰退，发展中国家经济增速减缓，世界经济面临着20世纪30年代以来最严峻的挑战。

二、思政元素挖掘

（一）资本主义经济危机的实质是生产相对过剩

资本主义经济危机实质上是生产相对过剩危机，这种过剩并非与劳动者的实际需要相比的生产绝对过剩，而是与劳动者有支付能力的需求相比即与劳动者的货币购买力相比的生产相对过剩。简言之，生产绝对过剩是指生产产品的数量已经大于人们的实际需求，生产相对过剩就是指人们对于产品有消费需求但无实际购买能力，比如房产市场价格水平过高导致商品房大量空置，商品房看似过剩，但实际上居民的住房需求并没有得到满足。生产相对过剩主要是由于不合理的生产结构等因素造成的，即生产资料私有制，资本家凭着对生产资料的私人垄断，把社会化大生产产生的财富变为私人所有，使得社会贫富差距加大，然而资本家所能消耗的商品有限，从事生产的雇佣者这些真正需要商品的人却没有能力去消耗社会生产产生的大量商品，由此造成生产的相对过剩。

（二）从经济危机角度看马克思主义的强大生命力

经济危机是资本主义制度本身的必然产物。对于经济危机的认识，历来存在两种泾渭分明的观点：一是马克思主义经济学观点；二是资产阶级经济学即所谓西方主流经济学观点。西方主流经济学把资本主义生产关系视为天然的、理想的永恒规律，因而总是竭力否认资本主义社会爆发全面危机的可能性。马克思深刻指出，资本主义经济危机的根源在于资本主义生产方式固有的矛盾，这种矛盾使危机每隔一段时间就有规律地重新出现，这是社会制度本身的必然结果。百年来的危机一次次地证明了马克思主义的正确性和科学性，展现出马克思主义强大的生命力。

（三）从应对经济危机中看中国特色社会主义制度的优越性

自1978年以来，国际上大大小小的金融危机至少发生了百次以上，1990年日本经济泡沫、1997年亚洲金融危机、2000年美国IT泡沫危机、2008年美国次贷危机等，都对我国经济造成了不同程度的影响，但都没有迟滞中国崛起的步伐，反而转化成持续发展的机遇。在严峻挑战面前，我们清醒地认识到世界金融和经济形势复杂多变，不稳定不确定因素明显增多，我国经济面临着来自国际国内的严峻挑战。尽管如此，我国经济发展的基本面和长期趋势没有改变，改革开放以来持续高速的经济增长创造了世界经济增长史中的"中国奇迹"，工业化、城镇化快速发展，积累了雄厚的物质基础，抵御风险能力显著增强。事实证明，只要我们审时度势、周密部署、扎实工作，完全有条件把经济危机的不利影响降到最低。

三、案例使用说明

（一）教学目标

1. 知识层面。（1）理解资本主义经济危机及其周期性。（2）掌握资本主义经济危机的成因、发展过程、周期性规律及其对经济造成的巨大破坏。

2. 能力层面。通过案例教学，引导学生系统地掌握资本主义经济危机的成因、发展过程、周期性规律及其对经济造成的巨大破坏，设置两个问题让学生讨论分析，培养学生分析和解决经济问题的能力。

3. 素质层面。从分析资本主义经济危机中，了解不同类型经济危机的形成原因和产生的影响以及危机之间的关系，从而理解历年资本主义经济危机的周期性规律，明白资本主义经济危机的本质及表现，养成关注世界性经济危机成因、影响及其应对措施的习惯，拓宽学生学术视野。

（二）启发思考题

1. 分析资本主义经济危机爆发的主要原因是什么？对经济社会发展有何影响？
2. 结合案例，分析资本主义经济危机是否呈现出周期性？

参考答案如下：

1.（1）资本主义经济危机的根本原因在于：一是资本家追求剩余价值的内在动力和相互竞争的压力迫使资本家自发地、盲目地扩大生产规模；二是生产资料的资本主义私有制决定的不合理分配又造成社会财富越来越集中到少数人手中，这就使广大民众的有效需求不足，从而出现生产与消费的矛盾。（2）资本主义经济危机对经济社会的影响：一是经济危机造成了社会财富的巨大浪费，对社会生产力造成严重的破坏；二是经济危机进一步加深了资本主义基本矛盾；三是经济危机进一步激化了资本主义社会的阶级矛盾。

2. 自从1825年英国爆发第一次普遍性的工业生产过剩的危机后，危机就像潜伏在资本主义世界的瘟疫一样，每隔若干年就要爆发一次，伴随着资本主义的成长与繁荣，也伴随着经济全球化进程，令整个世界都纷纷卷入其中。从一次危机爆发到下一次危机开始之间的这个时期，构成资本主义再生产的一个周期，即经济周期，包括危机、萧条、复苏、高涨四个不同的阶段。从周期的长度来说，有时表现得较为规则，如第二次世界大战以前的时期，差不多每隔7～8年爆发一次；有时表现不规则，如在第二次世界大战之后的时期，从周期的各个阶段来说，有时危机、萧条、复苏和高涨四个阶段很不明显，如1973～1975年大危机之后，只相隔4年多一点就接着爆发1980～1982年世界性经济危机，使周期急剧缩短，危机接踵而至。当然，这里所讲的世界性经济危机的周期性，并不是说危机会定期爆发，只是指危机的不可避免性和暂时性。

四、教学目标达成

通过理论学习和案例讨论，催化学生的发散性思维，加深学生对理论的理解，同时提高学生学以致用的能力，使其能够运用经济学的分析方法解释实际生活中的经济现象、解决实际问题。思政内容方面，本课程主要实现以下三点教学成效：(1) 理解资本主义经济危机及其发生的根本原因、周期性，以及它对社会造成的巨大破坏。(2) 通过对资本主义经济危机的分析，认识到马克思主义依然具有极强的生命力，对于解释资本主义市场经济危机仍然具有极强指导作用。(3) 希望通过本案例教学，使学生理解我国社会主义市场经济发展的原因、背景及其必要性，认识社会主义经济制度的优越性。

参考文献

[1] 黄茂兴，叶琪. 世界性经济危机的历史考察与趋势展望 [J]. 马克思主义研究，2010 (05)：24-35, 159.

[2] 黄茂兴，叶琪. 近代以来世界性经济危机爆发的主要特点及成因分析 [J]. 当代经济研究，2010 (03)：42-47.

[3] 刘明远. 周期性资本主义经济危机的现代转型 [J]. 学术研究，2009 (11)：60-64.

[4] 张玉刚. 以马克思经济危机理论解读当前的金融经济危机 [J]. 特区经济，2010 (07)：269-271.

案例十六　后疫情时代下的美元流动性危机

一、案例简介

新型冠状病毒肺炎（Corona Virus Disease 2019，COVID-19），简称"新冠肺炎"，世界卫生组织命名为"2019 冠状病毒病"，是指 2019 新型冠状病毒感染导致的肺炎。受新冠疫情的影响，全球金融市场持续动荡，美国企业债务风险暴露，美元流动性危机爆发，无差别抛售导致国债收益率大幅反弹、美股四次熔断，外汇市场美元需求上升导致美元指数上升。投资者担心疫情蔓延无法得到有效控制，进而导致企业利润普遍下滑、经济增速下行甚至发生衰退，随后美联储实行量化宽松政策，美元流动性压力得到缓解，但长期也使得美国通货膨胀持续走高。2023 年 5 月 5 日世界卫生组织宣布，新冠疫情不再构成"国际关注的突发公共卫生事件"，全球进入后疫情时代，高通胀下美联储采取更为激进的加息节奏，连续八次累计加息 4.5%。美联储持续大幅加息、资产负债期限错配带来新一轮流动性危机。

（一）2020 年美元流动性危机

2020 年美元的流动性危机主要是由美国企业债信用风险引起的，在新冠疫情冲击之前，美国企业债务就已经出现潜在的结构性风险。根据美国商务部下属工业和安全局（BIS）的数据，2019 年第三季度，美国非金融企业杠杆率为 75.3%，低于发达国家平均水平，高于 2008 年危机时的水平。但相比于杠杆率，美国企业债务更为突出的问题是债务质量下降，低评级企业债占比增加，企业债务用途"脱实向虚"。2019 年 11 月美联储在《金融稳定报告》中专门提示企业债务风险，认为美国企业的杠杆贷款和高收益债券发行加速。2020年3月新冠疫情全球蔓延和油价暴跌给美国航空、能源、服务业等造成重创，直接打击了潜在风险较大的美国企业债市场，尤其是债务基本面脆弱的能源类企业，相关行业信用风险上升，美国低评级高收益债的信用利差上升至4%以上，已经超过了2008年雷曼兄弟倒闭时的信用利差，高评级信用债的信用利差也在迅速上升，并通过共同基金等非银行金融机构传染，原本的企业债信用风险上升并通过抵押品价值渠道、资产价格渠道蔓延为流动性危机。在货币政策方面，2020年3月3日美联储紧急宣布降息50个基点；3月16日美联储再次对货币进行松绑，将联邦基金目标利率下调1个百分点，贴近零利率。另外，美联储还宣布将贴现窗口利率下调1.5%~0.25%，开始鼓励商业银行使用资本和流动缓冲，法定存款准备金率也配合地降为零，旨在充分履行央行"最后贷款人"的职责，来维持市场的流动性，应对流动性危机，不断释放流动性来应对金融机构的挤兑。

（二）2023年美国硅谷银行事件

2023年3月8日美国硅谷银行（SVB）发布公告，计划甩卖持有的资产并发行股票融资，这一消息随即引发股票市场的暴跌，硅谷银行陷入实质上的破产状态，随后在3月10日正式关闭，被联邦存款保险公司（FDIC）接管。这是自2008年金融危机以来美国银行业发生的最大规模的倒闭事件，政府的介入并未完全缓解市场对金融风险的担忧，美股、美国债收益率、美元均出现了下跌走势。

截至2022年底，硅谷银行资产规模约为2090亿美元，在全美银行业中排名第16位，其所拥有的存款规模达1754亿美元。与传统的商业银行相比，硅谷银行的客户群体较为特殊，主要是科创领域的公司、私募股权/风险投资公司（PE/VC）以及这些企业的员工等高净值客户。硅谷银行在2023年3月8日发布公告称，因出售210亿美元的可供出售资产导致18亿美元的损失，主要评级公司将会下调银行评级并将展望调至负面。公告引发了客户和投资者的担忧，因为硅谷银行还持有高达913亿美元的持有到期资产，不仅规模比可供出售资产大，期限也更长，对应的亏损超过100亿美元，这意味着硅谷银行面临着资不抵债的破产风险。那些不受存款保险的客户随后纷纷涌入硅谷银行提取账户存款，两天内硅谷银行的存款流失高达420亿美元，占全部存款的近1/4，导致其账户上的现金余额不足10亿美元。为防止"挤兑"风险升级，监管部门最终选择在2023年3月10日关闭该行。

实际上，硅谷银行倒闭的根本原因是美联储持续大幅加息、资产负债期限错配所带来的流动性危机。为应对新冠疫情的冲击，美联储在2020年和2021年将联邦基金年利率维持在0~0.25%的低位，并将资产负债表从4万亿美元扩张至近9万亿美元，这给硅谷银行带来大量低息存款，资产总额从2019年底的710亿美元迅速增加到2021年底的2115亿美元。硅谷银行将吸收的存款主要用于购买中长期的美国国债和资产抵押贷款证券，资产的年收益率仅为1.6%左右。2022年以来，伴随着美联储连续八次累计4.5%的加息，硅谷银行收益趋势彻底逆转，其吸收的存款几乎没有增长，但有息存款成本从0.13%攀升至1.13%。与此同时，从2022年第四季度开始，科创企业的整体景气度明显走弱，客户提取存款的速度明显加快，但硅谷银行持有资产的整体期限较长，无法在短期内"变现"，最终引发硅谷银行破产危机。

二、思政元素挖掘

（一）新冠疫情的经济影响分析

2019年新冠疫情暴发后，多国政府采取了严格的"居家令"和"隔离令"，暂停大部分经济活动，导致生产和消费同时缩减，部分企业受到重创，不得不通过裁员等手段控制成本。经济全球化背景下产业链分布于世界各地，所以尽管疫情对各国的影响程度不一，但是全球产业链发生中断，国际贸易受到重创。此时，金融市场出现恐慌性抛售，导致股市和债市暴跌。随着部分国家疫情得到控制，经济进入逐步解封的第二阶段，生产逐步恢复，但消费不足仍然存在。许多劳动者由于第一阶段的失业而导致收入下降，消费欲望也普遍下降。同时疫情的冲击导致产业链无法彻底恢复，制造商因为缺乏订单无法开工，加之社会消费不足导致再生产过程再次中断。此时，实体经济缺乏投资机会，而金融市场脱离实体经济存在牟利可能，因此国家释放出的流动性可能会被资本家重新投入金融市场获取利润，实体经济复苏乏力。等到进入第三阶段，部分国家的疫情防控态势进一步好转，新冠疫情不再构成"国际关注的突发公共卫生事件"，经济活动逐步恢复，失业率逐步下降，劳动者的消费信心逐渐恢复，经济也实现恢复性增长。

（二）资本主义制度的内在矛盾是经济衰退的根源

资本主义社会的内在矛盾是美元流动性危机和经济衰退的根本原因，新冠疫情冲击只是起到了导火索的作用。

1. 全球化生产与生产资料私人占有之间的矛盾。资本为了实现增殖，或者说为了攫取更多的剩余价值，倾向于全球化配置，导致资本主义国家内部失业人口激增，而资本家的财富却成倍扩张，贫富差距进一步拉大。加之资本主义社会为了缓解生产过剩的困局，借贷资本和借贷消费大行其道，工人被剥夺得更彻底了。所以，当疫情导致生产中断，广大无产阶级失去收入来源，陷入生存危机之中，此时消费不足并不是源于边际效用递减规律，而是来源于资本主义固有矛盾导致工人的购买力下降。

2. 社会化公共服务与私人垄断资本之间的矛盾。在应对疫情冲击的过程中，资本主义国家的私人企业并未彻底贯彻国家的抗疫方针，相反在价值规律的支配下，作出了大量背离社会公共利益的行为，比如部分企业截留公共医疗物资，转手以高价卖出。同时，资本主义社会医疗私有化导致出现"天价账单"，使得人们不愿及时就医。

3. 虚拟经济与实体经济之间的矛盾。在新自由主义与金融化的影响下，资本主义社会主要资产配置大多聚集在金融市场之中。面对疫情冲击和流动性危机，就产生了选择悖论。一方面，要救实体经济就需要先控制疫情，将大量资金投放到医疗系统之中，同时要对企业进行大量补贴。这种办法要耗费较长时间才能见效，同时金融市场可能在这段时间被恐慌击穿，这将危害到大资本家的利益，并可能引发国民经济危机。另一方面，如果要救金融市场，那么投入医疗和实体经济的资源就不够，可能引发疫情扩散和实体经济的大幅衰退，这就是美国在2020年3月面临的困局。显然，特朗普政府选择了救金融市场，以维护大资产阶级的利益。因此，美国富人阶层在此次疫情中非但没有遭受损失，大部分人的身价还因此暴涨，2020年3月中旬~5月中旬疫情封锁期间，福布斯榜单上美国亿万富豪总资产猛增4340亿美元，从2.948万亿美元增至3.382万亿美元，增幅高达15%，而美国的新冠疫情却愈加恶化。

（三）美元流动性紧缩给新兴市场国家带来严重挑战

美元在当今国际货币体系中具有绝对优势地位，决定了每次美元加息都会产生溢出效应，给其他国家带来巨大冲击，美元指数升高和美元回流导致其他经济体尤其是新兴经济体货币大幅贬值，资产价格大跌，大规模资本流出。整体来看，美元流动性的持续收紧对新兴经济体的跨境资本流出影响较大，且容易诱发新兴经济体的债务危机。

1. 资本回流美国明显。自2022年美联储开始加息周期以来，全球资本迅速回流美国，虽然2022年美国开始本轮加息前，阿根廷、巴西等新兴国家已有相应预期，率先在2021年下半年开始加息以遏制资本外流的风险，但从结果来看资金依然大量回流美国。

2. 新兴经济体货币贬值压力大。美联储开启新一轮美元加息，美元指数一度飙升至110点，创20年来最大涨幅，这对新兴市场国家的货币产生了不同程度的影响。其中，斯里兰卡卢比创下历史新低，截至2022年10月21日累计跌幅达43%；土耳其里拉、埃及镑、匈牙利福林跌幅均超过20%；智利、南非等国的货币跌至历史低位。

3. 新兴经济体债务风险增加。海外融资尤其是美元融资是新兴经济体的重要融资方式，普遍存在外债货币期限规模错配。美元加息引领全球"加息潮"后，引发新兴经济体的融资成本上升、债务规模扩大。根据国际清算银行的报告，截至2021年新兴市场国家的美元债务已经达到4.2万亿美元，美元的走强显著提升了政府债务利息支出，许多新兴经济体可能面临违约风险，如斯里兰卡就已经因主权债违约而宣布"破产"。

4. 新兴经济体金融市场稳定性受到冲击。美联储加息使得全球金融市场资产价格剧烈波动，新兴市场资产价格大幅下降，资本的快进快出、大进大出同时加剧新兴经济体国内金融的不稳定性，容易引发流动性危机。同时，全球融资条件收紧导致流动性不足、偿债成本升高，新兴经济体的企业也极有可能发生违约，并将破产风险传导至金融机构，可能诱发金融危机。

三、案例使用说明

（一）教学目标

1. 知识层面。（1）理解什么是美元流动性危机。（2）了解两次美元流动性危机的成因、影响及处理方式。

2. 能力层面。引导学生系统地了解到实际生活中流动性危机的产生过程及对经济社会的影响,结合案例设置两个问题让学生讨论分析,通过案例研讨,培养学生解决经济问题的能力。

3. 素质层面。理解流动性危机形成的原因和影响,后疫情时代流动性危机对全球经济都是一次巨大的考验和威胁,思考如何在全球性的经济危机中规避风险,阻止危机进一步地扩大化并且化解危机。拓宽学生视野,引导他们关心国家大事和天下大事,增强社会责任感。

(二) 启发思考题

1. 如何理解流动性危机,其对于经济和社会的影响是什么?
2. 如何化解流动性经济危机带来的影响?

参考答案如下:

1.(1)货币的基本职能有两个,即价值尺度和流通手段。流动性危机就是货币的流动性枯竭。在整个国民经济系统中,货币就相当于血液,货币流通起来,金融体系才健康,经济社会才能正常发展。但货币一旦不能正常流通,就发生了流动性危机,表现为资产价格下降,金融机构外部融资条件恶化,金融市场参与者数量下降和金融资产交易发生困难等。(2)流动性经济危机会造成市场恐慌,投资者纷纷抛售资产,包括股票、债券,甚至黄金等避险资产,导致全球市场资产价格暴跌。在极端情况下,流动性不足将导致企业倒闭和银行破产,失业人数增加,实体经济严重受损。

2.(1)对于政府而言,应当采取积极的宏观政策措施,通过提高财政赤字率、发行特别国债、增加地方政府专项债券规模等方式,保持市场流动性合理充裕,同时减税降费、延期还本付息、缓解融资难融资贵,从根本上缓解市场流动性。(2)对于企业和个人而言,应当保持合理的资产负债结构,重视资产的流动性及安全性,减缓长期债务风险,避免出现现金流错配的情况。

四、教学目标达成

通过理论学习和案例讨论,催化学生的发散性思维,加深了学生对理论的理解,同时提高了学生学以致用的能力,使其能够运用经济学的分析方法解释实际生活中的经济现象、解决实际问题。思政内容方面,本课程主要实现以下两点教学成效：(1) 查阅相关资料认识流动性经济危机的特点，讨论如何规避和防范流动性经济危机，为后疫情时代流动性经济危机的破局做出方案。(2) 希望通过本案例教学，使学生在学习《政治经济学》流动性经济危机相关知识点的同时，学会利用各种资源，从各个角度分析和解决关键性问题，提高分析问题和解决问题的能力。

参考文献

[1] 栾稀，肖立晟. 美元流动性危机：成因、演进及救助措施 [J]. 银行家，2020（06）：85-88.

[2] 苏鹏. 美国流动性危机及其未来影响 [J]. 合作经济与科技，2020（12）：36-37.

[3] 张继强，芦哲，张健. 美国流动性危机的起源与演进 [J]. 金融市场研究，2020（04）：2-14.

[4] 刘燕春子. 美国银行业：倒下的硅谷银行 抬头的流动性风险 [N]. 金融时报，2023-03-16（008）.

[5] 马伟. 美国硅谷银行倒闭引发全球金融风险担忧 [J]. 世界知识，2023（07）：58-59.

[6] 石青川. 硅谷银行爆雷始末 [J]. 中国经济周刊，2023（06）：52-53.

案例十七　中国经济体制改革：共同富裕的创新之路

一、案例简介

改革开放40多年来中国经济长期持续快速增长，创造了世界经济增长史中的"中国奇迹"，已稳居世界第二大经济体。世界银行数据显示，1978～2021年，我国GDP年均增长9%左右，1978年我国GDP占世界经济总量比重仅为1.8%，2021年上升到18%，从2013年起我国经济对世界经济增长的贡献率达到30%左右，世界经济秩序和格局正在被重新定义。梳理中国经济体制改革的伟大历程，对于建立高水平社会主义市场经济体制、推动高质量发展具有重大的理论和现实意义。

（一）改革起步探索阶段（1978～1991年）

从1978年党的十一届三中全会提出"多方面地改变同生产力发展不适应的生产关系和上层建筑"，到1992年党的十四大明确提出"我国经济体制改革的目标是建立社会主义市场经济体制"，中国经济体制改革的方向和目标逐渐明确。改革开放初期，我国经济体制改革并没有一个清晰的市场化目标，随着"家庭联产承包责任制""国有企业扩大自主权""生产资料价格双轨制"等一系列改革的深入推进，我国经济体制改革的方向和目标逐渐清晰。1982年党的十二大打破了计划经济体制一统天下的局面，提出"正确贯彻计划经济为主、市场调节为辅的原则，是经济体制改革中的一个根本性问题"；1984年党的十二届三中全会明确提出社会主义经济是"公有制基础上的有计划的商品经济"；1987年党的十三大进一步提出"计划和市场的作用范围都是覆盖全社会的。新的经济运行机制,总体上来说应当是'国家调节市场,市场引导企业'的机制"。可见,随着实践的深入,经济体制的市场化方向也逐渐明确。

(二)社会主义市场经济体制框架建立及初步完善阶段(1992~2011年)

1993年党的十四届三中全会确定了"所有制结构、市场体系、宏观调控、分配制度和社会保障制度"五个方面的社会主义市场经济体制基本框架;2002年党的十六大提出2020年建成完善的社会主义市场经济体制的改革目标;2003年党的十六届三中全会对建设完善的社会主义市场经济体制作出全面部署,我国经济体制改革从体制外围的增量改革进入整体推进阶段。(1)在农村改革方面,针对世纪之交出现的城乡、工农差距扩大的现实状况,中央及时提出了"两个趋向"的重要论断,明确了统筹城乡发展的基本方略,制定了"多予少取放活"的基本方针,并于2006年全面取消了农业税,农业农村改革进入了城乡统筹的新阶段。(2)在企业改革方面,从1992年明确提出建立现代企业制度的国企改革方向到2003年国资委的成立,国有企业改革进入"国有资产监管"时期,同时民营经济得到快速发展,为我国经济的高速增长注入了活力。(3)在财税体制方面,确立了以"分税制"为核心的财政体制框架和以增值税为主的流转税体系。(4)在价格改革方面,取消了生产资料价格双轨制,进一步放开竞争性商品和服务价格,社会主义市场体系得到较大发展。(5)在对外开放方面,2001年加入世界贸易组织(WTO),标志着我国对外开放进入新阶段。入世以后,我国GDP增速维持了相当一段时期的高速增长,2010年GDP总量超过日本,成为世界第二大经济体。

(三)新时代全面深化改革阶段(2012年至今)

2013年党的十八届三中全会提出"全面深化改革的指导思想、目标任务、重大原则",同时明确了全面深化改革的重点仍然是经济体制改革。2019年党的十九届四中全会将社会主义市场经济体制纳入我国基本经济制度框架。2020年党的十九届五中全会将"构建高水平社会主义市场经济体制"作为新发展阶段经济体制改革的目标取向,这意味着中国特色社会主义市场经济体制更加成熟、更加定型,2024年党的二十届三中全会全面聚焦深化经济体制改革。党的十八大以来,党中央整体谋划、统筹推进,全面深化改革取得历史性伟大成就。社会主义市场经济体制不断完善,主要表现在以下三个方面:(1)在农村改革方面,以"三权分置"改革为龙头深化农村土地制度改革,农村发展活力得以巨大释放。(2)在企业改革方面,坚定不移深化国有企业改革,推进国有经济布局优化和结构调整,激发国有企业内生动力,大力支持民营企业发展壮大,不断为民营经济发展营造更好的环境,激发各类市场主体活力,为全面建设社会主义现代化国家增添动力。(3)在对外开放方面,建立了上海等22个自由贸易试验区,扩大内陆沿边开放,提出共建"一带一路"倡议,实施高水平对外开放,推动改革开放互相融合促进,为推动高质量发展注入中长期动力。

二、思政元素发掘

(一)中国经济体制改革始终坚持以人民为中心

全体人民共同富裕是中国式现代化的重要特征,赋予了共同富裕"以人民为中心"的时代内涵,"民心是最大的政治","以人民为中心"需要正确理解民心民意,将民心民意作为推进新时代党和国家各项事业发展的政治基础和前提。党的二十大报告对以人民为中心的发展思想进行了新阐释,指出将坚持以人民为中心的发展思想作为完成新时代新征程党的使命任务、全面建成社会主义现代化强国所必须坚持的一项重大原则,强调"中国式现代化是人口规模巨大的现代化,是全体人民共同富裕的现代化";即实现全体人民共同富裕既是中国共产党的中心任务,也是社会主义的本质要求,这需要中国共产党带领中国人民在时间和空间上共同付出努力,走中国特色社会主义新道路,消除两极分化,实现全体人民物质精神需求,实现人的全面发展。

(二)中国经济体制改革始终坚持共同富裕的价值取向

党的二十大报告指出"中国式现代化是全体人民共同富裕的现代化",必须坚持在发展中保障和改善民生,鼓励共同奋斗创造美好生活,不断实现人民对美好生活的向往。高质量发展作为促进共同富裕的基础和动力,利用更有效、更环保的方式来将蛋糕做大。习近平总书记指出,"高质量发展,就是能够很好满足人民日益增长的美好生活需要的发展,是体现新发展理念的发展,是创新成为第一动力、协调成为内生特点、绿色成为普遍形态、开放成为必由之路、共享成为根本目的的发展"①。同时需要强调的是，实现高质量发展不是一蹴而就的，而是一个循序渐进的过程，同样实现共同富裕也是一个长期的过程。因此，需要在促进高质量发展的进程中不断为实现共同富裕创造良好条件，更好更快地达到共同富裕，但并不意味着共同富裕和高质量发展是并驾齐驱的，二者不能等同，也不能背道而驰，这要求微观层面要注重效率与公平、协调共享的问题，在宏观层面进行政策调节，在实践探索中不断寻求创新与进步，审慎决策，在迈向共同富裕的道路上行稳致远。

（三）中国经济体制改革始终坚持科学方法

改革从方法论上来说是"上"和"下"两个力量共同作用的结果，即自下而上的摸着石头过河和自上而下的顶层设计相结合。摸着石头过河就是摸规律，就是从不断地实践、认识、再实践、再认识中获得经验。我国改革开放走的是一条"渐进式改革"的道路，就是先搞局部试验，如果可行再行推广，如果失败改革成本也不会特别高，这就给决策者留下了可以纠错的空间。改革的一个力量在基层，当遇到难以解决的问题时，基层总有人能够想出办法解决问题，这个解决问题的过程就是摸着石头过河；另一个力量在上层建筑的顶层设计，不仅要有"容错空间"，而且要对基层行之有效的改革办法给予合法的承认，不断优化宏观调控和顶层设计。

三、案例使用说明

（一）教学目标

1. 知识层面。（1）掌握中国经济体制改革的历史进程。（2）理解以人民为中心是扎实推动共同富裕的根本立场。

2. 能力层面。帮助学生系统掌握新时代以人民为中心是扎实推动共同富裕的根本立场，结合案例设置问题供学生分析讨论，帮助学生正确认识增进人民福祉，提高人民生活品质，最终达到共同富裕的时代意义。

3. 素质层面。理解新时代新征程坚持以人民为中心的思想，扎实推进共同

---

① 习近平．深刻把握统筹发展和安全的价值取向［N］．人民日报（第9版），2024-04-16．

富裕，通过案例讨论，结合党的方针政策以及其他思政元素，拓宽学生视野，引导学生关注国家大事，增强社会责任感。

（二）启发思考题

中国经济体制改革发展历程，给我们带来了哪些启示？

参考答案如下：

中国经济体制改革取得巨大成就，其探索实践过程中的宝贵经验值得深入总结，也给我们带来有益启示。

（1）坚持党的领导。中国共产党的领导为在中国建设社会主义提供了坚强政治保障。新中国成立以来的经济体制转变，都是在党的领导下进行的，从来没有脱离过党的领导。中国共产党善于随着时代变化不断推进经济体制改革。在党的领导下，经济体制改革的过程生动鲜明地体现了中国特色，遵循了科学社会主义基本原则，坚守了人民立场，体现了社会主义的本质特征。

（2）坚持解放思想。随着经济社会的发展，中国共产党深刻认识到，不解放思想就很难突破旧有观念或体制的束缚。改革开放以来，我们更是坚持解放思想，不断冲破对商品经济、市场经济的传统认知，敢于承认、接纳新生事物，展示了敢闯敢试的创新精神。可以说，思想解放能走多远，改革实践就能走多远。新时代深化经济体制改革，依然需要不断解放思想。

（3）坚持实践第一。坚持实践第一，是马克思主义认识论中一个首要的和基本的观点。中国成功打破对本本的膜拜，推进经济体制改革，关键也在于坚持实践第一的观点。中国共产党坚持从中国实际出发，把社会主义和市场经济结合起来，建立和完善社会主义市场经济体制，正是这套体制推动了中国经济社会的快速发展。

（4）坚持生产力标准。任何一个社会的体制变革都要围绕社会根本任务展开。只有围绕这一根本任务深化体制改革，适应生产力发展的需要，中国共产党才能真正做到为人民谋幸福、为民族谋复兴。正是坚持生产力标准，回应人民的诉求，充分发挥广大人民群众的积极性、主动性、创造性，才能够推进包括经济体制在内的各方面改革，从而使中国经济社会发展不断取得新成就。

（5）坚持共同富裕。共同富裕是马克思主义经典作家设想的未来社会的重要特征，实现共同富裕是中华民族的崇高理想和社会主义的本质要求。习近平总书记指出，促进全体人民共同富裕是一项长期任务，也是一项现实任务，急不得，也等不得，必须摆在更加重要的位置，脚踏实地，久久为功，向着这个目标作出更加积极有为的努力。可见，坚持实现共同富裕是中国经济体制改革的基本方向。

四、教学目标达成

通过理论学习和案例讨论，让学生深刻意识到中国经济体制改革的重要性，理解中国式现代化的本质特征，即"中国式现代化是人口规模巨大的现代化，是全体人民共同富裕的现代化"。思政内容方面，本案例主要实现以下教学成效：（1）对新时代中国特色社会主义的本质与根本目的有明确认识，理解共同富裕是中国经济体制改革的价值取向，增强制度自信。（2）希望学生在学习《政治经济学》共同富裕相关知识点的过程中能够运用马克思主义的立场和观点，能够科学阐释中国式现代化、共同富裕的学理性，提高学生分析问题、解决问题的本领。

参考文献

[1] 习近平. 论中国共产党历史 [M]. 北京：中央文献出版社，2021.

[2] 中共中央文献研究室. 三中全会以来重要文献选编 [M]. 北京：中央文献出版社，2011.

[3] 中共中央文献研究室. 十四大以来重要文献选编（上）[M]. 北京：中央文献出版社，2011.

[4] 中共中央文献研究室. 十二大以来重要文献选编（上）[M]. 北京：中央文献出版社，2011.

[5] 中共中央文献研究室. 十二大以来重要文献选编（中）[M]. 北京：中央文献出版社，2011.

[6] 中共中央文献研究室. 十三大以来重要文献选编（中）[M]. 北京：中央文献出版社，2011.

[7] 王钊，曾令果. 新中国70年农业农村改革进程回顾、核心问题与未来展望 [J]. 改革，2019（09）：19-30.

[8] 杨燕曦. 中国经济体制改革伟大征程和历史经验 [J]. 边疆经济与文化，2023（02）：37-41.

[9] 习近平. 论坚持全面深化改革 [M]. 北京：中央文献出版社，2018.

[10] 胡建兰. 新时代"以人民为中心"共同富裕指标体系的构建 [J]. 改革与战略，2021（10）：32－39.

[11] 孙成武，张亚琴. 党的二十大对以人民为中心发展思想的新贡献 [J]. 北京交通大学学报（社会科学版），2022（04）：18－25，44.

[12] 文丰安. 新时代城乡共同富裕融合发展论——基于对党的二十大精神的学习与研究 [J]. 重庆大学学报（社会科学版），2022（06）：272－285.

[13] 郭克莎. 高质量发展与共同富裕的内在关联 [N]. 中国社会科学报，2022－12－23（004）.

案例十八　社会主义市场经济：中国凭"韧"而行

一、案例简介

中国共产党自成立以来，始终把为中国人民谋幸福、为中华民族谋复兴作为自己的初心使命。改革开放以来，中国经济发展取得了历史性飞跃，成为世界第二大经济体，在中华大地上全面建成小康社会。其成功的关键是在党的领导下建立完善了中国特色社会主义市场经济体制，充分发挥了社会主义制度和市场机制两个方面的优势。在构建和完善中国特色社会主义市场经济体制的历史征程中，中国共产党不仅在制度层面进行顶层设计，还在理论层面不断创新，探索了公有制与市场经济更好结合的基础与保障，丰富了中国特色社会主义政治经济学的理论体系。中国共产党领导建立完善社会主义市场经济体制的历程可概括为四个阶段。

（一）奠基与铺垫阶段（1949~1977年）

1949年中国共产党领导中国人民取得了解放战争的胜利，成立了新中国。面对濒临崩溃的国民经济和广大人民的极端贫困，中国共产党领导全国人民逐渐恢复国民经济。面临西方国家经济封锁和政治孤立的困境，第一代领导集体坚信只有工业化才能解决国家发展落后问题和农村贫困问题，借鉴苏联社会主义工业化范式，实施了重工业优先发展的"赶超战略"，1953年开始实施国民经济第一个五年计划，提出党在这个过渡时期的总路线和总任务。1956年底基本完成了"三大改造"，确立了社会主义经济制度，实现了中华民族有史以来最为广泛而深刻的社会变革。同年，党的八大提出"党和人民当前的主要任务就是努力把我国从落后的农业国发展成为先进的工业国",开启了全面建设社会主义的新阶段。在此之后,虽然社会主义建设遭受了一些挫折,但仍取得了巨大成就,建立起了相对独立且完整的工业体系。在社会主义革命和建设时期中国共产党积累了社会主义建设的重要经验,形成了一些十分重要的认识,即"走自己的路,探索适合中国国情的社会主义建设道路""社会主义社会还存在商品生产和商品交换,要尊重价值法则,大力发展商品生产"。这些历史成就和理论认识,为走中国特色社会主义道路提供了经验启示和理论遵循。

(二) 探索与启动阶段 (1978~1991年)

1978年党的十一届三中全会是探索中国特色社会主义市场经济体制的开端。在这次会议上,党将工作重心转移到经济建设上来,同时重新肯定了价值规律的重要作用。1981年党的十一届六中全会提出"要发挥市场调节的辅助作用";1982年党的十二大为中国寻找自己的发展道路指明了方向。此后,关于计划经济和商品经济的大讨论催生了经济体制改革新变局,1984年党的十二届三中全会进一步明确了社会主义经济的属性特征;1987年党的十三大明确提出建立"国家调节市场,市场引导企业"的经济运行模式。可见,这一阶段主要是通过拨乱反正,日益重视市场调节的作用,探索和启动经济体制改革,促使经济社会发生了巨大的变化,城镇化不断推进,人民生活水平不断提高。

(三) 确立与发展阶段 (1992~2011年)

1992年邓小平南方谈话从生产力和生产关系的层面科学概括了社会主义的本质,党的十四大和党的十四届三中全会进一步明确了经济体制改革的目标和实施框架,即建立中国特色社会主义市场经济体制。1997年党的十五大评价"把社会主义同市场经济结合起来,是一个伟大创举",2002年党的十六大指出"我国已初步建立了社会主义市场经济体制",2003年党的十六届三中全会作出了完善社会主义市场经济体制的全面部署,2007年党的十七大提出"从制度上更好发挥市场在资源配置中的基础性作用"。可见,这一阶段主要是确立了经济体制改革的目标,经济体制改革呈现出全方位、多层次、宽领域的特征,搭建起社会主义市场经济体制的基本框架,肯定了非公有制经济的贡献。在加入WTO以后,中国逐步形成了全方位开放格局,拓宽了我国经济体制改革的国际视野。

(四)新时代深化与完善阶段(2012年至今)

党的十八大以来,在以习近平同志为核心的党中央坚强领导下,对中国特色社会主义建设规律的认识取得了新突破,我国社会主义市场经济发展进入了一个新阶段,经济体制改革全方位展开、系统性推进,重要领域和关键环节改革取得决定性成果,社会主义市场经济体制更加系统完备、更加成熟定型。2013年党的十八届三中全会强调"推进国家治理体系和治理能力现代化",对社会主义市场经济规律的认识和把握也上升到了新的高度。2017年党的十九大提出"加快完善社会主义市场经济体制",2020年进一步明确要求"构建更加系统完备、更加成熟定型的高水平社会主义市场经济体制"。这一时期我国在坚持和完善社会主义基本经济制度、加快完善现代市场体系、转变政府职能、深化财税体制改革、健全城乡发展一体化体制机制、构建开放型经济新体制、完善公共服务和社会管理体制、加快生态文明制度建设等方面,进行了全方位体制改革。从供给侧入手,着力推进"三去一降一补",解决历史形成的突出矛盾和问题;从要素入手,矫正当前中国经济供需严重错位;从结构入手,推进平衡发展的体制机制建设,集中力量解决经济发展中的重大结构性失衡问题。中国经济总量由2012年的53.9万亿元上升到2021年的114.4万亿元,人均国内生产总值从6300美元上升到超过1.2万美元。习近平总书记指出,"在社会主义条件下发展市场经济,是我们党的一个伟大创举。我国经济发展获得巨大成功的一个关键因素,就是我们既发挥了市场经济的长处,又发挥了社会主义制度的优越性"①。

二、思政元素发掘

(一)坚持党对经济工作的集中统一领导

习近平总书记指出,"在社会主义条件下发展市场经济,是我们党的一个伟大创举"②,坚持党的领导是我国社会主义市场经济的本质特征。离开了党的领

---

① 习近平. 在中共十八届中央政治局第二十八次集体学习时的讲话 [N]. 人民日报,2015-11-23.
② 习近平. 社会主义市场经济本质上是法制经济 [N]. 人民日报(第9版),2023-06-19.

导,就不会有社会主义市场经济这一创新理论的形成,不会有充满活力、焕然一新的经济面貌,更不会有中国的"增长奇迹"。改革开放以来,为解放和发展社会生产力,让人民摆脱贫困并尽快富裕起来,党中央确立了社会主义市场经济体制改革方向,从体制机制层面不断完善中国特色社会主义市场经济,并在经济体制改革的探索和实践中推动了马克思主义政治经济学的理论创新与体系完善。党的十一届三中全会以来,逐步形成了党领导经济工作的机制体系:党代会主要制定经济社会发展的总纲领,并对前期经济体制改革的成功经验从党的决议角度给予确认并提炼为党的理论;党的中央全会主要提出经济体制改革的重大事项;年度中央经济工作会议主要总结当年经济工作成绩,分析研判国际国内经济形势,提出下一年要抓好的重点任务。依托制度化的经济工作领导机制体系,党实现了对改革经验的及时总结以及下一步改革目标、发展战略和实施路径的谋划和部署,推动中国特色社会主义市场经济不断完善和发展。党的十九届五中全会把坚持党的全面领导作为"十四五"时期经济社会发展必须遵循的统领性原则和根本政治保证。随着党领导经济工作的体制机制进一步制度化、科学化,党对经济工作的领导作用和对经济建设的推动作用将进一步彰显。

(二) 中国经济体制改革是政府主导的市场化改革

改革开放以来,中国所进行的经济体制改革以市场化为主要取向,目标是建立中国特色社会主义市场经济体制。经过四十多年的改革发展,中国社会经济、政治、社会生活的各个方面都发生了深刻的变化,成功地突破了传统的计划经济体制束缚,建立了社会主义市场经济体制,明确了市场在资源配置中的决定性作用,以公有制为主体、多种所有制经济共同发展的基本经济制度也不断成熟。党的二十大报告指出,全面建设社会主义现代化国家,是一项伟大而艰巨的事业,前途光明,任重道远。因此,我们必须牢牢把握以下重大原则:坚持和加强党的全面领导,坚持中国特色社会主义道路,坚持以人民为中心的发展思想,坚持深化改革开放,坚持发扬斗争精神。必须完整、准确、全面贯彻新发展理念,坚持社会主义市场经济改革方向,坚持高水平对外开放,加快构建以国内大循环为主体、国内国际双循环相互促进的新发展格局。因此,当前我国亟须在创新探索中不断完善中国特色社会主义市场经济体制,坚持在新的时代起点上发展中国特色社会主义市场经济体制,推动经济实现质的有效提升和量的合理增长。

(三) 中国特色社会主义市场经济的制度优势

社会主义市场经济是与社会主义基本制度相结合的市场经济，它既体现了市场经济的普遍原则，又体现了社会主义制度的基本特征，使社会主义制度的优越性和市场经济的长处都得到了更好发挥，具有超越资本主义市场经济的新特点和新优势。

1. 社会主义市场经济是以实现人的全面发展和社会成员的共同富裕为目的。从微观经济角度看，无论私有企业还是公有企业，都要追求利润最大化，接受价值规律的调节。但从全社会层面看，由于公有制的主体和按劳分配主体地位，社会主义国家的宏观调控、生产发展或资源配置的目的已不是利润最大化，而是最大限度满足人民日益增长的美好生活需要，实现以人民为中心的发展。

2. 社会主义市场经济实行的是公有制为主体、多种所有制经济共同发展的基本制度。坚持公有制为主体，有利于实现国民经济有计划按比例发展，有利于防止两极分化，维护社会公平，促进社会和谐、推动自主创新，并为社会主义国家政权的巩固提供强大经济基础。多种所有制经济的共同发展，则有利于形成各种所有制之间独立自主的市场竞争关系，调动各个经济主体的积极性和创造性，保证市场经济的活力和效率。

3. 社会主义市场经济实行以按劳分配为主体、多种分配方式并存的基本分配制度。实行按劳分配为主体，有利于调动广大劳动者的积极性和创造性，消除两极分化，使全体人民实现共同富裕。坚持多种分配方式并存，允许生产要素参与分配，有利于调动各经济主体的积极性，让一切劳动、知识、技术、管理和资本的活力竞相迸发，让一切创造社会财富的源泉充分涌流，使各种资源都得到充分有效的利用。

4. 社会主义市场经济充分运用计划调控与市场调节两种手段，国家调控的主要依据不是弥补市场失灵，而是作为生产资料公有制和全体人民利益的总代表，在社会的范围内合理地配置社会资源，促进经济全面协调可持续发展。它既要反映现代市场经济的一般特点，又要体现社会主义制度的独特优势，将当前与长远、总量与结构、供给与需求、有效市场与有为政府有机地结合起来。

5. 社会主义市场经济把积极参与经济全球化与独立自主相结合。致力于建立全方位、多层次、宽领域的开放格局，充分利用国内国际两个市场、两种资源，把"走出去"与"引进来"结合起来，发展更高层次的开放型经济。同时，反对现有国际经济秩序中不公正不合理的现象，致力于建立公正合理的国际经济新秩序,弘扬共商共建共享的全球治理理念,构建人类命运共同体,促进国际经济秩序朝着平等公正、合作共赢的方向发展。

6. 体现在民主制度上,社会主义市场经济是与社会主义民主相结合的市场经济。资本主义社会的民主是建立在私有制和阶级对立基础上的"金钱"民主。而在社会主义制度下,生产资料公有制使劳动者在生产资料占有上形成了平等的关系,成为社会的主人,人民群众具有了当家作主的权利,国家不再是阶级对立和阶级统治的工具,而成为管理和实现共同利益的公共机构。

三、案例使用说明

(一) 教学目标

1. 知识层面。(1) 理解社会主义市场经济体制、新发展理念。(2) 掌握社会主义市场经济的分配模式理论。

2. 能力层面。帮助学生系统地掌握新时代中国特色社会主义市场经济体制的内涵,设置问题让学生分析讨论,引导学生正确认识社会主义市场经济体制的内涵,能够贯彻新发展理念,推动高质量发展。

3. 素质层面。理解新时代新征程推进高质量发展,必须坚持并不断完善中国特色社会主义市场经济体制,必须毫不动摇巩固和发展公有制经济,毫不动摇鼓励、支持、引导非公有制经济发展。拓宽学生的视野,增强社会责任感,提高学生的专业素养。

(二) 启发思考题

中国特色社会主义市场经济体制的建立和完善对实现中国式现代化有哪些重大意义?

参考答案如下:

1992年邓小平同志南方谈话中提出建立社会主义市场经济体制,为社会主义市场经济建设提供了基本指南。党的十四大明确提出要建立社会主义市场经济的发展目标,此后一直在为加快完善社会主义市场经济做出极大的努力。全面建设社会主义现代化国家,必须构建高水平社会主义市场经济体制,坚持和完善社会主义基本经济制度,毫不动摇巩固和发展公有制经济,毫不动摇鼓励、支持、引导非公有制经济发展,充分发挥市场在资源配置中的决定性作用,更好发挥政府作用。中国特色社会主义市场经济体制的建立和完善对实现中国式现代化的重要作用主要表现在:(1)能够促进经济体制改革向纵深发展、提高生产质量和效益、增强经济活力、提高人民生活水平,符合社会主义生产目的。(2)新时代新征程中国共产党团结带领全国各族人民全面建成社会主义现代化强国,实现第二个百年奋斗目标,以中国式现代化全面推进中华民族伟大复兴,是中国共产党从现在开始的中心任务。对实现中国式现代化,社会主义市场经济体制改革永远走在前面,并在不断的探索中引领我国迈向社会主义现代化强国。

四、教学目标达成

通过理论学习和案例讨论,引导学生正确认识"中国特色社会主义市场经济体制改革"的理论意义和现实价值,指导学生从经济学的视角理性看待国家政策与改革方针,提高学生的敏锐性和洞察力。本案例主要达到以下教学成果:(1)引导学生正确认识中国特色社会主义基本经济制度,能够完整、准确、全面贯彻新发展理念,坚持社会主义市场经济改革方向,坚持高水平对外开放,加快构建以国内大循环为主体、国内国际双循环相互促进的新发展格局。(2)引导学生正确认识政府与市场的关系,理解"充分发挥市场在资源配置中的决定性作用和更好发挥政府作用"的科学意义。(3)希望同学们在学习《政治经济学》中社会主义市场经济相关知识点时,学会运用马克思主义的立场观点,在经济发展中观察问题、分析问题、解决问题,从而提高自己分析问题、解决问题的能力。

参考文献

[1] 朱安东,孙洁民. 作为基本经济制度的社会主义市场经济体制初探[J]. 思想理论教育导刊,2020(05):98-103.

[2] 中国共产党简史[M]. 北京:人民出版社,中共党史出版社,2021.

[3] 中国共产党第十一届中央委员会第三次全体会议公报[M]. 北京:人民出版社,1978.

[4] 关于建国以来党的若干历史问题的决议[N]. 人民日报,1981-07-01(1).

[5] 中国共产党第十二次全国代表大会文件汇编 [M]. 北京: 人民出版社, 1982.

[6] 十二大以来重要文献选编 (中) [M]. 北京: 人民出版社, 1986.

[7] 黄克. "国家调节市场, 市场引导企业" 的三种具体模式 [J]. 财经科学, 1988 (05): 4.

[8] 邓小平文选 (第三卷) [M]. 北京: 人民出版社, 1993.

[9] 十四大以来重要文献选编 (上) [M]. 北京: 人民出版社, 1996.

[10] 十五大以来重要文献选编 (上) [M]. 北京: 人民出版社, 2000.

[11] 胡锦涛. 高举中国特色社会主义伟大旗帜为夺取全面建设小康社会新胜利而奋斗——在中国共产党第十七次全国代表大会上的报告 [J]. 前线, 2007 (11): 4-19.

[12] 习近平关于社会主义经济建设论述摘编 [M]. 北京: 中央文献出版社, 2017.

[13] 本刊编辑部. 以高质量发展为首要任务全面建成社会主义现代化强国——党的二十大报告解读 [J]. 冶金管理, 2022 (22): 43-48.

[14] 杨宗儒. 发挥资本市场作用服务海南自由贸易港高质量建设和发展 [J]. 海南金融, 2020 (06): 10-13.

[15] 宋才发. 中国式现代化的现实逻辑、丰富内涵与世界意义——学习贯彻党的二十大精神 [J]. 党政研究, 2022 (06): 4-14, 123.

[16] 习近平总书记关于《中共中央关于制定国民经济和社会发展第十四个五年规划和二〇三五年远景目标的建议》的说明 [J]. 系统工程, 2022 (05): 159.

[17] 赵展慧. 经济体制改革阔步向前 [N]. 人民日报, 2022-10-07 (001).

[18] 彭森. 《十八大以来经济体制改革进展报告》——献礼改革开放四十周年 [J]. 中国经贸导刊, 2018 (28): 4-5.

[19] 高尚全. 亲历社会主义市场经济体制的建立 [J]. 中国金融, 2018 (08): 16-19.

[20] 张宇. 为人类对更好社会制度的探索提供中国方案——社会主义市场经济的世界意义 [N]. 光明日报, 2016-11-30 (015).

案例十九 从乡镇小厂到"走出去"的跨国大企业：万向集团

一、案例简介

万向集团起源于鲁冠球1969年接手的"宁围公社农机厂"，致力于清洁能源和动行智控领域前沿研究、技术开发和应用制造，实现全球化运营。1984年万向集团产品首次出口美国，成为第一个进入美国市场的中国汽车零部件企业，现为国家120家试点企业集团和520户重点企业之一。2016年8月万向集团在"2016中国企业500强"中排名第125位；2019年12月万向集团入选2019中国品牌强国盛典榜样100品牌；2023年1月入选《2022年·胡润中国500强》，排名第122位。纵观万向集团的发展，可以用"奋斗十年添个零"来概括。

（一）第一个十年（1969~1978年）：完成原始积累

万向集团创始人鲁冠球出生于浙江省萧山县宁围乡的一个贫困村，15岁辍学后到铁业社当学徒，学习各种农业以及日用铁具的打造，这培养了他对铁具和机械的浓厚兴趣。后来，他被铁业社裁员，找了六个合作伙伴办了一个为村民打铁锹、镰刀、锄头的铁匠铺子，生意十分红火。1969年宁围公社一家农机修配厂由于体制不健全和管理机制混乱，导致生产的产品质量不合格，工人开不出工资，处于濒临倒闭的困境。为了挽救这个厂子，公社领导请鲁冠球接管这个厂子。

由于当时处于计划经济的时代，国有大型企业尚且需要一系列复杂的程序才能拿到原材料调拨指标，鲁冠球这个小小的社队企业更无法解决原材料问题。因此，鲁冠球只能骑着三轮车挨家挨户收购废铜烂铁。除此之外，生产什么？购买

案例十九 从乡镇小厂到"走出去"的跨国大企业:万向集团

什么?销售什么?都需要国家下达指标,没有指标,生产出来的产品也无法销售出去。为了修配厂能够经营下去,鲁冠球选择为周边公社的农具提供配套生产,如饲料机上的榔头、打板;拖拉机上的尾轮叉;柴油机上的油嘴等。凭借对质量的严格把控,这家修配厂生产的农具获得了萧山县(现为萧山区)周边农户的称赞,并扩展到全省各地,厂子逐步扭亏为盈,走上正轨。20世纪70年代中期,市场对于汽车配件万向节需求比较多,鲁冠球为此专门引进一条生产万向节的生产线,并凭借实惠的价格和优秀的质量打开了全国市场,万向节在厂子中的生产规模也不断扩大。1978年宁围农机修配厂正式更名为萧山万向节厂,到20世纪70年代末,这家修配厂已经初具规模,拥有300多名员工,年产值300余万元,企业实现日创利润1万元,员工最高年收入超过1万元。

(二)第二个十年(1979~1988年):生产专业化+管理现代化

经过十年的原始积累,原先的农机修配厂已经成为以生产万向节为主,涵盖链条、失蜡铸钢、犁具等多种产品的乡镇企业。1979年国内能源出现短缺,石油开采量远远落后于市场需求,工厂降低汽车产量,进而导致万向节的需求量急剧下降。此时,国产汽车的万向节已经供过于求,但进口汽车的万向节市场尚处一片空白,鲁冠球决定集中力量生产紧缺的进口汽车万向节。经过重重困难,鲁冠球的钱潮牌万向节开始占据国内进口汽车零配件市场的优势地位。从此以后,厂子开始专业化生产万向节,取得了多项万向节生产技术专利,得到了国内市场的高度认可,成为全国仅有的三家万向节定点生产企业之一。1983年2月11日,国务院批准的《国家体改委、商业部关于改革农村商业流通体制若干问题的试行规定》指出,面对农村商品生产迅速发展和商品交换规模日益扩大的新形势,农村商品流通体制的改革,已经势在必行。鲁冠球与公社签订了承包合同,实施了股份合作制,把企业的资产化作股份,让员工自愿认购,全厂的生产积极性大大提高。1988年鲁冠球向宁围镇政府买断了万向节厂的股权,企业的市场适应力进一步增强,到了20世纪80年代末企业实现日创利润10万元,员工最高年收入超过10万元。

(三)第三个十年(1989~1998年):集团化+国际化

20世纪90年代,万向节厂的管理模式从"总厂式"转变为"集团化",企业成为省级计划单列集团,1993年11月万向集团所属万向钱潮股份有限公司

"万向钱潮"股票在深圳证券交易所上市。1994年万向集团在美国正式成立万向美国公司,专门负责万向国际市场体系的建设与相关品牌的创立和管理,产品线也逐步丰富起来,产品从零件到部件到系统,实现了专业化生产、系列化产品、模块化供货。1998年万向集团收购舍勒公司,得到了舍勒的品牌、技术专利、专用设备以及市场渠道等无形资产。此后,万向集团成功收购了美国上市公司UAI(Universal Automotive Indus-tries, Inc.)、美国LT公司等,在国外不断开疆拓土。这样一来,实现了国内低成本的制造优势和国外技术服务与市场控制优势相结合,使国内外资源形成互补,万向集团进一步得到壮大。因此,在第三个十年,企业日创利润达到100万元,员工最高年收入超过100万元。

(四)第四个十年(1999~2008年):资本式经营+国际化运作

进入21世纪,传统制造业继续发展,万向集团奠定了中国汽车零部件行业领域的龙头地位,在金融、服务、现代农业等领域也都取得了突破性增长,逐步成为一家现代化企业集团。2000年6月万向集团作为战略投资者受让华冠科技39.58%的股权,成为该公司第二大股东。2002年9月华冠科技发行4000万A股在上交所上市;2001年底又收购上市公司"承德露露"26%的股权,仅次于露露集团38.9%的持股量,成为公司第二大股东。在第四个十年,企业实现日创利润1000万元,员工最高年收入突破1000万元。

(五)第五个十年(2009~2018年):整合全球资源

2009年万向集团创业40周年纪念大会上,鲁冠球提出要把"奋斗十年添个零"继续下去,即到2019年,企业日创利润和员工最高年收入都要达到1亿元。为达到这个目标,万向集团要做三件事:一是坚持"实业"与"金融"结合,提高效率;二是坚持"走出去""引进来",融通资源;三是坚持发展新能源,抢占制高点。新时代万向集团按照"开放共享、创新聚能"的理念,以区块链为底层架构,建设一座创造、创业、创新"三创联动",生产、生活、生态"三生融合",集聚全世界科学家、创业者、创新者的科创平台,抢占工业制高点,为中国实现"碳中和"目标,为浙江高质量发展建设共同富裕示范区,作出更多贡献。

案例十九 从乡镇小厂到"走出去"的跨国大企业：万向集团

二、思政元素挖掘

（一）民营经济在改革的东风下茁壮成长

计划经济时代的企业没有"计划指标"寸步难行，鲁冠球的农机修配厂以原萧山县周围农户的生产需要为主，主要生产犁具、铁耙等。党的十一届三中全会以后，鲁冠球敏锐地发现了市场对万向节的需求，转而专业化生产万向节，万向集团有了爆发式的增长，客户遍布国内外。改革开放后逐渐确立了以公有制为主体、多种所有制共同发展的基本经济制度，一些民营企业可以参与原本由国有企业垄断的行业，甚至参与国企改革，推动发展混合所有制经济。经过四十多年的发展，我国民营经济从小到大、由弱到强，涌现出了华为、腾讯、阿里巴巴、新希望、TCL等一大批优秀的民营企业。据国家市场监督管理总局资料，我国登记在册的民营企业2023年4月初突破5000万户，截至2023年5月底达到5092.76万户，较2012年底（1085.7万户）增长了3.7倍，民营企业在企业中的占比由79.4%提升至92.4%，在国民经济发展中的地位和作用进一步提升，在促进社会主义市场经济发展、稳定经济增长、提供充分的产品和服务、提升创新创业水平、开拓国际市场、增加就业等方面发挥了不可替代的重要作用。

（二）民营企业对促进共同富裕有积极作用

党的二十大报告指出，坚持和完善社会主义基本经济制度，毫不动摇巩固和发展公有制经济，毫不动摇鼓励、支持、引导非公有制经济发展。然而社会上不免有一些否定、怀疑民营经济的言论，实际上，民营经济对建设社会主义事业的作用也不可或缺。民营经济呈现"56789"的显著特征，即贡献了50%以上的税收；60%以上的国内生产总值；70%以上的技术创新成果；80%以上的城镇劳动就业；90%以上的企业数量。改革开放初期，邓小平同志提出让一部分人、一部分地区先富起来，先富帮后富、先富带动后富，最终实现共同富裕。事实上，不少像万向集团的民营企业在稳定增长、促进创新、增加就业、改善民生等方面发挥了重要作用。党的十八大以来，在"大众创业、万众创新"的浪潮中，许多创新创业者不仅自己实现了富裕，也帮助共同参与创新创业的群体实现了富裕。因此，面对区域发展不平衡、收入分配差距较大等问题，要实现共同富裕，民营经济只能壮大,不能削弱,更不能离场。

(三) 质量是企业最基本也是最核心的竞争力

万向集团前身宁围公社农机修配厂因为产品质量等原因濒临倒闭,在鲁冠球的带领下却一次次因为过人的质量获得前所未有的机遇。鲁冠球刚接手宁围公社农机修配厂时,用质量好的犁刀获得了萧山县农户的认可,让厂子走上正轨。后来,鲁冠球用质量好的万向节在订货会上打开全国市场,最终打开国际市场,成为通用、福特等国际一流整车厂的配套合作企业。如今,企业之间在营销、品牌、售后服务等各个方面展开激烈的竞争,但最重要的还是产品质量的竞争。好的产品质量可以经受住市场的检验,让市场认可自己的产品,这是企业发展的关键,也是让企业在竞争中立于不败之地的"秘诀"。

三、案例使用说明

(一) 教学目标

1. 知识层面。(1) 认识到经济体制改革的成就,理解社会主义市场经济的制度优势。(2) 理解社会主义市场经济中政府和市场的关系和市场在资源配置中的决定性作用。

2. 能力层面。帮助学生系统地掌握经济体制改革的背景及其对经济发展的影响,并结合案例,设置两个问题让学生讨论分析,通过讨论和总结,帮助学生学会观察分析经济现象,培养学生解决经济问题的能力。

3. 素质层面。通过案例的学习,理解社会主义市场经济体制改革带来的巨大变化,思考如何不断完善我国的经济体制,激发市场活力。养成关注国家制度改革及其改革背景、改革意义的习惯。

(二) 启发思考题

1. 结合案例,如何正确看待民营经济的地位和作用?
2. 如何鼓励和支持民营经济和民营企业发展壮大?

案例十九 从乡镇小厂到"走出去"的跨国大企业：万向集团

参考答案如下：

1. 民营经济作为非公有制经济的主要经济组织形式，是社会主义市场经济的重要组成部分，在稳定增长、促进创新、增加就业、改善民生等方面发挥着重要作用，是社会主义市场经济发展的重要成果，是推动社会主义市场经济发展的重要力量，是推进供给侧结构性改革、推动高质量发展、建设现代化经济体系和实现共同富裕的重要主体，也是我们实现第二个百年奋斗目标和中华民族伟大复兴的重要力量。习近平指出："民营经济是我国经济制度的内在要素，民营企业和民营企业家是我们自己人"[①]。在实现中国式现代化的历史征程中要大力支持民营企业发展壮大，让民营经济创新源泉充分涌流、创造活力充分迸发。

2. 党的二十大报告指出，我们要构建高水平社会主义市场经济体制，坚持和完善社会主义基本经济制度，毫不动摇巩固和发展公有制经济，毫不动摇鼓励、支持、引导非公有制经济发展，充分发挥市场在资源配置中的决定性作用，更好发挥政府作用。促进民营经济发展壮大，要做好以下工作：（1）提振民营经济发展信心，优化民营企业发展环境，有效解决民营企业发展过程中遇到的问题。（2）激发民间资本投资活力，解决制约民营企业的融资难、融资贵等问题。（3）引导民营企业走高质量发展的路子，鼓励民营企业吸收各种先进技术，提高生产效率和产品品质，推进科技自立自强和科技成果转化。

四、教学目标达成

通过案例学习回归理论知识，加深学生对理论的理解，让学生能从经济学角度看待和思考实际生活中的经济现象。思政内容方面，本课程主要实现以下三点教学成效：（1）通过对比党的十一届三中全会前后，万向集团在计划经济时代和市场经济时代的发展状况，认识社会主义市场经济体制的优越性；（2）通过万向集团"奋斗十年添个零"的发展过程，体会民营经济对经济增长及实现共同富裕的贡献；（3）希望学生在学习课本知识和案例之后，思考如何促进类似于万向集团这样的民营经济的发展，激发我国市场经济的活力，将知识学以致用。

[①] 习近平. 在民营企业座谈会上的讲话 [N]. 人民日报（第2版），2018-11-02.

参考文献

[1] 李师达. 常青法则：鲁冠球和万向集团长盛不衰的密码 [M]. 北京：现代出版社，2010.

[2] 吴晓波. 激荡三十年：中国企业 1978 – 2008 [M]. 北京：中信出版社，2007.

[3] 王天孜. 从万向节到万向集团 [J]. 中国图书评论，2019（06）：127.

[4] 姜霞. 跨国并购中的无形资源转移优势分析——以万向集团并购为例 [J]. 中国集体经济，2017（14）：16 – 17.

[5] 韩保江. 国有经济与民营经济相辅相成相得益彰 [N]. 人民日报，2018 – 12 – 07.

[6] 本刊记者. 战略彰显哲学智慧——访万向集团董事局主席鲁冠球 [J]. 经济界，2013（01）：19 – 24.

[7] . 致富思源扶"三农"——访万向集团董事局主席鲁冠球 [J]. 现代农业，2006（04）：41.

[8] 江南. 浙江万向集团视员工为企业最宝贵的资源 [N]. 人民日报，2010 – 07 – 04（002）.

[9] 万文鼎. 万向集团力争"奋斗十年添个'零'" [N]. 中国乡镇企业报，2000 – 06 – 27（001）.

案例二十　公私强强联手为国企腾飞插上效率的翅膀

一、案例简介

党的二十大报告指出,高质量发展是全面建设社会主义现代化国家的首要任务。国有企业不仅是中国特色社会主义市场经济的核心主体,而且作为中国特色社会主义的重要物质基础和政治基础,是党执政兴国的重要支柱和依靠力量,必须做强、做优、做大,发挥好国有企业"顶梁柱""压舱石"作用。随着中国特色社会主义市场经济体制的不断完善,国有企业面临的市场竞争也会越来越激烈,必须不断深化国有企业改革才能更好地应对当前国内外形势。在国有企业改革过程中,混合所有制改革是一种成功的尝试和探索,通过适当减少国有股份比例,积极吸收社会资本参与投资,为国有企业注入了"新鲜血液"与活力。党的十八大以来,许多国有企业进行了混合所有制改革,取得了很好的成就。

(一) 浅析国企混改

中国特色社会主义市场经济体制的改革进程中,国有企业改革一直是重头戏。由于国有企业承担了部分政治职能和国家职能,所以在发展中容易出现追求规模、杠杆过高、产能过剩、政企不分、机制僵化、效率低下等问题。为发挥好国有经济在国民经济中的主导作用,国有企业改革持续推进,混合所有制已成为新时期国有企业改革的关键突破口。回顾国有企业的改革历程,为推动国有经济健康可持续发展,我国进行了多轮国有企业改革。

第一阶段:1978~1992年。改革以个别典型国有企业为试点,改革的思路和方向是放权放利、政企分离,积极调整国家与企业间的关系。这一阶段的改革虽然没有大面积辐射，但是却为国有企业打开了市场经济的大门，并为后续的国企改革积累了一定的经验和教训。

第二阶段：1993～2003 年。1992 年，党的十四大正式确立了社会主义市场经济体制的改革目标，这为国有企业改革奠定了思想和制度基础，国有企业改革正式进入全新阶段。这一阶段我国开始允许国有企业破产，集中力量发展优质企业，提出了建立产权责任明晰的现代企业制度。经过市场经济的洗礼，国有企业形成了优胜劣汰的竞争机制，实现了资源的有效重组，提升了企业收益。

第三阶段：从 2004 年开始，我国逐步把国有企业改革推向深水区。出台了更加完善的符合市场经济体制的法律制度和规范，同时逐渐提高国有资产监管水平，深化国有企业内部治理，完善多元产权制度。2015 年 9 月出台的《中共中央 国务院关于深化国有企业改革的指导意见》及其后续相关配套性政策文件，形成了深化国有企业改革"1＋N"的政策体系，国有企业改革进入深水区，随后的几年国家相应地出台了促进国企改革提速的方案。

（二）中国联通混合所有制改革

中国联通作为央企的典型代表之一，混合所有制改革具有一定的代表性和影响力，得到了社会的广泛关注。中国联通的混合所有制改革分为三个步骤：

第一步：引入战略投资者。2017 年 8 月中国国有企业结构调整基金股份有限公司与中国联通签订股份转让合同，同年 11 月中国联通向兴全基金、腾讯信达、中国人寿等企业以 6.83 元/股的价格定向发行股票，引入战略投资者，中国联通形成了国有控股、多家战略投资者分散持股的多元化股权结构。然而，中国联通并没有引入民营高管，但将董事会成员由 7 名扩大为 13 名，委派董事比例超过持股比例，形成非控股股东的"超额委派董事"现象，这样的权力配置让民营战略投资者拥有更多话语权，在一定程度上达到了权力平衡，但国有股东仍占据主导地位。

第二步：中国联通实施员工控股。中国联通为激励员工，于 2018 年 3 月为公司内部 7 000 多名核心员工发行总金额高达 7.94 亿元的股票。2019 年 2 月中国联通为公司 193 名专业技术人才、核心管理层员工发放价值 1315.6 万元的限制性股票。根据安排，获取激励的员工在完成 2018～2020 年的业绩指标后，需在此后 5 年内一直留在中国联通。通过设置这种员工股权解锁方式，中国联通能够更好地留住核心人才与骨干员工，企业也从混合所有制改革之前的公众股东、国有资本持股的股权架构新增了结构调整基金战略投资者持股、员工持股。

第三步：中国联通对组织架构进行了调整。中国联通公司结构进行了瘦身运动，其内部部门数量精简为18个，精简比例为33.3%；人员编制由1787人减少为865人，减幅51.6%。中国联通分公司等机构精简比例达20.5%；总部管理员工数量减少15.5%；地方分公司、机构精简比例达到26.7%。并对内部子公司统一协调和定位，通过整合提升自主能力，包括混合所有制改革初期组建的联通大数据公司以及联通数科公司。

中国联通通过混合所有制改革在效益和效率上都得到了一定的提高。通过绩效指标可以很好地反映。（1）总资产报酬率和净资产收益率均大幅提升，表明了企业经营业绩的改善；（2）营业总收入增长率从2016年的-1.03%增至2018年的5.84%，净利润增长率从2016年的-95.40%增至2018年的452.31%，反映了公司成长价值的提升。（3）选取每股基本收益和现金分红比例来分析股东价值回报，每股基本收益自2016~2018年从0.01%提升到0.13%，现金分红比例在2017年高达144.2%，之后回归正常水平，但仍然高于2015年的34.9%，这表明混合所有制改革后股东回报得到了一定的改善。综合来看，在2016~2018年，中国联通混合所有制改革后绩效显著提升，较好地实现了价值共创的结果。

（三）云南白药混合所有制改革

云南白药作为地方国有企业的代表，其混改也具有一定的代表性。云南白药混改可以分两个阶段：

第一阶段：控股公司层面引进战略投资者，云南白药控股公司经过充分调研，精心设计混改方案，采取"云南省国资委持股比例45% + 新华都持股比例45% + 江苏鱼跃持股比例45%"的模式，形成了实际无人控股的局面，但在制定公司发展规划的过程中发现，95%以上的经营业务集中在上市公司，而新引入的巨量现金资产又集中在控股公司，导致新项目的资源整合不协调，影响了企业经营决策的效率，于是云南白药混改开启了第二阶段。

第二阶段：2019年5月，云南白药向云南省国资委、新华都、江苏鱼跃定向增发6.68亿股，同时注销云南白药控股公司持有的云南白药4.32亿股，实现了整体上市。交易完成后，云南省国资委、新华都及一致行动人、江苏鱼跃分别在上市公司持股25.14%、25.14%、5.59%，省国资委和新华都仍然并列为第一大股东。

云南白药在两个阶段的混合所有制改革中均保持了一定程度的董事制衡，形成了国有股东、战略投资者和内部高管共同参与决策的局面，在三方权力平衡的情况下，民营性质的权力主导更为显著。云南白药通过混合所有制改革在效益和效率上都得到了一定的提高，通过绩效指标可以很好地反映。（1）总资产报酬率和净资产收益率均有小幅下降，但投资回报率仍处在较高水平；（2）从营业总收入增长率和净利润增长率来看，收入增长保持稳定；（3）从公司现金分红来看，2019～2022年，公司现金分红比例分别为91.6%、89.13%、73.22%和90.37%，各年度现金分红总额分别为38.32亿元、49.17亿元、20.53亿元和27.12亿元，这表明混合所有制改革后股东回报得到了一定的改善。

二、思政元素挖掘

（一）混合所有制改革为国有企业注入新活力

国有企业混合所有制改革通过引入非国有资本，不仅有利于改善企业的治理水平，提升国有资产配置效率，而且有利于增强企业创新能力，实现高质量发展。（1）国有企业混合所有制改革通过引入不同性质的资本，发挥不同资本间的互补效应，改善国有企业的内部治理水平，进而提高全要素生产率。（2）国有企业混合所有制改革必然会对企业投资效率产生影响，国有企业股权结构的动态改变会对其治理体制及资源禀赋造成直接冲击，一定程度上硬化国企的预算软约束，进而影响企业投资效率。（3）通过管理层持股等方式加入非公有资本，可以提高管理层激励，提高股权多样性和制衡度，这同样会对国有企业投资效率产生影响，所以，国有企业混合所有制改革必然会提高国企的投资效率。（4）国有企业混合所有制改革可以提升国有企业创新绩效，创新能力是企业长久发展的动力和源泉，国有企业混合所有制改革会显著地提升国企的研发投入和创新绩效。可见，国有企业混合所有制改革主要通过获得政府补贴、降低管理成本，加强内部控制及完善高管薪酬激励等途径来促进企业创新。综上所述，混合所有制改革可以提高国有企业投资效率、创新能力以及全要素生产率，为国有企业发展注入了新活力。

（二）国有企业混合所有制改革要坚持创新引领

国有企业混合所有制改革中坚持创新引领，落实好创新驱动发展战略，才能有效提升国有企业的创新力和竞争力,换句话说,创新是国有企业混合所有制改革中提升企业战略绩效的有效途径。虽然,国有企业混合所有制改革所处的阶段不同,创新对提升企业战略绩效的效果也不同,但是,落实创新驱动发展战略,提升企业的创新力,始终是国有企业混合所有制改革取得战略绩效的必经之路。作为经济改革的一个方面,国有企业混合所有制改革不可能"一混了之",也不可能"一混就灵",而且提升企业自主创新能力是国企肩负着的使命之一。因此,国有企业只有通过混合所有制改革不间断地进行技术研发,拥有并掌握核心技术,才能在行业乃至国际上成为领先者,从而实现国有企业混合所有制改革的真正战略目标。

新时代国有企业混合所有制改革要贯彻落实好创新、协调、绿色、开放、共享的新发展理念,以创新引领发展,用好不同类型的创新方式,实现企业资源和要素的优势互补,加快建立国有企业的现代企业制度,优化国有企业管理模式,激发国有企业的内生动力。具体而言,国有企业在实施混合所有制改革时,应重视不同的创新方式对企业资源配置和创新绩效的影响,根据企业处于混改整合的不同阶段,选择对战略绩效有正面影响的创新方式,加强创新方式应用管理,针对性地提高国有企业的战略绩效,进而实现国有企业混合所有制改革的战略目标。

(三) 国有企业混合所有制改革有利于高质量发展

高质量企业是实现经济高质量发展的核心主体,国有企业作为中国特色社会主义的重要物质基础和政治基础,是党执政兴国的重要支柱和依靠力量,必须做强、做优、做大,更好发挥国有企业"顶梁柱"和"压舱石"的作用。国有企业混合所有制改革通过适当减少国有股份比例,积极吸收社会资本参与投资,为国有企业注入了"新鲜血液",极大地激活了国有企业发展活力。党的十八大以来,许多国有企业进行了混合所有制改革,国有企业混合所有制改革取得重大进展和显著成效。据国资委统计,从2013年以来,中央企业推进的混合所有制改革事项达到4000项,引进各类社会资本超过1.5万亿元;按照统计口径,混合所有制改革企业的户数已经超过中央企业法人单位的70%以上,其中上市公司成为混合所有制改革的主要载体。统计数据表明,2021年中央企业通过市场化方式,实施混改的项目超过890项,引入社会资本超过3800亿元。中央企业在引进各类社会资本开展合资合作的同时,也从加强产业链合作、培育壮大新增长点出发,通过市场化方式,开展对民营企业的参股投资。目前,中央企业对外参股企业超过 6000 户。可见，国有企业混合所有制改革取得显著成效，极大地提升了国企的效率和竞争力，有利于经济社会高质量发展。

三、案例使用说明

（一）教学目标

1. 知识层面。（1）理解混合所有制改革的概念。（2）了解国有企业混合所有制改革的原因、措施和影响。

2. 能力层面。教师通过对理论的讲解，帮助学生系统地掌握国有企业混合所有制改革的原因、措施和对自身发展的影响，并结合案例，设置两个问题让学生讨论分析，帮助学生学会观察分析经济现象，培养学生解决经济问题的能力。

3. 素质层面。国有企业承担了部分政治职能和国家职能的特点，所以在发展中容易出现追求规模、杠杆过高、产能过剩、政企不分、机制僵化、效率低下等问题，私有化一直以来被西方国家认为是提升企业效率的重要方式，但私有化会导致国有企业的部分功能丧失。在中国，混合所有制成为新时期国有企业改革的关键突破口，为发展企业理论提供了良好的契机。

（二）启发思考题

1. 分析改革开放以来中国国有企业改革的阶段及其经济社会影响。
2. 结合案例，讨论当前国企进行混改有哪些值得借鉴的地方，还存在哪些问题？

参考答案如下：

1. 第一阶段：1978～1992 年。改革以个别典型国有企业为试点，改革的思路和方向是放权放利、政企分离，积极调整国家与企业间的关系。这一阶段的改革虽然没有大面积铺开，但是却为国有企业打开了市场经济的大门，并为后续的国企改革积累了一定的经验和教训。第二阶段：1993～2003 年。1992 年党的十四大正式确立了社会主义市场经济体制的改革目标，这为国有企业改革奠定了思想和制度基础，国有企业改革正式进入全新的阶段。这一阶段我国开始允许国有企业破产，集中力量发展优质企业，提出了建立产权责任明晰的现代企业制度。

经过市场经济的洗礼，国有企业形成了优胜劣汰的竞争机制，实现了资源的有效重组，提升了企业收益。第三阶段：从 2004 年开始，我国逐步把国有企业改革推向深水区。出台了更加完善的符合市场经济体制的法律制度和规范，同时逐渐提高国有资产监管水平，深化国有企业内部治理，完善多元产权制度。

2.（1）国有企业混合所有制改革是从股权结构调整出发，将国有资本与民营资本的优势结合，实现价值共创的目标。国有企业混合所有制改革举措有上市、股权分置改革、管理层收购及员工持股等方式，实现了效率和效益的提升。（2）在改革过程中，要厘清各个权力主体的利益关系，避免国有股东与非国有股东、股东与经营者之间的利益冲突。深化国有企业混合所有制改革，构建和完善驱动国有企业创新发展的多层次治理体系，既做好国有企业自身治理，又发挥非国有股东的积极作用。（3）人才是国有企业创新的主体，应做好科学有效的管理。雇员管理不等于薪酬管制，应健全多种市场化经营机制，完善管理人员市场化选聘和任期管理，合理实施员工股权激励，充分激发企业员工积极性。非国有股东既要通过参股实现股权结构优化，又要通过高层治理充分发挥治理作用。

四、教学目标达成

通过理论学习和案例讨论，催化学生的发散性思维，加深了学生对理论的理解，同时提高了学生学以致用的能力，使其能够运用经济学的分析方法解释实际生活中的经济现象、解决实际问题。思政内容方面，本课程主要实现以下三点教学成效：（1）将党的领导与国有企业混合所有制改革以及公司治理的过程联系在一起，正确认识国有企业混合所有制改革过程中党的领导的重要性。（2）国有企业混合所有制改革并不是一个短期的"项目"，也不是一时的改革，想要国有企业的效益真正得到最大程度提高，必须落实创新驱动发展战略，才能有效提升国有企业的创新力和竞争力，而且创新也是国有企业混合所有制改革中提升企业战略绩效的有效途径。（3）希望通过本案例教学，使学生在学习《政治经济学》中国有企业混合所有制改革知识点时，学会运用马克思主义的立场观点观察、分析、解决经济发展中的问题，提高分析问题和解决问题的能力。

参考文献

[1] 张斌，武常岐，谢佩洪．国有股东与战略投资者如何"混"与"合"？——基于中国联通与云南白药的双案例研究 [J]．管理世界，2022

(10): 174-195.

[2] 商贻萱. 国有企业混合所有制改革的困境与路径研究——评《国企混改：理论、模式与路径》[J]. 广东财经大学学报, 2021 (02): 113-114.

[3] 付翠英, 葛宝东. 国企混改基础及公司治理机制 [J]. 北京航空航天大学学报（社会科学版）, 2022 (06): 102-111.

[4] 王慧萍. 国企混改绩效分析——以中国联通为例 [J]. 财务管理研究, 2022 (08): 11-17.

[5] 李晓庆, 李萌菡. 国企混改、高管薪酬激励与全要素生产率 [J]. 技术经济, 2022 (09): 36-49.

[6] 颉茂华, 王娇, 刘铁鑫. 国企混改提升企业战略绩效路径研究——双元创新理论下的双案例分析 [J]. 科研管理, 2022 (10): 99-115.

[7] 赵建辉. 国企混改相关理论与实践探析 [J]. 中国注册会计师, 2021 (03): 40-46.

[8] 苏继成, 刘现伟. 党的十八大以来国企混合所有制改革：成效、难点及对策 [J]. 经济体制改革, 2022 (06): 13-19.

案例二十一　共同富裕的创新探索：第三次分配

一、案例简介

第三次分配是在道德、文化、习惯等影响下，社会力量自愿通过民间捐赠、慈善事业、自愿行动等方式济困扶弱的行为，是对再分配的有益补充，尤其是公益性慈善组织在其中发挥着重要的促进作用，慈善捐赠包括扶贫、助学、救灾、济困、解危、安老等形式。中国红十字会是从事人道主义工作的社会救助团体，与"第三次分配"在价值理念、服务功能、实践目标等方面具有很高的耦合性。作为党和政府在人道领域的重要助手，中国红十字会一直秉承"人道、博爱、奉献"的红十字精神，致力于保护人的生命与健康，关爱人的生存与发展，维护人的尊严，促进人类和平进步事业。长期实践表明，中国红十字会通过广泛的人道资源动员，搭建社会奉献爱心的人道服务平台，为培育拓展第三次分配主体，助力乡村振兴和促进共同富裕，发挥着不可替代的积极作用。

（一）建设"博爱家园"，助力乡村振兴

"博爱家园"项目是中国红十字会在国际联合会推展建设韧性社区的背景下，结合中国脱贫攻坚和乡村振兴战略策划实施的人道主义公益项目，是在非紧急状态下基于城乡社区开展的以"防灾减灾、健康促进、生计发展、人道传播"为主要内容的人道服务项目，每个项目资助经费约40万元。"博爱家园"项目的目标是推动社区治理、提升社区能力、促进社区发展，通过援建防灾减灾基础设施、援建博爱卫生站等基层医疗机构，资助设立生计发展基金，增强社区自我发展的综合能力。同时推动社区建立红十字基层组织和志愿服务队伍，开展防灾

减灾、自救互救、逃生避险、卫生健康等知识和技能培训，传播"人道、博爱、奉献"的红十字精神，为促进乡村振兴助力。

作为红十字会的品牌项目，"博爱家园"在助力乡村振兴方面的特色和优势主要体现在：一是"博爱家园"以社区为单位进行项目规划设计，为脆弱社区提供灾害应对和生命健康保护，符合社区人道需求，符合国家综合减灾计划，符合乡村振兴战略目标；二是"博爱家园"为社区提供生计发展资金，充分发挥了社区自治作用，且资助资金专款专用，定向投入，管理高效透明；三是与传统的救灾救助模式相比，"博爱家园"项目着眼于灾前预防和灾后恢复，增强了社区韧性。同时在社区传播了人道慈善文化，倡导邻里互助精神，促进了社区和谐文明进步；四是党和政府重视支持，国际组织积极参与。2012年7月《国务院关于促进红十字事业发展的意见》中明确提出，要大力推动实施"红十字博爱送万家""红十字博爱家园""红十字天使计划"等品牌项目和活动，红十字国际组织、部分国家红会也积极为博爱家园项目提供资金支持。据不完全统计，中国红十字会已累计投入"博爱家园"项目12亿余元，在31个省份援建了5506个"博爱家园"项目，受益社区人口超过500万人。

（二）实施"天使计划"，助力全面小康

习近平总书记指出，没有全民健康，就没有全面小康。"红十字天使计划"是中国红十字基金会策划实施的人道主义公益项目，旨在关注贫困农民和儿童的生命与健康，通过广泛动员国内外的人道资源，募集资金和医疗物资，对患有重大疾病的贫困农民和儿童提供医疗救助，同时协助政府改善乡村的医疗卫生条件，捐建博爱卫生院（站）和健康e站，培训乡村医生，提高基层医疗服务水平，促进我国农村卫生健康事业高质量发展。

"红十字天使计划"自2005年启动实施以来，项目体系不断丰富完善，从最初的大病救助发展到援建乡村卫生院（站）、培训乡村医生和儿科医生，协助党和政府解决贫困乡村看病难、看病贵难题，形成了从需求侧到供给侧、从人道救助到人道服务的完整资助链条和项目体系。据统计，红十字天使计划已累计投入社会捐赠资金16亿多元，资助大病患者和儿童15.5万余名；培训乡村医生15614名，培训儿科医师392名、校医4600名；援建博爱卫生院（站）2638所，受益人口超过270万人。该项目及其"小天使基金"等子项目先后五次荣获中华慈善奖，为推动三次分配、实现全面小康作出了重要贡献。

(三)举办"众筹大赛",倡导"消费扶贫"

互联网技术的广泛应用为第三次分配开辟了新的方式与渠道,网络公益众筹打破了时间、空间的限制,能够在短期内筹募大量社会资金支持脱贫攻坚和乡村振兴。中国红十字基金会于2017年和2019年举办的"红十字众筹扶贫大赛",就是通过与轻松筹、京东等互联网平台公司合作,以众筹的方式动员第三次分配主体积极参与,助推特色农产品网上销售,精准对接并帮扶贫困农户增加收入,探索出"互联网+精准扶贫"的新模式,形成"乡村带头人+贫困农户+特色农产品+众筹"的乡村脱贫链条,倡导"消费即公益、购买即扶贫"的新型公益理念,让贫困户有尊严地脱贫、可持续地增收,使巩固脱贫攻坚成果与促进乡村振兴实现有效衔接。

在总结已有经验的基础上,2020年又推出"公益厨房"项目,将"众筹扶贫大赛"转型升级为一个可持续、常态化、人人可及的"互联网+助力乡村振兴"项目,继续通过众筹扶贫的形态,让藏在深山无人知的产品,通过互联网平台迅速传播出去,让人人成为公益的"料理师"。据不完全统计,"众筹扶贫大赛"和"公益厨房"项目覆盖了30个省份的217个县,帮助了651个乡村团队,3.6万户农户从中受益,受益乡村人口达10.8万人,众筹消费农产品金额3700余万元,2200万人次在平台参与捐赠和消费。

(四)培训"魔豆妈妈",助力共同富裕

"魔豆妈妈"原本是淘宝网上"魔豆宝宝小屋"店铺的主人周丽红,她是一位身患癌症、家庭离异却自强不息,通过开网店养活女儿的贫困母亲。受周丽红身处困境又自强不息精神的启发,中国红十字会与阿里巴巴集团共同发起了资助困难女性创业就业培训的"魔豆妈妈"项目。该项目通过捐赠设立"淘宝公益基金",旨在为困境中的女性提供创业就业培训,资助其创业资金和设备(电脑),帮助困境中的女性获得有质量、有尊严的生活,促进困境中的女性均衡发展,助力实现共同富裕。"魔豆妈妈"项目的实施,不仅解决了困难女性的生存生活问题,更致力于为困难女性赋能,使其实现家庭经济收入的可持续性,增强其社会融入感、尊严感和自信心,在提升物质水平的同时也提升了女性的精神富裕水平。据统计,"魔豆妈妈"项目实施以来,累计投入捐赠资金4500万元,在全国各地开展"魔豆妈妈"电商创业就业培训,累计培训女性3万余人次,

帮助近2万名"魔豆妈妈"开设网店或应聘为网上客服,资助孵化了6个女性手工艺基地。

二、思政元素发掘

(一) 社会主义分配制度下的第三次分配:实现共同富裕的重要补充

共同富裕是全体人民通过辛勤劳动和相互帮助最终达到丰衣足食的生活水平,也就是消除两极分化和贫穷基础上的普遍富裕。在实现共同富裕的道路上,第三次分配作为一种基础性制度安排,有助于缩小个体间的收入差距、使社会财富的分配更加公平,有助于回应人民群众对美好生活的追求、营造让每个人都有机会出彩的社会环境,有助于解决以市场主导的分配失灵带来的问题、提高国家治理体系的科学化水平。因此,第三次分配的发展突出了国家对于收入分配公平的重视,优化发展第三次分配是当前实现共同富裕的题中应有之义。

新发展阶段中国历史性地消除了绝对贫困和区域性整体贫困,人民收入稳步提高并朝着全体人民共同富裕不断迈进。站在新的起点上,党的十九届五中全会向着更远的目标谋划共同富裕,提出了"全体人民共同富裕取得更为明显的实质性进展"的目标,以及实现这一目标的基本思路,概括起来就是:坚持按劳分配为主体、多种分配方式并存,通过健全完善三次分配机制、改善收入和财富分配格局,努力实现居民收入增长和经济增长同步、劳动报酬增长和劳动生产率提高同步,促进经济行稳致远和社会安定和谐。

(二) 第三次分配助力乡村振兴

党的十九届四中全会提出,要完善相关制度和政策,合理调节城乡、区域、不同群体间分配关系。重视发挥第三次分配作用,发展慈善等社会公益事业。党的二十大报告也指出,全面建设社会主义现代化国家,最艰巨最繁重的任务仍然在农村。随着党和国家各项政策、文件的出台,第三次分配也越来越被人们所重视,不同于初次分配和第二次分配,它更多强调的是一种自愿和自发的社会行为,而非强制性。2020年我国脱贫攻坚战取得全面胜利,然而相对贫困仍然存在,中国的相对贫困率逐年上升,缓解相对贫困、实现共同富裕、促进乡村振兴成为后扶贫时代工作的重点,而第三次分配是促进共同富裕和乡村振兴的重要手段。研究第三次分配对促进乡村振兴的重要作用不仅适应新时代发展要求,也是推进国家治理的需要,对于推进慈善事业发展、促进社会公平、改善收入分配格局、走中国特色共同富裕道路具有重大意义。

完善和优化财富的分配制度是实现全体人民共同富裕目标的重要保障。乡村振兴战略是新时代背景下顺应我国时代发展的重要战略,是缓解相对贫困、缩小贫富差距和收入分配不均,走中国特色共同富裕道路的重要手段。新时代新征程我国的收入分配制度发生变化,第三次分配逐渐上升到国家战略体系层面,推动乡村振兴、实现共同富裕不仅需要"有效市场+有为政府"的初次分配和第二次分配,还需要基于自愿和爱心基础的慈善事业。第三次分配与乡村振兴在目的和意义上有很多共同之处:(1)乡村振兴战略是国家配置资源,缩小区域发展不平衡的重要手段;而第三次分配作为一种收入分配制度,同样承担着缩小收入差距、配置资源、引导资源由发达地区流向欠发达地区的责任,二者可以有机结合起来。(2)第三次分配完美契合了乡村振兴"20字方针"中的产业兴旺、生活富裕以及乡风文明,二者在物质方面和精神方面都可以联系起来。产业兴旺是乡村振兴的重要基础,是解决乡村一切问题的前提;生活富裕是目标,实施乡村振兴战略就是为了农民的生活水平提高、农民的生活富裕。通过个人、企业和社会团体参与各种公益慈善以及志愿活动,可以有效促进和带动乡村产业的发展,提高农民的收入,促进乡村产业兴旺和农民生活富裕。(3)第三次分配实施的前提就是依靠个人的道德水平、文化素质拉动。实施第三次分配需要在社会上掀起热爱公益、乐于助人的热潮,需要社会整体道德水平的提高,这对于农村乡风文明建设起着重要的作用。

三、案例使用说明

(一) 教学目标

1. 知识层面。(1)理解三次分配、共同富裕以及三次分配与共同富裕的关系。(2)理解三次分配如何做到促进效率与公平的有机统一。

2. 能力层面。在充分理解掌握了知识层面的理论之后,可以引导学生结合案例,对第三次分配促进共同富裕方面提出自己的理解、问题和改进建议。

3. 素质层面。共同富裕是社会主义的本质要求,也是中国式现代化的重要特征。在完成知识层面的学习之后,引导学生进一步思考关于实现共同富裕这个伟大目标,我们国家及人民还做出了哪些方面的努力;同时,第三次分配的重要性不言而喻,要引导同学们在日常生活中更多地参与第三次分配,充分认识到自己也是第三次分配的主体。

(二) 启发思考题

1. 第三次分配助力共同富裕应注重哪些方面?
2. 讨论红十字会如何在第三次分配当中更加充分地发挥作用?

参考答案如下:

1. 在中国特色社会主义市场经济条件下,市场在资源配置中起着决定性作用,决定劳动要素的报酬,实现了第一次分配,但第一次分配追求效率,通过竞争机制,让一部分人先富起来。然而,第一次分配的缺点在于容易导致"富人越富、穷人越穷"的贫困累积循环,甚至引发社会矛盾和冲突。因此,需要更好发挥政府作用,建立社会保障体系、财政转移支付等手段进行第二次分配,但如果第二次分配的比重过高,不仅会抑制社会的内生动力,而且可能会导致养懒人、财政不堪重负等问题,最终影响共同富裕目标的实现。由于初次分配忽略公平造成收入差距拉大,而再分配对收入调节的力度不够,所以第三次分配应着重于促进效率与公平的有机统一和缩小贫富收入差距,为走中国特色共同富裕道路提供新赛道。共同富裕体现了社会主义制度本质要求与中国式现代化重要特征,其实现必须正确处理效率和公平的关系。公平的内涵与外延,可以从经济领域和社会领域加以考察,经济领域关注的重点是生产要素所有者的收入与其应有的经济贡献是否大体一致;而社会领域关注的重点是贫富差距与两极分化是否消除。前者强调的是等价交换;后者更加强调社会认可,也更能体现出精神文明进步。但社会领域与经济领域能否实现公平,在很大程度上取决于制度设计及其实施效果。因此,走中国特色共同富裕道路不仅需要"有效市场+有为政府"的初次分配和第二次分配,还需要基于自愿和爱心基础的慈善事业。

2. (1) 要形成"人人都是第三次分配的主体"的整体社会意识。发挥第三次分配作用,要消除第三次分配仅仅是富人和企业责任的传统意识,其实每个人都是第三次分配的主体,应努力形成社会不同主体以各种形式积极参与三次分配的社会局面,构建好多元主体参与第三次分配的常态化机制。(2) 充分发挥红十字组织的作用。一方面,红十字组织是参与第三次分配、助力乡村振兴、促进共同富裕不可或缺的重要力量,是第三次分配的资源汇聚平台,必须广泛动员人道主义公益资源,增强分配实力,提高服务能力。另一方面,红十字会也是第三次分配的多元主体之一,要通过良好的人道主义公益项目设计、高效规范实施和公信力提升,调动第三次分配主体广泛参与其中的积极性和创造性。(3)坚守设计好人道主义公益项目的原则。各级红十字会都要有好的人道主义公益项目,好项目永远是红十字组织赢得第三次分配主体、吸引社会捐赠的重要法宝,是汇聚公众爱心、整合人道资源的重要平台。"希望工程"创始人徐永光曾提出了公益项目设计要遵循的六条原则:一是党和政府重视支持;二是社会关注;三是群体需求;四是符合宗旨;五是国际接轨;六是树立品牌。这六条原则包含了项目所有的利益相关者,也包含了机构的整体发展,是好的公益项目的基本设计思路。

四、教学目标达成

通过本章节的学习,增加学生对于社会主义的本质规定和基本目标——共同富裕的重要性以及实现途径的了解,尤其是第三次分配与共同富裕的关系;掌握三次分配的具体内涵以及所注重解决的问题;认识到我国第三次分配的完善和今后发展方向。希望学生能在本案例之后把自己放在第三次分配主体的位置上,积极参与公益活动,通过实践对社会做出贡献,推进共同富裕取得实质性进展。

参考文献

[1] 王杨,邓国胜. 第三次分配的制度化:实现机制与建构路径——基于制度理论视角的分析 [J]. 新疆师范大学学报(哲学社会科学版),2022 (04):16-24.

[2] 柳兰芳,徐晓晴. 第三次分配推动共同富裕的作用及实现路径 [J]. 江苏省社会主义学院学报,2022 (04):45-50.

[3] 高德胜,季岩. 共同富裕理念下第三次分配的生成逻辑与实践路径 [J]. 河南师范大学学报(哲学社会科学版),2022 (02):24-30.

[4] 侯为民. 共同富裕取得实质性进展的若干理论问题 [J]. 当代经济研究,2021 (12):62-72.

[5] 人民论坛"特别策划"组. 第三次分配与共同富裕 [J]. 人民论坛,2021 (28):12-13.

［6］马雪松. 第三次分配在新时代的新变化、新利好［J］. 人民论坛，2021（28）：14-17.

［7］石巧红，罗建文. 中国式现代化语境中全体人民共同富裕的三个维度［J］. 海南大学学报（人文社会科学版），2023，41（04）：26-32.

［8］陈丽琴，张新政. 第三次分配促进乡村振兴：生成逻辑、运行现状及优化路径［J］. 海南大学学报（人文社会科学版），2024（02）：151-159.

［9］胡联，缪宁，姚绍群，汪三贵. 中国农村相对贫困变动和分解：2002~2018［J］. 数量经济技术经济研究，2021（02）：132-146.

案例二十二 赓续使命、担当责任：新时代企业家的责任与担当

一、案例简介

企业家精神是经济社会发展的重要驱动力和源泉之一，中国改革开放以来经济社会发展取得重大成就的原因之一就是市场经济体制的应用和制度创新激发了企业家精神，使得各类市场主体迸发出极大的动力和创造力。然而，企业家精神是具有阶级性和历史性的，新时代的企业家精神又被赋予新的内涵，包括爱国情怀、创新精神、诚信守法、社会责任、国际视野、工匠精神等多方面内容。社会制度、经济制度、民族文化以及企业家自身素质等都会对企业家精神的形成产生影响。企业家精神是创新型经济发展的中坚力量，新时代企业家精神的构建与培育离不开企业家个人、市场和社会的共同努力，更离不开党和政府的大力支持。只有形成合力，才能激发企业家精神原动力，推动经济社会高质量发展。

（一）安踏丁世忠：创新、合作、责任

20 世纪 90 年代，李宁以知名运动员身份创立国产体育品牌李宁，激发了民族的品牌意识，安踏也在 1991 年创立加入国产品牌大军。中国在之后的亚运会、北京奥运会、北京冬奥会的参赛中大力支持国产品牌，安踏借助诸多赛事的机会，通过邀请明星和知名运动员代言，迅速提升了品牌知名度，企业得到了快速发展。随后安踏于 2007 年在香港上市，但 2012 年我国经济发展进入新常态以后，企业前期盲目扩大生产、产能过剩的弊端暴露了出来，体育行业整体也进入了调整期。

在威胁与机遇并存的时代，安踏抓住了这次变革的机会，迅速调整，从批发商变为零售商，开始走品牌多元化战略，相继收购了斐乐、英国品牌 Sprandi、高端滑雪品牌 Descente 以及户外品牌 kolonsports 等国外知名品牌，控制产量、提高管理效率，研发新的产品，注重产品性能，而不墨守成规，成为安踏能够突破千亿元市值的主要筹码。官方和社会对安踏的创始人丁世忠给予了较高的评价，且授予的荣誉称号数量较多、级别较高，如国家级称号"优秀中国特色社会主义实业建设者"、媲美电影界"奥斯卡"的国际商业奖项"安永企业家"等，如此种类丰富的奖项肯定了丁世忠的创新精神、建设者精神、持续发展的战略意识、社会责任观念等优秀品质。正是丁世忠所具备的创新、合作、责任三个维度的精神，使得安踏杀出重围，成长为中国第一大体育品牌。

（二）长安汽车朱华荣：一个敢为人先的国企人

朱华荣从江陵机器厂时期就扎根在重庆，是长安研发体系的重要缔造者之一，长安国际化的研发布局，就是朱华荣一手建立起来的。作为技术出身的掌舵人，长安汽车朱华荣与很多汽车企业的总裁不同，他更知道技术的重要性。所以，多年来长安汽车在技术领域的深耕足以让对手动容，也是长安汽车能够从众多自主品牌中脱颖而出的关键。长安汽车不仅在全球拥有 14 个生产基地、33 个整车、发动机和变速器工厂，还拥有来自全球 27 个国家的 10000 多名工程技术人员，分别在中国重庆、北京、定州、河北、安徽合肥，意大利都灵，日本横滨，英国伯明翰，美国底特律和德国慕尼黑建立起"六国九地"为重点的全球协同研发模式，取得了长安汽车的技术美誉，使长安汽车的技术实力遥遥领先于其他自主品牌。可见，创新永远是企业家精神的核心，是企业发展的第一动力。

朱华荣的成就与他自己的努力息息相关，长安的全球化研发体系就有赖于他，在他的带领下长安汽车成为中国第一个在海外建立研发基地的汽车企业。朱华荣所打造的"以我为主、自主创新"的创新道路，曾被国务院发展研究中心定义为"长安模式"。除此之外，媒体对朱华荣的评价也很高。有评论称，朱华荣在汽车科研领域是长安汽车，乃至中国汽车工业自主创新领域的带头人，为汽车工业发展做出了重要贡献。汽车品牌的创立创新是我们在重工业技术方面的重大突破，不仅给国内企业带来发展自信，也给其他品牌给予榜样的力量，促进我国企业不断地创新，为提升国有品牌的知名度、品质以及社会发展贡献力量。

案例二十二　赓续使命、担当责任：新时代企业家的责任与担当

二、思政元素挖掘

(一) 社会主义市场经济也需要企业家精神

改革开放以来中国经济能够创造持续高速增长的"中国奇迹"，取得巨大成就的根本原因之一就是建立和完善中国特色社会主义市场经济体制。2013年11月12日，党的十八届三中全会通过的《中共中央关于全面深化改革若干重大问题的决定》强调，经济体制改革是全面深化改革的重点，核心问题是处理好政府和市场的关系，使市场在资源配置中起决定性作用和更好发挥政府作用。要发挥市场在资源配置中的决定性作用，必须发挥市场微观主体的企业家精神，推动企业技术水平、管理能力和产品质量提升，从而为经济发展提供内生动力。

市场在资源配置中的决定性作用有助于企业家精神的成长。"市场在资源配置中起决定性作用"的表述，就是肯定企业家精神在资源配置中的作用。中国特色社会主义市场经济中的企业家是技术创新的促进者、有效管理的组织者和市场获利机会的发现者。面对日趋激烈的竞争和瞬息万变的复杂情况，企业家能够迅速地作出调整，发展出新的组织模式、新的生产方式和新的商业方向。之所以强调企业家精神的作用，是因为市场经济的健康运转需要一种人格，企业家精神就是实现经济可持续发展的重要基础因素。企业家以利润为导向，聚合生产要素，挖掘经济潜能，有效地促进商品和要素的自由流动和协调整合。同时，企业家的自主创新和产业升级，客观上促进了整个社会生产力发展水平。可以说，企业家精神是经济增长的根本驱动力，对于建立中国特色社会主义市场经济体制的目标来说，缺乏企业家精神的市场经济是不可想象的。

(二) 社会主义特有的企业家精神

中国特色社会主义市场经济中的企业家精神包括爱国精神、创新精神、诚信守法、社会责任、国际视野、工匠精神。(1) 新时代企业家精神应该以爱国精神为立足点，爱国始终是优秀企业家的光荣传统，是企业家精神始终不变的鲜明底色；(2) 创新精神永远是企业家精神的内核，创新是引领社会发展的第一动力，企业家作为社会发展的推动者，要不断坚持创新，推动企业不断向前，为企业创造不竭的核心竞争力；(3) 诚信守法是企业家精神的基石，在全面依法治国的新时代背景下，我国已建立较为完善的市场诚信体系和法律监督机制，督促企业家的

创造为经济社会高质量发展服务；(4) 社会责任是新时代企业家与生俱来的内在要求，我国人民目前对物质品质、生活环境、精神层次的追求，要求企业必须承担起推动解决发展不平衡不充分问题、大力提升发展质量和效益、创造就业岗位、保证产品质量、低碳生产、投身各类公益事业等社会责任；(5) 在新发展格局的背景下，随着近些年来国际局势的复杂变化，国际视野是企业家一定要具备的，要具有防范各种风险的能力；(6) 国家高质量发展就要求企业家一定要具备工匠精神，在全社会弘扬工匠精神的新时代背景下，企业家应该积极践行工匠精神，执着专注于专长领域，在技术创新、产品开发、支持服务等方面，敢为人先、精益求精、追求卓越，不断增强企业核心竞争力，推动国家经济高质量发展。

(三) 推进文化自信自强，发挥优秀文化的引领作用

优秀传统文化对企业家精神的影响是持久的、深远的。在中国特色社会主义市场经济条件下弘扬企业家精神，必须充分挖掘我国优秀传统文化的精神内涵，积极启发和引导企业家的各种思想和行为，充分发挥民族文化的正面导向作用，塑造企业家爱国、敬业、诚信、守法、担当、爱民等新时代中国企业家精神。(1) 坚定文化自信。党的十八大以来，习近平总书记多次明确指出必须坚定文化自信，既传递出新的文化理念，又明确了文化强国建设的指导思想。我国优秀传统文化数不胜数，只有坚定文化自信，才能让传统文化绽放出新的时代光芒。(2) 加强传统文化宣传和传承，将文化与时代特征深度融合。政府部门或者行业商会协会乃至企业自身均应该多开展弘扬优秀传统文化的活动，将优秀传统文化与目前人们喜闻乐见的娱乐形式相结合，形成传承中华优秀传统文化的良好社会氛围，潜移默化地培育具有中国特色和中华文化印记的企业家精神。(3) 宣传传承中华优秀传统文化的企业家案例，并对该类企业家给予激励。引导社会公众和媒体去关注传承中华优秀传统文化，积极践行中华优秀传统文化的优秀企业家，形成高市场需求和传承中华优秀传统文化之间的正向促进作用，用激励去引导企业家主动拥有中国特色的企业家精神。

三、案例使用说明

(一) 教学目标

1. 知识层面。(1) 理解企业家精神的内涵。(2) 了解企业家精神对经济发

案例二十二 赓续使命、担当责任：新时代企业家的责任与担当

展的影响。

2. 能力层面。帮助学生系统地掌握企业家精神的时代内涵及对经济社会的影响，并结合案例，设置两个问题让学生讨论分析，通过讨论和总结，帮助学生学会观察分析经济现象，培养学生解决经济问题的能力。

3. 素质层面。理解企业家精神是非公经济的核心动力，要引导非公经济继续发挥重要作用，必须释放企业家精神对经济的影响作用。理解新时代下中国企业家精神的时代内涵，养成关注国家宏观经济及其政策制定背景、政策效果的习惯，拓宽学生视野。

（二）启发思考题

1. 分析企业家精神的定义和内涵。
2. 结合案例，讨论当前中国特色社会主义的企业家精神内涵。

参考答案如下：

1. 西方经济学家对企业家精神的研究往往伴随着对企业家内涵的界定。美国经济学家弗兰克·奈特（Frank Hyneman Knight）较早提出了"企业家精神"的概念，他认为企业家精神是敢于承担风险的素质，即冒险精神。德国著名思想家马克斯·韦伯（Max Weber）把企业家精神总结为敬业精神，即具有诚实、节约、勤勉、坚忍等良好的职业品质。约瑟夫·熊彼特（Joseph Alois Schumpeter）认为企业家精神的诸多内涵中唯有创新精神是企业家精神的灵魂，创新更是代表了企业家的一种重要能力，西方学术界对这一观点普遍认同，并一致认为这是探索当代企业家精神的起源。彼得·德鲁克（Peter F. Drucker）认为企业家精神是投入无确定把握的创造行为，是基于企业家的观念与理论，而不是简单地凭直觉。总体而言，西方学者们对企业家精神的论述并不统一，但企业家精神涵盖了企业家具备的各种优秀品质和能力，其中创新精神与冒险精神在企业家精神的内涵中最为突出。

2. 中国特色社会主义市场经济中的企业家精神包括爱国精神、创新精神、诚信守法、社会责任、国际视野、工匠精神。（1）新时代企业家精神应该以爱国精神为立足点，爱国始终是优秀企业家的光荣传统，是企业家精神始终不变的鲜明底色；（2）创新精神永远是企业家精神的内核，创新是引领社会发展的第一动力，企业家作为社会发展的推动者，要不断坚持创新，推动企业不断向前，为企业创造不竭的核心竞争力；（3）诚信守法是企业家精神的基石，在全面依法治

国的时代背景下，我国已建立较为完善的市场诚信体系和法律监督机制，督促企业家的创造为经济社会高质量发展服务；（4）社会责任是新时代企业家与生俱来的内在要求，我国人民目前对物质品质、生活环境、精神层次的追求要求企业必须承担起推动解决发展不平衡不充分问题、大力提升发展质量和效益、创造就业岗位、保证产品质量、低碳生产、投身各类公益事业等社会责任；（5）在新发展格局的背景下，随着近些年来国际局势的复杂变化，国际视野是企业家一定要具备的，要具有防范各种风险的能力；（6）国家高质量发展就要求企业家一定要具备工匠精神，在全社会弘扬工匠精神的新时代背景下，企业家应该积极践行工匠精神，执着专注于专长领域，在技术创新、产品开发、支持服务等方面，敢为人先、精益求精、追求卓越，不断增强企业核心竞争力，推动国家经济高质量发展。

四、教学目标达成

通过理论学习和案例讨论，催化学生的发散性思维，加深了学生对理论的理解，同时提高了学生学以致用的能力，使其能够运用政治经济学的分析方法解释实际生活中的经济现象、解决实际问题。思政内容方面，本课程主要实现以下三点教学成效：首先，将西方经济学中的企业家精神与中国特色社会主义市场经济中的企业家及其企业家精神进行比较，识别中国特色社会主义市场经济中企业家精神的特殊性，增强理论自信。其次，随着中国特色社会主义的发展，企业家精神会被赋予很多新的时代内涵，很多企业家会运用自己的企业家精神促进企业的发展，引导学生正确认识中国特色社会主义市场经济中企业家精神对企业发展以及经济社会高质量发展的重要性。最后，希望通过本案例教学，使学生在学习《政治经济学》企业家精神相关知识点的同时，学会运用马克思主义的立场观点观察、分析、解决经济发展中的问题，提高分析问题和解决问题的能力。

参考文献

[1] 程海水，徐莉. 新时代企业家精神：内涵、影响因素及培育路径 [J]. 企业经济，2022，41（07）：87-93.

[2] 弗兰克·奈特. 风险、不确定性和利润 [M]. 北京：商务印书馆，2010.

[3] 马克斯·韦伯. 新教伦理与资本主义精神 [M]. 北京：北京大学出版社，2012.

[4] 约瑟夫·熊彼特. 资本主义、社会主义、民主主义 [M]. 北京：商务印书馆，1979.

[5] 彼得·德鲁克. 创新和企业家精神 [M]. 北京：企业管理出版社，1989.

[6] 周亚，袁健红. 新时代企业家精神的塑形要素、内涵特征及构建路径 [J]. 学习与实践，2022（12）：48-58.

[7] 金予珺. 安踏和贵人鸟的企业价值为何渐行渐远 [D]. 杭州：浙江工商大学，2022.

[8] 魏岚. 长安汽车智能化发展进入"快车道" [J]. 智能网联汽，2022（05）：31-33.

[9] 刘志铭，郑健雄. 发挥市场决定性作用增强经济发展内生动力 [N]. 南方日报，2013-12-09.

案例二十三　房住不炒：回归价值本源

一、案例简介

当前，受热点城市住房供应结构性矛盾突出、全球流动性泛滥等多重因素影响，确保房地产市场平稳运行压力不小。习近平总书记指出，要坚持房子是用来住的、不是用来炒的定位，加快建立多主体供给、多渠道保障、租购并举的住房制度。2022 年中央经济工作会议上提出，要确保房地产市场平稳发展，扎实做好保交楼、保民生、保稳定各项工作；要因城施策，支持刚性和改善性住房需求，解决好新市民、青年人等住房问题，探索长租房市场建设；要坚持房子是用来住的、不是用来炒的定位，推动房地产业向新发展模式平稳过渡。从马克思主义政治经济学的价值规律视角分析，房地产行业过热甚至出现泡沫，会对实体经济产生不利影响。

（一）近年来房价变化趋势

改革开放以来，中国房地产行业快速繁荣，成为拉动经济高速增长、促进城镇化的重要力量，与之对应的房价也逐渐攀升。从全国角度来看，根据国家统计局公布的中国商品房销售金额和销售面积粗略计算，2000~2018 年全国商品房销售均价从 2103 元/平方米上涨到 8737 元/平方米，年均涨幅高达 17.5%，远高于 GDP 增长率。从城市角度来看，自中国城市住房制度改革以来，全国大多数地区的房地产价格多次在短期内出现大幅增长，2000~2020 年中国城市房地产价格平均上涨 4.8 倍，部分一线城市如北京、上海、深圳等地的房地产价格涨幅甚至达到 7~9 倍。房价飙升离不开土地出让制度的不完善以及大房地产商的炒作行为。一方面，我国土地出让制度是由政府负责的"招、拍、挂"制度，有行政性垄断性质，导致某些实力不足但背景复杂的房地产企业轻松绕过行业壁垒，取得土地进行房地产开发，获得"垄断的超额利润"。另一方面，某些大开发商曾采取囤地捂盘、哄抬房价等投机性炒作行为，使得民众合理住房需求难以满足，供求关系被扭曲，房价严重脱离民众的实际购买力。由此可见，系统性地研究房地产过热所造成的不利影响尤为重要。

（二）从价值规律视角分析房地产过热的不良影响

从马克思主义价值规律理论视角来看，高房价的经济影响如下：

1. 高房价违背价值规律。价值规律的表现形式是价格受供求关系影响围绕价值上下波动，这意味着商品价格虽然时升时降，但价格的变动始终以其价值为轴心，升降的幅度不会与商品价值相差很远。但近年来房地产价格持续升高，房地产价格的变动脱离了它的价值基础，房地产商品价格已远超过房屋的价值本身，违背了价值规律。此外，炒房行为也严重损害人民群众的合法权益，容易造成收入两极分化，既不利于社会主义市场经济健康发展，也不利于社会和谐稳定。

2. 抑制其他行业竞争，造成资源配置失衡。市场竞争不仅包括生产经营者为获得最大化利润而展开的销售竞争，还包括不同行业之间的竞争。价值规律自发调节社会资源在社会生产各个部门的配置，若出现比例失调状况，会造成社会资源错配和浪费。近些年房地产业的非理性发展导致全社会企业纷纷投资房地产业，社会资本大量流入房地产业，对其他产业的发展造成严重的挤出效应，导致农林牧渔业和制造业等的发展资金投入不足，更严重地，可能会加剧整个社会经济结构的畸形化发展。

（三）我国对房地产行业的调控政策"房住不炒"的必要性

房地产市场平稳健康发展，既是重大经济问题，也是重大民生问题。无论是满足群众住有所居的热切期待，还是防范和化解系统性风险，都要坚持房子是用来住的、不是用来炒的定位，推动金融、房地产与实体经济均衡发展。

1. 维护房产价值规律。市场调节具有自发性、盲目性和滞后性三大缺陷，容易出现市场失灵，因此实现价值规律还需要政府进行必要干预和调节。基于上述理论，我国推出"房住不炒"的宏观调控政策，即国家运用经济、法律和行政等手段，从宏观上对房地产业进行指导、监督、调节和控制，促进房地产市场总供给与总需求、供给结构与需求结构的平衡与整体优化，实现房地产业与国民经济协调发展的管理活动。"房住不炒",强化房地产的居住属性,抑制房地产的投资属性,让老百姓有房住、住得起房,有利于引导房地产回归居住的本源,防止房地产泡沫对宏观经济造成伤害,并促进实体经济的健康发展,推动中国式现代化进程,引领全体人民走向共同富裕。

2. 促进实体经济健康发展。党的二十大报告提出,要坚持把发展经济的着力点放在实体经济上,推进新型工业化,加快建设制造强国、质量强国、航天强国、交通强国、网络强国、数字中国。党中央"房住不炒"的定位,便是要求牢牢把握房地产市场平稳健康发展的大方向,重视市场体系建设和制度建设,充分发挥房地产"住"的作用,弱化其金融属性,坚持用市场化的改革思维解决现实中的各种扭曲和矛盾,推动房地产与实体经济均衡发展。

(四) 房地产市场价格走势研判

房产价格只会持续高速上涨的思维定式将被打破,房价持续高速上涨的趋势将会进入拐点,这个拐点并不是指今后五年十年房价调头大幅下降,而是指像过去那种房价不分区域、每五年十年价格翻番的走势出现了停顿,今后除了中心城市的某些热门地段以外,房价的整体增长走势将大体和 GDP 增长率相当。原因有以下两方面:一是在房地产供求关系方面,由于国家在保障性住房(包括公租房、廉租房、限价房等)方面出台了一系列的民生政策,并且这些保障性住房政策正走向市场,推动房价持续上升的基本面动力已经严重不足,"供不应求"的时代将会结束,进入"局部供不应求,总体供过于求"的结构性不平衡阶段,出现房地产建筑总量过剩的现象。二是在货币属性方面,近年内国家"去杠杆、稳金融"政策已经让 M2 增长率大体上等于 GDP 的增长率加上通货膨胀率,由此研判未来几年 M2 增长率与 GDP 增长率大体上将保持同步增长,房价平均增速将与 GDP 增长率大体相当。由此可见,未来房地产市场价格向着理性方向不断延伸,房屋的属性也将慢慢从商品性向着居住性回归,真正起到应有的价值和作用。

二、思政元素挖掘

(一) 从使用价值和价值角度正确认识"房"的属性

马克思主义政治经济学理论认为商品具有使用价值和价值两个因素或二重属

性，是使用价值和价值的统一。商品首先表现为一个靠自己的有用性来满足人的某种需要的物，物的有用性使物具有使用价值。商品生产者为了取得商品的价值，必须将商品的使用价值让渡给商品购买者，即生产商品不仅要生产使用价值，而且要为别人生产使用价值，即生产社会化性质的使用价值，并且产品只有通过交换，流转到把它当做使用价值使用的人手里。按照马克思主义的观点，房子作为一种商品，其核心价值是它的使用价值——居住，购买者购买房子同样也是为了获得其使用价值。因此，我国推出"房住不炒"政策明确了房子的使用价值就在于满足人们居住的需要，要让房子这一商品回归到其使用价值，回归到其居住属性。只有牢牢把握房子的使用价值，回归其居住属性，才能满足人民群众的居住需求，才符合最大限度地满足人民日益增长的美好生活需要。

（二）价值规律的实现离不开政府干预和调节

价值规律对经济社会的调节程度受到诸多现实因素的制约，调节的领域和范围也有一定的边界，单纯依靠市场调节存在明显的局限性和弊端。正因为市场调节具有上述局限性，在现代市场经济中价值规律并不单单通过自发的市场调节来实现，还需要政府的必要干预和调节，以维护价值规律正常发挥作用的社会经济条件，在一定程度和范围内减轻价值规律强制地为自己开辟道路所造成的破坏。在本案例中，出于"赚钱"的需要，某些大房地产商囤积、惜售房屋，导致市场供求状况脱离真实需求。在这种情形下，市场本身没有能力给予矫正，必须依靠政府的宏观调控政策。

（三）"房住不炒"体现了"以人民为中心"的发展立场

"房住不炒"便是让房子真正回归到居住属性，满足人民群众的刚性需求，这体现了习近平新时代中国特色社会主义经济思想的根本立场，即"以人民为中心"的发展立场，把增进人民福祉、促进人的全面发展、朝着共同富裕方向稳步前进作为经济发展的出发点和落脚点。随着党中央、国务院继续贯彻"房住不炒"的调控基调和"稳地价、稳房价、稳预期"的调控目标，各地纷纷采取通过"打补丁"和"组合拳"式行政调控打击炒房行为，使房地产发展的成果更多更公平地惠及全体人民，实现"住有所居"。

三、案例使用说明

（一）教学目标

1. 知识层面。（1）理解价值、价值规律的本质内涵。（2）掌握价值规律的表现形式、价值规律作用的制约因素以及政府的调节作用。

2. 能力层面。提高学生正确认识、理解国家经济政策的能力，也加深学生对于我国房地产市场发展的理解。

3. 素质层面。通过案例的学习，结合党和国家的方针政策和其他重要思政元素，带领学生领悟习近平总书记"以人民为中心"的发展思想。

（二）启发思考题

如何理解我国的"房住不炒"调控政策？

参考答案如下：

习近平总书记指出"坚持房子是用来住的、不是用来炒的定位"，"房住不炒"的基本内涵主要包括以下三个方面：一是发展房地产市场的根本目的是让房子回归它的居住功能，房地产市场只有回到本源、回到原点，才能够持续健康地发展；二是住房的消费性或居住功能是一个广泛的谱系，它可用不同的方式与不同的途径获得，所以建立一个多元化、多层次的消费性住房供应体系来满足新时代居民的住房消费需求是十分重要的；三是住房投资功能是居住功能或消费性派生的，是第二性的。

四、教学目标达成

通过理论学习和案例讨论，催化学生的发散性思维，加深了学生对价值规律理论的理解，同时提高了学生学以致用的能力。思政内容方面，从"房住不炒"政策中正确认识"房子"这一商品的使用价值和价值，理解习近平新时代中国特色社会主义思想"以人民为中心"的发展立场。

参考文献

[1] 习近平. 高举中国特色社会主义伟大旗帜 为全面建设社会主义现代化国家而团结奋斗——在中国共产党第二十次全国代表大会上的报告 [M]. 北京: 人民出版社, 2022.

[2] 钱中兵. 中央经济工作会议在北京举行 [EB/OL]. 新华网, 2022-12-16.

[3] 马理, 范伟. 促进"房住不炒"的货币政策与宏观审慎"双支柱"调控研究 [J]. 中国工业经济, 2021（03）: 5-23.

[4] 王志刚, 徐传谌. 现阶段中国房地产业市场结构优化研究——基于市场集中度的实证分析 [J]. 工业技术经济, 2019, 38（01）: 125-132.

[5] 邹士年. 房地产市场宏观调控需审时度势 [EB/OL]. 国家信息中心官网, 2016-02-24.

[6] 樊光义, 张协奎. 房地产市场化改革与实体经济发展——兼论金融的调节作用 [J]. 南方经济, 2022（01）: 35-55.

[7] 黄奇帆. 中国房地产市场: 过去、现在和未来 [J]. 管理现代化, 2022, 42（02）: 1-8.

[8] 王立胜. 重视社会主义生产目的: 新中国70年的理论探索 [J]. 马克思主义研究, 2019（08）: 26-35, 163.

[9] 易宪容, 郑丽雅, Lkhagva Dolgorsuren. "房住不炒"楼市定位的理论意义和政策选择 [J]. 江西社会科学, 2019, 39（05）: 50-60, 255.

案例二十四　从基础到决定：市场在资源配置中的作用变迁

一、案例简介

1949年，新中国成立后，面对濒临崩溃的国民经济和西方国家经济封锁的困境，党和国家领导人坚信只有工业化才能解决国家发展落后问题，借鉴苏联社会主义工业化范式，确立了高度集中的计划经济体制，这一体制的优势在于"集中力量办大事"，这一时期经济发展虽历经波折，但奠定了工业体系和国民经济体系基础，取得了显著的成就。然而计划经济存在着集中决策的信息障碍，缺乏有效激励与约束机制，其理想化的资源配置方式脱离了现实生产力的水平，难以成为中国经济社会长期发展的体制基础。1978年，改革开放后，打破计划经济体制，从计划经济体制到社会主义市场经济体制，我们走过了一条极其艰辛的"上下求索"之路。改革开放以来中国经济体制改革大概经历了以下五个阶段：

（一）第一阶段：计划经济为主，市场调节为辅

党的十一届三中全会确定了调整、改革、开放的路线和方针政策，拉开了中国经济体制改革的帷幕，决定把全党工作的重点转移到社会主义现代化建设上来，实行改革开放的伟大决策。市场调节开始被运用到经济建设中，但只是计划经济的补充，计划经济依旧是主体。1982年，党的十二大提出了"计划经济为主、市场调节为辅"的改革思想，市场机制逐渐发挥作用，市场开始成为配置资源的重要补充手段。然而，计划经济为主、市场调节为辅的原则源于传统计划经济。直接的指令性计划仍被看作是社会主义制度的本质和整个经济运行的基础，市场调节只是从属的、次要的。

（二）第二阶段：有计划的商品经济

党的十二届三中全会通过的《中共中央关于经济体制改革的决定》，第一次明确提出社会主义有计划的商品经济理论，突破了把计划经济和商品经济对立起来的传统观念，明确认识社会主义计划经济必须自觉依据和利用价值规律，是在公有制基础上的有计划的商品经济。商品经济的充分发展，是社会经济发展不可逾越的阶段，是对"计划经济为主、市场调节为辅"理论的发展，是实现我国经济现代化的必要条件，同时也为打破计划经济体制创造了条件。

（三）第三阶段：国家调节市场，市场引导企业

1987年，党的十三大提出"社会主义有计划商品经济的体制，应该是计划与市场内在统一的体制"，这一提法明确了市场与计划在国民经济调节中的作用相同，在理论上确认了市场机制作用范围的全面性。1989年，邓小平同志指出，"我们要继续坚持计划经济与市场调节相结合，这个不能改"[①]。要努力创造一种适合中国情况的、把计划经济和市场调节有机结合起来的社会主义商品经济运行机制。既不能完全依靠市场调节，也不能一味削弱必要的间接调控，要将二者结合起来，促进经济稳定发展。

（四）第四阶段：市场在国家宏观调控下起基础性作用

改革开放以来，市场范围逐步扩大，计划管理的领域显著缩小，市场对经济活动的调节作用大大增强。1992年，邓小平同志到南方视察，发表了著名的南方谈话，他指出，"计划经济不等于社会主义，资本主义也有计划；市场经济不等于资本主义，社会主义也有市场。计划和市场都是经济手段。计划多一点还是市场多一点，不是社会主义与资本主义的本质区别"[②]。这次讲话打消了社会对使用市场作为资源配置基础手段会走向资本主义的认识顾虑。实践证明，市场作用发挥比较充分的地方，经济活力就比较强，我国要加快发展经济，参与国际竞

[①] 邓小平. 邓小平建设有中国特色社会主义论述专题摘编（新编本）[M]. 北京：中央文献出版社，1995：189.

[②] 邓小平文选（第3卷）[M]. 北京：人民出版社，1993：373.

争,就必须继续强化市场机制的作用,建立和完善社会主义市场经济体制。

1992年,党的十四大明确提出,我国经济体制改革的目标是建立社会主义市场经济体制,并进一步明确社会主义市场经济体制的内涵,即:使市场在社会主义国家宏观调控下对资源配置起基础性作用,使经济活动遵循价值规律的要求,适应供求关系的变化;通过价格杠杆和竞争机制的功能,把资源配置到效益较好的环节中去,并给企业以压力和动力,实现优胜劣汰;运用市场对各种经济信号反应比较灵敏的优点,促进生产和需求的及时协调。2002年,党的十六大报告指出,中国已经初步确立社会主义市场经济体制。此后继续做出一系列改革措施和战略部署,以不断完善社会主义市场经济体制,为经济建设和社会发展提供强大动力。

(五)第五阶段:市场起决定性作用和更好发挥政府作用

随着社会主义市场经济体制的完善,我们党对市场经济规律的认知不断提高,宏观调控体系不断完善,市场基本具备了资源配置的能力。但改革中仍然存在市场体系不完善、政府干预过多和监管不到位的问题,要想充分发挥市场配置资源的优势,解放和发展生产力,就需要从更深层次推进改革。2013年11月,党的十八届三中全会明确提出"使市场在资源配置中起决定性作用和更好发挥政府作用",标志着社会主义市场经济发展进入了一个新阶段。

经济体制改革的核心问题是处理好政府和市场关系,市场在资源配置中的作用从"基础性"变成"决定性",体现了政府和市场职能的变化。"基础性作用"表达的是市场的调节作用具有"基本"和"根基"的性质;政府的作用处在市场的作用之上,是"国家调节市场,市场引导企业"的机制。"决定性作用"表达的是市场的调节作用具有权威性和主宰性,能够决定事物的性质;政府主要负责宏观调控,保持市场经济平稳健康发展。市场起决定性作用绝不意味着完全自由放任,市场机制有其固有的弊端,放任不管会对经济发展造成重要负面影响。既不能用市场在资源配置中的决定性作用取代甚至否定政府作用,也不能用更好发挥政府作用取代甚至否定使市场在资源配置中起决定性作用。党的十九届五中全会也强调要"推动有效市场和有为政府更好结合",正确处理政府和市场的关系,必须让政府和市场相互补充、相互协调、相互促进。

如今,我国经济已由高速增长阶段转向高质量发展阶段,党的十九届五中全会也提出构建高水平社会主义市场经济体制的任务,但推动高质量发展仍存在不少体制机制障碍,未来我们仍需坚定不移深化市场化改革,解决发展中存在的各

案例二十四　从基础到决定：市场在资源配置中的作用变迁

项矛盾和问题。改革只有进行时，没有完成时。

二、思政元素挖掘

（一）市场配置资源的作用从"基础"到"决定"符合经济规律

从计划经济到市场经济，从"基础"到"决定"，市场在资源配置中的作用变迁符合经济规律。新中国成立后，国内经济秩序严重紊乱，资源极度匮乏，加之面对帝国主义阵营的孤立、封锁与包围，为了把有限的资源用于国民经济最急需、最重要的地方，借鉴苏联社会主义工业化范式，选择实行计划经济体制。通过计划体制集中力量办大事的优势，我们在较短的时间内建立起比较完整的工业体系和国民经济体系，为社会主义现代化奠定了物质基础。随着时间的推移，计划体制的弊端日益凸显，分配平均主义严重，企业和职工缺乏积极性和创造性，生产力和生产关系的落后严重影响经济社会发展。更重要的是，社会主义经济仍然是商品经济，商品经济的发展要求市场在配置社会资源方面发挥作用，世界经济朝着国际化、集团化和一体化的发展趋势也要求我国实行社会主义市场经济体制。

市场起基础性作用阶段，我国社会主义市场经济体制还不完善，对政府和市场关系没有明确的认识，虽然商品的价格基本上是由市场决定的，但是资源和要素的价格相当程度上还是由政府决定或者由政府直接控制。政府对资源的直接配置过多、对微观经济的干预太多，导致部分行业产能过剩、耕地占用过多、地方债风险上升、生态环境破坏等一系列问题的产生。经济社会发展实践表明，市场在资源配置方面具有巨大的优越性，相比政府的宏观调控，市场经济是最有效率的，最终决定让市场在资源配置中起决定性作用。市场经济之所以最有效率，是因为机会成本约束条件下的利益最大化，等价交换原则等一系列规律和原则在起作用，这些规律必然导致资源有效配置。因此，市场从"起基础性作用"到"起决定性作用"，反映出我们对政府与市场关系更加明确的定位，更反映出我们对经济规律的进一步认识。

（二）坚持问题导向和目标导向相结合

经济体制改革的过程就是发现问题、解决问题的过程，坚持问题导向，要树立问题意识，敢于发现问题，不断解决发展中面临的一系列矛盾和困难，推动党和国家事业不断向前发展。党的二十大报告中强调，我们要增强问题意识，聚焦实践遇到的新问题、改革发展稳定存在的深层次问题、人民群众急难愁盼问题、国际变局中的重大问题、党的建设面临的突出问题，不断提出真正解决问题的新理念新思路新办法。坚持目标导向，就是以实现目标为方向，对实现既定目标制定明确的时间表、路线图，持之以恒、一步一步地朝着既定目标奋斗前行。坚持问题导向和目标导向相结合，就是要在实现美好理想的方向、道路和任务中，不断地解决前进中遇到的各种困难和问题，在不断克服困难、解决问题中向着既定目标迈进。一百多年来，我们之所以不断从胜利走向胜利，始终走在时代前列，一个重要原因就在于能够在理论和实践结合中不断解决前进道路上面临的重大时代课题。

（三）推动有效市场和有为政府更好结合

社会资源的配置有两种方式：一种是市场调节；另一种是政府调节。市场可以灵活地调节供求关系，通过竞争实现优胜劣汰，推动生产力的发展。但市场对资源的分配机制又容易造成极大的不公平，甚至带来经济危机。政府可以通过宏观调控等方式保障市场的公平竞争，弥补市场失灵，促进经济持续健康发展，但完全依靠政府又会降低经济效率，压抑生产积极性。单一的市场、单一的政府都不能保证中国经济健康可持续发展，必须把有效的市场和有为的政府结合起来，让二者相互补充、相互协调、相互促进。也就是说，我们既需要"市场在资源配置中起决定性作用"，又需要"更好发挥政府作用"。

三、案例使用说明

（一）教学目标

1. 知识层面。（1）理解经济体制改革的性质。（2）掌握经济体制改革的历史成就和基本经验。

2. 能力层面。结合课本知识和案例分析，帮助学生理解市场在资源配置中作用变迁的内在逻辑，将专业知识与实际相结合，引导学生学会根据理论知识思考现实问题。

3. 素质层面。通过案例的学习，结合党和国家的方针政策和其他重要思政元素，带领学生科学认识市场在资源配置中作用变迁的历史必然性，系统审视"有效市场+有为政府"的宏观制度框架，拓宽学生理论视野。

（二）启发性思考题

1. 如何认识邓小平社会主义市场经济理论的内涵？
2. 如何加快完善社会主义市场经济体制？
3. 市场在资源配置中的作用变迁体现了什么？

参考答案如下：

1. 结合经济体制改革历程和市场在资源配置中的作用变迁理解，比如计划和市场都是经济手段，而不是划分社会主义与资本主义的标志，社会主义也可以搞市场经济；社会主义与市场经济之间不存在根本矛盾；把计划经济与市场经济结合起来，更有利于解放生产力，加速经济发展；社会主义市场经济与资本主义市场经济在运行方法上基本相似，但也存在本质不同，即所有制基础不同；中国经济发展离不开世界市场，世界市场离开中国参与也是不完善的。

2. 党的二十大报告把"构建高水平社会主义市场经济体制"作为加快构建新发展格局、着力推动高质量发展的重要战略任务。（1）促进多种所有制经济发展，培育高质量市场主体，毫不动摇巩固和发展公有制经济，毫不动摇鼓励、支持、引导非公有制经济发展。（2）创新政府管理和服务方式，健全宏观经济治理体系。深化"放管服"改革，全面实行政府权责清单制度，持续优化市场化法治化国际化营商环境，健全宏观经济政策评估评价制度和重大风险识别预警机制。（3）构建全国统一大市场，建设高标准市场体系。推进市场制度统一、设施联通、监管一致，打破地方保护和市场分割，促进商品要素资源在更大范围畅通流动，加快建设高效规范、公平竞争、充分开放的全国统一大市场。（4）建设更高水平开放型经济新体制，以开放促改革促发展。扩大制度型开放，在国际经贸规则、管理、标准等方面加强开放合作。（5）完善科技创新体制，实现高水平科技自立自强。深化科技管理体制改革，健全社会主义市场经济条件下关键核心技术攻关新型举国体制。（6）深入推进社会体制改革，稳步推进共同富裕。健全基本公共服务体系，推动城乡区域基本公共服务制度统一、质量水平有效衔接。（7）完善能源绿色低碳转型体制机制，推动经济社会发展全面绿色转型。完善能源结构调整机制，推动能源基地及通道建设机制改革，建立区域间调峰资源分配机制。

3. 市场在资源配置中的作用从"基础性"变成"决定性",体现了市场调节在经济发展中地位的变化。发展市场经济,不仅要求一般消费品和生产资料商品化,而且要求劳动力、资本、科技、信息等生产要素商品化,市场主体要有自己的产权,有规范的制度保障交易实现。经济体制改革初期,我们面临的是一个发育程度比较低、体系很不健全的市场,此时市场无法在资源配置中发挥主宰作用,只能起到基础性作用,需要我们对经济基础和上层建筑的诸多领域进行一系列改革和政策调整,为市场调节更好地发挥作用创造条件。当市场基本具备资源配置能力后,才继续调整市场和政府的关系,让市场调节发挥决定性的作用。

四、教学目标达成

通过理论学习和案例讨论,让学生在学好理论知识的基础上,将视角从课本转移到现实生活中,加强学生理论与实践结合的能力。思政内容方面,一是要让学生明白社会主义市场经济是社会主义制度与市场经济相结合的新型市场经济,与资本主义市场经济存在本质区别。二是体会经济体制改革的曲折,明白完善社会主义市场经济体制是一个长期的过程,未来推动经济高质量发展,实现中国式现代化需要进一步深化经济体制改革。最后,通过案例学习,让学生明白经济体制改革是符合马克思主义认识论的,事物的发展总是螺旋式上升或波浪式前进的,在之后的学习生活中学会用这种认识指导实践,提高分析问题和解决问题的能力。

参考文献

[1] 王健,王立鹏. 我国经济体制改革理论的演进与发展 [J]. 前线,2018 (11): 39-44.

[2] 中共中央党史和文献研究院. 十九大以来重要文献选编(上)[M]. 北京:中央文献出版社,2021.

[3]《马克思主义政治经济学概论》编写组. 马克思主义政治经济学概论(第二版)[M]. 北京:人民出版社,2021.

[4] 吴晓波. 激荡三十年:中国企业 1978-2008 [M]. 北京:中信出版社,2007.

[5] 桂大一. 中国经济体制模式转换研究 [D]. 武汉:武汉大学,2011.

[6] 聂丹. 新中国成立以来计划与市场关系嬗变研究 [D]. 长春: 吉林大学, 2019.

[7] 钱智勇. 市场对资源配置的决定作用与政府的经济作用 [J]. 学习与探索, 2014 (03): 2, 99-102.

[8] 林中萍, 黄振奇. 充分发挥市场配置资源的基础作用加快我国经济发展的步伐 [J]. 教学与研究, 1993 (03): 41-44.

[9] 陈文通. 深度解析"市场在资源配置中起决定性作用" [J]. 中国浦东干部学院学报, 2015 (02): 15-34.

[10] 刘凤义. 论社会主义市场经济中政府和市场的关系 [J]. 马克思主义研究, 2020 (02): 5-15, 163.

[11] 张宇. 市场有效, 党政有为, 根基牢固——正确认识社会主义市场经济中政府和市场的关系 [J]. 红旗文稿, 2014, 272 (08): 1, 4-8.

案例二十五　从小渔村到国际性大都市：从深圳发展看中国奇迹

一、案例简介

广东省深圳经济特区于 1980 年 8 月正式成立，是中国最早实行对外开放的四个经济特区之一。深圳经济特区建立以来，经济持续高速增长，GDP 从 1980 年的 2.7 亿元增加到 2022 年的 3.24 万亿元，绝对值增长超过 1 万倍，人均 GDP 连续 30 多年领跑全国。从小渔村到国际性大都市，从当年的经济特区，到如今的中国特色社会主义先行示范区，从"世界工厂"到"中国硅谷"，从"深圳速度"到"深圳质量"……回首过去 40 多年，再没有哪个地方更能代表中国，也再没有哪个地方更能令中国感到骄傲。因改革开放而生、因改革开放而兴、因改革开放而强的深圳，本身就是中国实现历史性变革和取得伟大成就的一个缩影。

20 世纪 70 年代末，香港劳动密集型制造业开始大量向外转移，深圳经济特区依托毗邻香港的区位优势以及经济特区政策、税收等方面优势，承接香港的加工装配订单，吸引大量"三来一补"（"来料加工""来件装配""来样加工"和"补偿贸易"）企业到深圳落户，大力发展加工贸易，与香港形成了"前店后厂"的合作模式。外商提供设备（包括由外商投资建厂房）、原材料、来样，并负责全部产品的外销，中国企业则提供土地、厂房、劳力，收取加工费、管理费、服务费、厂房租金、土地使用费等。这种模式投资少，风险小，投资回报快，还能解决劳动就业、增加外汇收入，1979 年不到一年的时间里，深圳就引进了 200 家企业。通过"三来一补"企业的发展，深圳积累了大量的建设资金、国外技术和管理经验，1980~1992 年，深圳生产总值以年均 30% 左右的速度增长，以"深圳速度"实现了早期深圳经济的起飞。

但"三来一补"也有引进的技术水平偏低、受制于人的问题，难以为经济

案例二十五 从小渔村到国际性大都市：从深圳发展看中国奇迹

提供持续、健康、快速的增长动力。深圳开始发挥创新精神，选择发展高新技术产业，开始从"拿来"转向自主研发，不断向产业链的高端攀升。1986年深圳市颁布《关于加强科技工作的决定》，提出"经济建设必须依靠科学技术，科学技术必须面向经济发展"的方针。1987年深圳出台了《关于鼓励科技人员兴办民间科技企业的暂行规定》，这项规定吸引了一大批创业者，完成了深圳自主创新发展的原始人才积累，促进了像华为公司等高科技企业的诞生。除此之外，深交所的诞生也为高新技术发展提供了资金支持，促进高新技术企业在深圳发展壮大。深圳还设立深圳市高新投集团有限公司和深圳市创新科技投资有限公司，为中小微科技企业提供融资担保服务，助力高新技术产业和新兴产业的发展。比亚迪、华为、东江环保迈瑞医疗、宁德时代、西部超导等都是在这两家公司的投资下不断成长，成为带动地方经济增长，甚至技术发展到世界领先水平的明星企业。1999年深圳全市开发、生产高新技术产品的企业达553家，产品1028项。2001年全市高新技术产品产值达1321.36亿元，占工业总产值的比重达到45.9%。

随着经济规模的扩大，制约经济发展的各种矛盾逐渐凸显出来，表现为四个"难以为继"，即土地、空间有限，难以为继；能源、水资源短缺，难以为继；人口拥挤、负担过重，难以为继；环境承载力严重透支，难以为继。深圳的发展模式亟须从"速度深圳"向"效益深圳""和谐深圳"转变，为此，2005年深圳提出"实施自主创新战略，建设自主创新型城市"的目标，拉开了建设国家创新型城市的序幕。在一系列政策扶持、政府引导下，自主创新成为深圳调整经济结构、转变经济增长方式的第一推动力量，培养造就了一批富有创新精神的企业家和技术人才，推动创新金融、现代物流、网络信息、创业设计、品牌会展、高端旅游等行业的发展，进而推动产业结构调整。深圳大力发展高新技术产业和战略性新兴产业，形成了数字电视、通信设备制造、平板显示、生物医药、医疗器械、软件产业集群六个发育形态比较成熟的高新技术产业群。如今，深圳形成了"6个90%"的创新现象（即：90%以上的创新型企业是本土企业、90%以上的研发机构设立在企业、90%以上的研发人员集中在企业、90%以上的研发资金来源于企业、90%以上的职务发明专利出自企业、90%以上的重大科技项目发明专利来源于龙头企业），是名副其实的"创新之都"。

进入中国特色社会主义新时代以来，深圳更加坚定地实施创新驱动发展战略，推动和参与建设粤港澳大湾区和中国特色社会主义先行示范区，这有利于打造我国高质量发展典范，不断增强经济创新力和竞争力，在更高起点、更高层次、更高目标上推进改革开放。今天的深圳，已成为一座具有影响力的国际性都市,拥有全球第三大集装箱港、亚洲最大陆路口岸、中国五大航空港之一,拥有华为、招商银行、平安保险、腾讯、万科、正威等世界500强企业,吸引200多家世界500强企业前来投资。人们提到深圳,早已不再是"三来一补""贴牌加工""模拟仿制",而是平均每平方公里有5.6家国家级高新技术企业、平均每天有51件发明专利获得授权、全社会研发投入占GDP比重超过4%的大都市……

从制造到创造,从追赶时代到引领时代,改革开放早已深深融入深圳的血脉,成为深圳独特的精神标识和城市形象。深圳的发展奇迹,揭示出了中国特色独特的现代化道路,同时又以其路径选择的正确性和发展成功性,推动了中国特色社会主义市场经济体制的建立发展与完善,加快了实现现代化的时代步伐,掷地有声地证明了中国道路的正确性。

二、思政元素发掘

(一)发扬"敢闯敢试"的创新精神

深圳的发展奇迹,既有国家前瞻性政策的引领性,也有深圳"敢闯敢试"创新精神的内生驱动。深圳经济特区从一建立,血液里就流淌着"闯"的基因,没有先例可循,特区就创造先例;没有经验可资借鉴,特区就先行先试、大胆探索。深圳在短短四十多年时间里,就实现了由一座落后的边陲小镇到具有全球影响力的国际化大都市的历史性跨越,这样发展奇迹背后,是逢山开路、遇水架桥的"敢闯敢试",更是创新、创业、创造活力的奔涌。从"世界工厂"到"创客之都""创新之城",深圳用与生俱来的创新精神和实干精神实现了这一转变。习近平总书记强调,永葆"闯"的精神、"创"的劲头、"干"的作风,努力续写更多"春天的故事",努力创造让世界刮目相看的新的更大奇迹!新发展形势下,要想保证经济高质量发展,实现建成社会主义现代化强国的第二个百年奋斗目标,就要继续发扬"敢闯敢试"的创新精神!

(二)顾全"两个大局",实现共同富裕

1988年邓小平同志明确提出了"两个大局"的伟大构想:一个大局,就是东部沿海地区加快对外开放,使之较快地先发展起来,中西部地区要顾全这个大局。另一个大局,就是当发展到一定时期,比如20世纪末全国达到小康水平时,

就要拿出更多的力量帮助中西部地区加快发展,东部沿海地区也要服从这个大局。如今,在国家政策扶持下,深圳经济快速发展,从小渔村蜕变为国际性大都市。虽然中国特色社会主义进入新时代,我国社会生产力水平总体上显著提高,社会生产能力在很多方面进入世界前列,但也面临着发展不平衡、不充分的问题,这将成为实现中国式现代化和中华民族伟大复兴的主要制约因素。加之实现共同富裕是社会主义的本质要求,作为我国高水平对外开放的生动缩影、国家自主创新示范区,在向第二个百年奋斗目标奋力迈进的征途上,深圳有条件、有责任肩负起经济特区的使命,充分发挥辐射带动作用,建设好中国特色社会主义先行示范区,探索出一条东西合作、优势互补,最终实现全体人民共同富裕的新道路。

(三) 警惕贫富分化,缩小贫富差距

深圳的经济发展速度在全国名列前茅,但与中西部地区的经济发展差距明显,《中国收入分配报告2021:现状与国际比较》的数据显示,中国财富基尼系数从2000年的0.599持续上升至2015年的0.711,随后有所缓和,降至2019年的0.697,但2020年疫情冲击下再度上升至0.704。可见,中国基尼系数高于0.4的国际警戒线,收入差距在世界处于中等偏高水平。收入差距过大会引发贫富分化,贫富分化会导致消费不振,有效需求不足,进而制约经济增长,甚至导致社会不稳定因素增多。在邓小平同志"两个大局"理论的影响下,我们强调"先富带后富、帮后富",致力于通过构建合理的收入分配制度来缩小贫富差距。新时代新征程缩小贫富差距,推进共同富裕,最核心的便是"构建初次分配、再分配、三次分配协调配套的基础性制度安排,加大税收、社保、转移支付等调节力度并提高精准性"。初次分配重在调动社会各阶层市场竞争的积极性;再分配重在基本公共服务均等化;三次分配重在慈善公益事业,让经济发展成果更好地惠及全体国民,这三个领域各有侧重又存在内在联系。

三、案例使用说明

(一) 教学目标

1. 知识层面。(1) 掌握高质量发展的内涵和要求。(2) 理解推进供给侧结构性改革的策略与路径。

2. 能力层面。引导学生系统地掌握高质量发展的内涵和要求,并结合案例,设置两个问题让学生讨论分析,帮助学生学会观察分析经济现象,培养学生解决经济问题的能力。

3. 素质层面。理解深圳作为经济特区与生俱来的创新精神以及创新对深圳发展经济、推动产业转型升级的重要作用,并将创新思维运用到日后的学习和工作中。通过案例学习,体会深圳的发展奇迹以及国家的战略眼光对深圳发展的重要作用,引导学生坚定"四个自信",主动关心国家颁布的各项政策措施,深刻领悟各项会议精神,为国家建设发展积极贡献力量。

(二) 启发性思考题

1. 什么因素造就了深圳发展的奇迹?
2. 新发展阶段下深圳如何推进高质量发展?

参考答案如下:

1.（1）深圳具有区位优势。深圳毗邻香港,与澳门海上距离也非常近,这有利于深圳吸引外资,学习先进的生产技术和管理经验,为后续发展积淀动能。（2）深圳还具有政策优势和竞争优势。作为经济特区,深圳比较容易获得政策扶持和帮助,并将其政策优势转变为竞争优势。（3）人力资本优势。大量高层次人才在深圳集聚可以推动深圳快速向前发展。除此之外,深圳公共管理的服务意识强,公共管理水平较高,能够吸引人才和投资。深圳自身也具有敢闯敢试的创新精神,勇于打破束缚,大胆探索,这也为其发展提供了源源不断的活力和动力。

2.（1）聚焦实体经济,推进高新技术产业和新兴产业发展。推动经济高质量发展,要坚持把做实、做强、做优实体经济作为主攻方向,提升产业资本的积累效率,优化产业资本的积累结构,发挥高新技术产业和新兴产业的发展优势,夯实全面建设社会主义现代化国家的物质基础。（2）提振对外开放,打通国内国际双循环。作为经济特区,深圳应继续推进高水平、深层次、宽领域的对外开放。在扩大内需潜力、刺激消费实力,增强国内大循环内生动力,形成国民经济良性循环的同时,提升国际循环的质量和水平,塑造国际竞争新优势。（3）塑造资本韧性,完备金融市场的多维体系。面对潜在的全球性金融危机,深圳应积极打造高开放性、高流动性和高活力性的韧性资本市场,从融资功能、基础制度、市场监管等视角出发,实现全方位、多层次的资本市场构建体系,抑制资本虚化，避免虚拟经济的非理性膨胀和自我循环。（4）驱动成果转化，优化科技创新的牵引张力。创新是引领发展的第一动力，为了打破日益加剧的技术垄断，需要继续加快推动科技创新的自立自强，开辟探索新技术新产业尤为关键。（5）坚持绿色发展，加快生态文明的建设步伐。从加快产业转型升级，推进用能降碳减污的角度，打造绿色生产力，实现绿色发展和生态优先，以突出的低碳治理能力和绿色转型成效，为经济的全方位可持续发展提供绿色支撑。

四、教学目标达成

通过案例学习回归理论知识，加深学生对理论的理解，让学生能从经济学角度看待和思考实际生活中的经济现象。本案例主要梳理了深圳从小渔村到国际性大都市的发展历程，探讨深圳创造发展奇迹的原因及其可推广的经验。因此，思政内容方面，本案例主要实现以下三点教学成效：（1）以深圳为切入点，通过深圳发展奇迹，让学生认识中国特色社会主义经济发展成就，理解"中国奇迹"。（2）让学生认识到深圳作为经济特区，作为国际性大都市对全国经济发展的示范作用，思考深圳为什么能成功，如何利用深圳带动全国其他地区的发展，促进区域协调发展。（3）通过案例学习，让学生在学会专业知识的同时，能认识到中国特色社会主义制度的优越性，学会用发展的眼光看问题，站在客观的角度分析问题。

参考文献

[1]《马克思主义政治经济学概论》编写组. 马克思主义政治经济学概论[M]. 北京：人民出版社，2021.

[2] 中共深圳市委党史研究室，深圳市史志办公室. 深圳改革开放40年[M]. 北京：中共党史出版社，2018.

[3] 袁义才. 深圳经济特区40年发展的阶段性特征与经验[J]. 特区实践与理论，2020（06）：33-42.

[4] 孙久文，张翱. 深圳经济特区建立40周年的发展经验与启示[J]. 特区实践与理论，2021（01）：80-84.

案例二十六　中国科技：从追赶到引领的创新探索

一、案例简介

新中国成立初期，国内仅有 30 多个研究机构，全国科学技术专业人员不超过 5 万人，中国的科学技术基本上需要在一片"废墟"上重建。1949 年 11 月，在原中央研究院和北平研究院的基础上成立了中国科学院，作为新中国的主要政府研究机构，并在随后的几年里陆续成立了中国科协、中国气象局、国家地质部等科学技术协调与研究机构，中国的科学技术发展进入了崭新的历史阶段。

抗美援朝战争取得伟大胜利后，面对国际上愈演愈烈的核讹诈和军备竞赛，我国开始实施"两弹一星"工程。一开始，我国得到了苏联的大量援助，但随着中苏关系的紧张和恶化，苏联单方面毁约断援，撤走全部专家、带走全部资料。没有专家可以依靠，没有技术可以借鉴，我国科技人员开始了自力更生、艰苦奋斗的研究之路。在党中央的组织领导下，数以万计的科技人员、管理干部、解放军指战员、大学毕业生、支边青年、工人，奔赴大西北的草原荒滩。没有图纸和模型，我们就自行设计。没有进口的先进计算机，就用手摇计算机、计算尺甚至算盘来计算，为了计算一条弹道，计算用的纸堆得比办公桌还高……功夫不负有心人，1964 年 10 月，我国第一颗原子弹爆炸成功，中国成为世界上第 5 个自行研制原子弹并成功实施核爆炸的国家。1966 年 10 月，我国第一颗装有核弹头的地地导弹飞行爆炸成功；1967 年 6 月，我国第一颗氢弹空爆试验成功；1970 年 4 月我国第一颗人造卫星发射成功，我国成为世界上第 5 个具备独立发射人造卫星技术的航天大国。"两弹一星"打破了超级大国的核讹诈和核垄断，让中国在相关的关键技术领域步入世界前列。

1993 年，美国联合俄罗斯、日本、欧盟等国计划建设国际空间站，当时我

案例二十六　中国科技：从追赶到引领的创新探索

国表达了想要加入的愿望，却被美国残忍地拒之门外，美国认为中国在参加国际空间站建设中，会利用相关技术来发展军事技术，反对中国加入，对中国警惕和打压。1992 年，中国载人航天工程正式立项实施，开启独立自主建造自己的空间站的发展道路。2022 年 12 月 31 日，国家主席习近平在新年贺词中向全世界郑重宣布，"中国空间站全面建成"。神舟系列载人飞行、神舟八号与天宫一号交会对接、空间站的建成……近年来，中国在航天领域取得了一系列成就，似乎让人觉得中国的航天工程进展十分顺利。事实上，中国航天能有今天，靠的是一代代航天人的努力拼搏，是在创新探索中走出的成功之道。比如，1994 年 11 月 30 日，东方红三号通信卫星由长征三号甲运载火箭发射升空，经过多次成功变轨飞行后，卫星进入地球同步轨道，但由于卫星推进系统燃料泄漏造成推力下降，致使东方红三号卫星定点未能取得成功。中国的卫星专家和设计师等"航天人"用了整整两年时间对故障进行认真的分析和模拟仿真试验，确定了故障发生的原因和部位，采取了各项措施，进行了彻底的改进，更换了不可靠的部件和器件。为进一步提高卫星的可靠性，还根据其他型号所反馈的质量信息，举一反三开展全面的质量复查，杜绝一切隐患，确保卫星质量。最终，1997 年 5 月 12 日，东方红三号通信卫星发射升空取得圆满成功。从 1992 年载人航天工程正式立项到 2022 年全面建成空间站，从蓝图绘梦到奋斗圆梦，中国航天人用了整整三十年。三十年来载人航天共获得国家科技进步特等奖 2 项、一等奖 1 项；省部级科技进步奖 677 项；专利 4000 余项。

另外，量子计算机研制成功、C919 首飞成功、复兴号高铁投入运营、港珠澳大桥正式通车，磁约束核聚变、散裂中子源等设施建设取得突破，量子信息、铁基超导、干细胞、合成生物学等方面取得一批重大原创成果……近年来，我国着力加强基础研究和关键核心技术攻关，一大批全球领先的科技成果不断涌现，我国科技实力正从量的积累迈向质的飞跃。从发展实践来看，自力更生、艰苦奋斗、自主创新，是我国在科技领域不断突破，实现由跟跑、并跑到领跑的制胜法宝。

但在一些产业关键技术领域，我国科技还存在着明显的短板。比如我国高端工业软件市场 80% 左右被国外垄断，中低端市场的自主率也不超过 50%，还没有一家中国软件公司能够具备与世界级工业软件公司一较高低的能力，75% 的高端数控机床和 80% 的数控系统需要依靠进口。一些车辆"缺芯少魂"，零部件主要依赖外资企业或进口，从制动系统到发动机、从电控系统到尾气处理装置都被国外一些企业垄断。这表明我国在一些领域还存在受制于人的局面，已成为我国产业安全和构建新发展格局的制约性因素。新时代新征程我国科技工作的重点，就是解决这些领域关键核心技术"卡脖子"问题,因此,必须加强科技创新,打好关键核心技术攻坚战,为建设科技强国而不断努力。

二、思政元素发掘

(一) 科学技术是第一生产力,创新是引领发展的第一动力

科学技术作为生产力的内在要素,渗透在生产力的其他要素之中。科学技术的变化必然引发其他要素的变化,从而引起生产力整体结构发生变化,推动生产力水平的提高。蒸汽机的广泛应用使人类生产力的发展进入第一个突飞猛进的时代。第二次产业革命时期,钢铁、化工和电力生产三大技术使得生产力的发展又一次实现了飞跃。如今,微电子、核能、人造卫星、基因工程等科技与经济的结合日益紧密,科学技术在生产力发展中的作用至关重要,逐步成为决定生产力总体水平高低的决定性因素。人类历史上每一次重大科技进步都改进了劳动工具,提高了劳动者素质,带来劳动生产率极大提高、产业结构快速优化升级,给经济社会发展增添了强大驱动力。当今时代,科技已经成为经济社会发展的重要引擎,创新是引领发展的第一动力,也是应对许多全球性挑战的有力武器,日益成为影响世界现代化进程的关键变量,在未来日趋激烈的综合国力的较量中,谁能抢占高新科技发展的制高点,谁就能把握住主动权。

(二) 坚定不移走自主创新之路,打好关键核心技术攻坚战

近年来,我国自主创新成果源源不断涌现,但是一些关键核心技术受制于人的局面仍未得到改变,在某些关键核心技术存在的"卡脖子"情况,不仅会导致行业发展受到限制,直接影响产业链的现代化水平,而且也会影响到我国经济社会发展目标实现及国家经济安全。在当前复杂严峻的国际形势下,各类衍生的产业链供应链风险不容忽视,这就要求我们严密防范化解各种风险挑战,尽早解决"卡脖子"问题,把技术和发展的主动权牢牢掌握在自己手里,彻底改变一些产业链的关键环节、关键零部件缺乏核心技术和自主知识产权,技术密集型产品竞争力弱的状况。要想解决"卡脖子"问题,牢牢把握发展主动权,就要坚定不移走自主创新之路。

自主创新是增强国家核心竞争力、实现经济社会高质量发展的必由之路。面

对世界百年未有之大变局和国内外发展环境的深刻复杂变化,要继续发扬"两弹一星"精神,勇于面对种种挑战和压力,自力更生,艰苦奋斗,不断增强自主创新能力和实力。走自主创新之路,首先要把关键核心技术牢牢掌握在自己手中。这就要求在关键领域、"卡脖子"的地方"下大功夫",力争在关键核心领域实现重大突破,实现从跟跑向并行、领跑的战略性转变。同时,要把满足人民对美好生活的向往作为科技创新的落脚点,把惠民、利民、富民、改善民生作为科技创新的重要方向。

(三)传承弘扬"两弹一星"精神,不断攀登科技高峰

在中国科技发展历程中,广大科技工作者迎难而上、接续奋斗,创造了一个个非凡业绩,孕育形成了热爱祖国、无私奉献,自力更生、艰苦奋斗,大力协同、勇于登攀的"两弹一星"精神;特别能吃苦、特别能战斗、特别能攻关、特别能奉献的载人航天精神等一系列伟大精神。今天,我们的科研环境和条件不断改善,但艰苦奋斗的创新精神和过硬作风永远不会过时,而且更显珍贵。当前,新一轮科技革命和产业变革突飞猛进,科技创新成为国际战略博弈的主要战场,围绕科技制高点的竞争空前激烈。要深刻认识我国战略机遇期面临的国际环境,瞄准世界科技前沿,引领科技发展方向,勇攀科技高峰。新时代新征程建设创新型国家,要继续传承弘扬和大力践行"两弹一星"精神、载人航天精神等伟大精神,让这些精神继续引领我们开辟新的科技事业。

(四)深入实施科教兴国战略,培养科技人才

党的二十大报告提出,必须坚持科技是第一生产力、人才是第一资源、创新是第一动力,深入实施科教兴国战略、人才强国战略、创新驱动发展战略,开辟发展新领域新赛道,不断塑造发展新动能新优势。从李四光、钱学森、钱三强、邓稼先到陈景润、黄大年、南仁东,一大批杰出科学家推动着我国科技事业不断向前发展。时代越是向前,科技和人才的重要性就愈发突出,教育的地位和作用就愈发凸显。高质量教育体系是科技力量可持续发展和创新要素可持续供给的保障,是不断培养造就高素质人才队伍的基础。国家发展靠人才,民族振兴靠人才,而人才要靠高质量的教育培养。创新驱动本质上是人才驱动,培养造就一大批德才兼备的高素质人才,是国家和民族长远发展大计。深入实施科教兴国战略,处理好教育、科技、人才三者的关系,才能为加快建设科技强国提供源源不断的人才。

三、案例使用说明

（一）教学目标

1. 知识层面。（1）理解科学技术是第一生产力、科教兴国战略、科技强国战略的内涵。（2）掌握构建新发展格局的重要内涵与战略要点。

2. 能力层面。引导学生系统地掌握构建新发展格局的内涵和要求，并结合案例，设置两个问题让学生讨论分析，通过讨论和总结，帮助学生学会观察分析各个领域的发展，能用发展的眼光看问题。

3. 素质层面。让学生认识到中国科技从追赶到引领的巨大跨越，同时也要认识到，我国与世界上其他发达国家的科技水平还有一定差距。当代大学生要承担起新时代青年的责任与担当，努力学习科学文化知识，为实现从科技大国到科技强国的跨越做贡献。

（二）启发性思考题

1. 如何理解习近平总书记说的"关键核心技术是要不来、买不来、讨不来的"？
2. 如何提升我国科技创新能力和水平，把我国建设成科技强国？

参考答案如下：

1. 关键核心技术是国之重器，对推动国家经济高质量发展、保障国家安全具有十分重要的意义，然而我国科技领域有很多关键核心技术被国外垄断，往往要花费巨额资金购买它们的制造、材料和装备。没有关键核心技术，我们就要一直受制于人。习近平总书记指出，供应链的"命门"掌握在别人手里，那就好比在别人的墙基上砌房子，再大再漂亮也可能经不起风雨，甚至会不堪一击。出于意识形态等原因，世界部分国家忌惮中国的发展和崛起，不希望中国发展起来影响到自身的地位和话语权，所以会把核心技术牢牢攥在自己手上。更有甚者，一些拥有技术优势的国家会联合起来对中国进行围追堵截，幻想着制约中国发展，以此维护自己的国际地位。因此，我们要加强科技创新，解决这些"命门"和"卡脖子"问题，打破国外的技术封锁与垄断，只有靠自己的力量实现科技自立自强，才能把中国建成科技强国。

2.（1）加快建设科技强国，要深入实施科教兴国战略、人才强国战略。只有加快推进教育现代化、建设教育强国、办好人民满意的教育，才能为科技发展提供源源不断的人才。（2）加快建设科技强国，要推进科技体制改革。要彻底破除科研管理中"唯论文、唯学历、唯奖项、唯职称"的"四唯"倾向，充分调动各类创新主体的积极性主动性，让科研人员潜心科研，专注于长周期、高价值的原创性研究，努力在国际前沿研究和关键核心技术攻关上取得更多重大突破。（3）加快建设科技强国，要加强与世界的交流合作。科学技术不是闭门造车就能产生的，要以全球视野谋划和推动创新，加强同各国科研人员的交流合作，为全球科技发展贡献中国智慧，让科技更好增进人类福祉。

四、教学目标达成

通过案例学习回归理论知识，加深学生对理论的理解，让学生能从经济学角度看待和分析社会经济现象。本案例主要讲了中国科技从追赶到引领的发展历程，让学生认识到这些成就背后的故事，各科研人员、社会各界付出了多少努力。因此，思政内容方面，本案例主要实现以下三点教学成效：（1）以中国科技为切入点，通过中国科技的发展，让学生体会到中国特色社会主义的发展变化，体会到社会主义制度的优越性。（2）让学生认识到中国科技如今的成就来之不易，任何成功都没有办法一蹴而就，学习要脚踏实地。（3）树立忧患意识，客观看待我国科技发展，即经过多年发展，我国科技水平已经有了质的提升，这一点要十分自信，但也要认识到，我国科技发展还存在很多不足和难点，这是未来要突破的重点，也是未来青年人要努力的方向。

参考文献

[1]《马克思主义政治经济学概论》编写组. 马克思主义政治经济学概论[M] 北京：人民出版社，2021.

[2] 温兴琦. 新中国成立70周年我国科技成果转化发展历程回顾与展望[J]. 经济界，2020（01）：69-80.

[3] 石琳娜，陈劲. 党的十八大以来中国科技事业取得的重要成就、经验与展望[J]. 创新科技，2022（10）：1-10.

[4] 朱新荣，赵田田. 中国共产党百年科技创新理论的发展历程与趋向

[J]．中学政治教学参考，2021（44）：15－18．

[5] 董志勇，李成明．党的百年科技创新理论探索历程、实践经验与新时代政策导向[J]．理论学刊，2022（05）：49－57．

[6] 陆成宽，操秀英，刘垠．以科技自立自强谱写中国式现代化新篇章——代表委员热议政府工作报告里的科技热词[N]．科技日报．2023－03－07（04）．

[7] 邓孟，李源．自力更生、自信自强，闯出中国特色飞天之路[J]．军事文摘，2023（09）：19－22．

案例二十七 一"绿"到底：首钢京唐公司的绿色发展实践

一、案例简介

中国经济依靠"要素投入驱动"经历了四十多年的高速增长，创造了世界经济增长史中的"中国奇迹"。然而高速增长的同时，生态恶化、环境污染等问题已成为不可忽略的事实，资源约束收紧与生态红线触底等问题已成为经济可持续发展的桎梏。正如习近平总书记所强调的那样，"工业化进程创造了前所未有的物质财富，但也产生了难以弥补的生态创伤"[①]。面临严峻的生态问题，党和国家采取了一系列方针政策，走出了一条从"潜在隐形化"的生态意识到"人与自然和谐共生"的生态文明逐渐确立的"中国特色"之路，全社会对生态文明建设的认识不断深化，生态文明理念逐步确立。1972年6月中国首次参加联合国人类环境会议，并向世界阐述了中国在维护和改善人类环境问题上的主张。1973年国务院召开新中国历史上第一次全国环境保护会议，将环境治理和保护工作纳入各级政府的职能范畴，出台了《关于保护和改善环境的若干规定》，成为新中国生态文明建设事业的第一个里程碑。中国特色社会主义进入新时代以来，党的十八届五中全会提出"绿色发展"理念，并把它作为指导中国未来经济社会发展的五大理念之一。党的十九大报告提出"推进绿色发展"；党的二十大报告提出"推动绿色发展，促进人与自然和谐共生"。

首钢京唐钢铁联合有限责任公司（以下简称"首钢京唐公司"）作为钢铁行业绿色发展的典范，于2005年注册成立，始终秉承"打造绿色钢铁，就是保生存促发展"的环保理念，它是中国第一个实施城市钢铁企业搬迁的大型钢铁企

---

① 习近平. 共谋绿色生活，共建美好家园[N]. 人民日报（第2版），2019-04-29.

业,也是首钢搬迁、钢铁工业调整及产业转型发展的重要载体。回望首钢京唐公司十多年的发展历程,总结它的绿色发展实践经验,可以帮助我们更好地认识当前和今后中国绿色发展的形势和应实施的对策。

(一) 将源头治理作为绿色发展的首要任务

首钢京唐公司具备低消耗、低排放、高效率等特征,综合运用了"三干"技术,海水淡化、水电联产、烟气脱硫脱硝等先进技术,充分循环利用余热、余压、余气、废水、固体废弃物,初步形成了"钢铁—电力""钢铁—化工""钢铁—海水利用""钢铁—建材""钢铁—污水"等5条综合利用产业链。由于新冠疫情导致的施工难问题,首钢京唐公司迎难而上,不仅克服了施工难问题,还完成了对煤料场、矿料场、球团料场所有剩余料条的封闭工程建设。牵头改造并升级了运输车辆洗车系统,研究其与料场门禁系统联网问题,成功实现了车辆清洗后即可通过门禁出厂的一体化管理功能。同时,针对堆取料机作业,首钢京唐公司组织研究了干雾抑尘应用系统,较好抑制了堆取料扬尘;完成对烧结、球团烟气脱硫脱硝的提标改造,将炼铁、炼钢等工序布袋除尘器全部更换为覆膜高效滤袋,建设焦炉煤气精脱硫设施,轧钢热处理炉采用精脱硫煤气和低氮燃烧技术,从源头上控制二氧化硫、氮氧化物的产生,污染物排放成功实现了从特别排放限值到超低排放的跨越。

(二) 强化过程管控,树立"绿色运输"理念

首钢京唐公司建立了以3座高炉为中心的清洁运输保产体系,注重运输结构调整、车辆整治、扬尘治理三个方面的实施工作。通过优化配置海、陆双向资源,首钢京唐公司构建了安全、便捷和高效的海铁多式联运"黄金通道",打通铁路进码头"最后一公里",推动成品码头与铁路"大动脉"的无缝衔接、高效互动,打造出一条从货源腹地到成品码头"门对门"的绿色通廊,确保清洁运输比例不低于80%。此外,首钢京唐公司加强散货抑尘专项治理,完成卸船机除尘改造,确保干散货实现喷雾抑尘环保作业,加强水渣堆场苫盖和细磨粉除尘打灰作业管理,并用无人机对水渣堆场现场苫盖情况进行实时监控,将清洁运输绿色防护网织遍运输"大动脉"的每个环节。

案例二十七 一"绿"到底：首钢京唐公司的绿色发展实践

（三）探索无组织管控新技术

针对无组织粉尘排放现状，首钢京唐公司建设了 40 套空气质量监测微站、300 套总悬浮颗粒物监测设备、16 套高清视频监测系统，开发应用集散控制智能系统，以实施精准监控主要环保设施运行、生产过程主要参数及污染物排放指标，建立了全厂无组织粉尘"管、控、治"智能一体化系统，构建起全厂环境监测、生产线产生的无组织粉尘监测及全厂无组织治理体系。

（四）建设花园式绿色工厂

首钢京唐公司切实开展土壤改良和环境治理，不断打造景观亮点和林荫带建设，促使绿色发展从绿化固沙跃升至景观提升阶段。2020 年以来，首钢京唐公司组织开展球团烧结、废资材、高炉、能环部等区域绿化、硬化修缮工作，修复绿化面积达 13314 平方米、便道面积 8088 平方米、路缘石 3500 延米、道路面积 10407 平方米。目前，首钢京唐公司可绿化率已达到 100%，厂区绿化覆盖率达到 41%。

二、思政元素挖掘

（一）优化资源配置，转变经济发展方式

随着中国经济进入以创新驱动为主要标志的新发展阶段，优化资源配置，转变经济发展模式不仅可以有效提高经济增长质量，也有利于鼓励企业完成转型升级，实现绿色发展。党的二十大报告提出，加快发展方式绿色转型，实施全面节约战略，发展绿色低碳产业，倡导绿色消费，推动形成绿色低碳的生产方式和生活方式。首钢京唐公司通过使用先进技术，使剩余材料得以充分循环利用，有利于资源的优化合理配置。另外，要转变经济发展方式，须确立技术创新在企业发展的核心地位，鼓励中小企业加大研发投入和人才储备，提高企业创新能力，并促进人才向企业流动，努力推动人口红利向人才红利转变。首钢京唐公司自创立以来，不断提升自身技术水平，研究攻破技术瓶颈，并且注重人才培养，逐渐吸纳优秀人才，为企业持续健康发展注入不竭动力。

(二) 统筹产业结构调整，推进绿色低碳发展

党的二十大报告明确提出推进美丽中国建设，坚持山、水、林、田、湖、草、沙一体化保护和系统治理，统筹产业结构调整、污染治理、生态保护、应对气候变化，协同推进降碳、减污、扩绿、增长，推进生态优先、节约集约、绿色低碳发展。从首钢京唐公司的整个发展历程来看，它从最初的工程建设到生产经营，一直所坚持的都是循环经济发展理念，在节能、减排、降耗上做"减法"，在管理、技术、市场上做"加法"，循环利用钢铁生产各个环节的余能，获得了巨大社会效益。同时，首钢京唐公司对操作系统进行改造升级，研究开发新型智能系统，对传统生产技术进行升级，有效实现了污染治理和生态保护。

(三) 推动绿色发展，促进人与自然和谐共生

绿色发展是以实现人类绿色资产不断增值、绿色福利不断提升为目标的可持续发展理念和人类行为模式，旨在突出经济社会与资源环境的协调发展和人的全面发展。马克思和恩格斯认为，"人靠自然界生活"①，人类在与自然的互动中生产、生活与发展，二者是不可分割的关系，只要有人的存在，自然史和人类史就会彼此相互制约。大自然作为人类赖以生存发展的基本条件，人类理应尊重自然、顺应自然、保护自然，这也是全面建设社会主义现代化国家的内在要求。近年来，党和国家强调必须牢固树立和践行绿水青山就是金山银山的理念，站在人与自然和谐共生的高度谋划发展。从首钢京唐公司绿色发展实践来看，企业践行绿色发展的举措有利于企业完成产业转型升级，最终促进企业可持续发展。同时，企业的绿色发展实践可以改善工业废气排放造成的环境污染问题，有利于促进人与自然和谐共生和建设"绿色中国"。

(四) 树立自主创新理念，加快技术装备升级

党的二十大明确提出，加快实施创新驱动发展战略，加快实现高水平科技自立自强，以国家战略需求为导向，集聚力量进行原创性引领性科技攻关，坚决打

---

① 中共中央马克思恩格斯列宁斯大林著作编译局. 马克思恩格斯全集（第42卷）[M]. 北京：人民出版社，1979：95.

赢关键核心技术攻坚战,加快实施一批具有战略性全局性前瞻性的国家重大科技项目,增强自主创新能力。首钢京唐公司完整、准确、全面贯彻新发展理念,大力打造产品、质量、成本、服务、技术等"五大优势",逐步做大做强钢铁主业,为整个钢铁行业实现创新发展和绿色发展贡献力量。十多年来,首钢京唐公司始终将节能减排放在企业发展的关键位置,不断加大对环保的投入力度,建成世界首例高效循环利用系统,构建起超低排放体系。除此之外,首钢京唐公司不断提高研发投入比重,探索一系列新技术,持续打造技术领先优势,积极引进国外先进技术和设备,促进技术设备优化升级,注重产品研发,推动产品结构向产业链、价值链中高端迈进。

三、案例使用说明

(一) 教学目标

1. 知识层面。(1) 理解绿色发展的内涵及其意义。(2) 掌握推进绿色发展必须坚持的基本原则。

2. 能力层面。引导学生系统地掌握绿色发展的内涵及对经济社会的影响,并结合案例,设置两个问题让学生讨论分析,通过讨论和总结,帮助学生学会观察分析经济现象,培养学生解决经济问题的能力。

3. 素质层面。理解绿色发展是新发展理念的重要组成部分,这一理念的提出,目的在于改变传统的"大量生产、大量消耗、大量排放"的生产模式和消费模式,使资源、生产、消费等要素相匹配相适应,实现经济社会发展和生态环境保护协调统一、人与自然和谐共处。理解新时代下坚持绿色发展的重大意义,拓宽学生学术视野。

(二) 启发性思考题

1. 分析绿色发展的形成背景以及经济社会影响。
2. 结合案例,讨论当前应该如何推动绿色发展?

参考答案如下:

1. 中国的改革开放过程实质上是逐渐引入市场经济的过程,随着市场经济的不断发展，中国经济社会总体上实现了持续快速发展。然而高速增长的同时，生态恶化、环境污染等问题已成为不可忽略的事实，资源约束收紧与生态红线触底等问题已成为经济可持续发展的桎梏。党的十八大以来，党中央、国务院提出了一系列关于生态文明的新理念、新论断及新思想，党的十八大报告提出了"五位一体"；后来又提出"协同推进工业化、城镇化、农业现代化、信息化和绿色化"，即"新五化"；党的十八届五中全会提出"绿色发展"理念。综合来看，这三个阶段可概括为从"五位一体"到"新五化"，再到"绿色发展"，这体现了认识和实践不断发展的过程。绿色发展的经济社会影响主要有：一是践行绿色发展理念，既有助于提升企业可持续经营能力，又能充分发挥生态环境保护对经济社会发展的优化调整作用，对实现高质量发展具有重要意义；二是绿色发展能够促使人们的消费大大增加，会在一定程度上改变人们的生活方式和消费模式，能够引导人们树立"文明、节约、绿色、低碳"的消费理念；三是绿色发展在促进经济社会发展的同时，能够带动新兴产业发展和传统产业绿色化转型，对冗余产能和技术落后的行业也产生一定的影响。

2. 党的二十大报告指出，推动绿色发展，促进人与自然和谐共生；要加快发展方式绿色转型，实施全面节约战略，发展绿色低碳产业，倡导绿色消费，推动形成绿色低碳的生产方式和生活方式。新时代新征程推进美丽中国建设，坚持山水林田湖草沙一体化保护和系统治理，统筹产业结构调整、污染治理、生态保护、应对气候变化，协同推进降碳、减污、扩绿、增长，推进生态优先、节约集约、绿色低碳发展。因此，新时代新征程推动绿色发展的主要着力点在于：一是坚持节约优先、保护优先、自然恢复为主；二是构建绿色低碳循环发展的经济体系；三是完善生态文明制度体系，提升生态环境治理效能；四是形成绿色生活方式，倡导推广绿色消费。

四、教学目标达成

通过理论学习和案例讨论，催化学生的发散性思维，加深了学生对理论的理解，同时提高了学生学以致用的能力，使其能够运用经济学的分析方法解释实际生活中的经济现象、解决实际问题。思政内容方面，本案例主要实现以下三点教学成效：首先，将马克思主义中关于人与自然的理论与中国特色社会主义生态文明建设思想高度紧密联系在一起，对"绿水青山就是金山银山""人与自然和谐共生"的生态文明理念有正确认识和价值认同。其次，世界各国在推动经济增长的同时也在努力防治环境污染,新时代新征程建设美丽中国,重点要推动形成绿色低碳的生产方式和生活方式,实现两大结构转变:一是推进产业结构优化升级,提升投入产出效率和降低能源资源消耗率,推行清洁生产和绿色消费;二是推动能源消费结构调整转变,控制化石能源消费总量,增加非化石能源消费比例。最后,希望通过本案例教学,使学生在学习《政治经济学》绿色发展相关知识点的同时,学会运用马克思主义的立场观点观察、分析、解决经济发展中的问题,提高分析问题和解决问题的能力。

参考文献

[1] 薛丁辉. 习近平绿色发展思想及其当代价值研究 [J]. 理论学刊, 2017 (01): 34-39.

[2] 马克思恩格斯文集(第1卷)[M]. 北京: 人民出版社, 2009.

[3] 崔红霞, 蒲龙. 绿色发展如何影响企业污染排放——以生态工业园区为例 [J]. 技术经济, 2022 (03): 81-90.

[4] 孙永强, 巫和懋. 当前转变经济发展方式的形势与对策 [J]. 高校理论战线, 2012 (09): 21-24.

[5] 卢风. 绿色发展与生态文明建设的关键和根本 [J]. 中国地质大学学报(社会科学版), 2017 (01): 1-9.

[6] 张世兴, 刘旭原, 殷伟. 绿色发展理念对可持续经营能力的影响研究 [J]. 山东社会科学, 2022 (12): 148-155.

案例二十八　古浪县八步沙林场：完美实现从荒漠到绿洲的蝶变

一、案例简介

近年来，甘肃省积极践行习近平总书记关于"绿水青山就是金山银山"的生态文明思想，打造了祁连山、八步沙等一批生态文明样本示范区。20世纪六七十年代的八步沙林场是一片寸草不生的荒漠，环境极为恶劣，黄沙漫地，是当地最大的风沙口。1981年，古浪县开始着力于治理荒漠化土地，郭朝明等6人（被称为"六老汉"）以联户承包的方式建立了八步沙林场。"六老汉"历经38年终于改变了"沙逼人退"的被动局面，实现了"人进沙退"的历史性转折，从而缓解了风沙对于居民日常生活的影响，而现今的八步沙林场已成为一片绿洲，林草丰茂。2019年8月21日，习近平总书记前往古浪县八步沙林场视察，亲自开沟压沙，强调要大力弘扬"六老汉"困难面前不低头、敢把沙漠变绿洲的奋斗精神，激励人们积极投身于生态文明建设，为建设美丽中国而努力奋斗。回首近四十年来的治沙历程，分析古浪县八步沙林场如何实现从荒漠到绿洲的蝶变，可以帮助我们更好地认识当前和今后生态文明建设和绿色发展的方向和路径。

（一）持续治沙，助推荒漠变绿洲

1981年"六老汉"组建了八步沙林场，开始对荒漠进行封沙造林治理。38年间，八步沙林场三代工人坚持不懈，持续治沙造林21.7万亩，管护封沙育林育草37.6万亩，建成了一条防风固沙绿色长廊，最终成功治理了7.5万亩荒漠，保护了近10万亩农田，八步沙变成了树木丛生的绿洲，沙区前沿林草植被从治

案例二十八 古浪县八步沙林场：完美实现从荒漠到绿洲的蝶变

理前的20%恢复到60%以上，古浪县森林覆盖率由2010年的9.6%提高至2018年的12.41%，很大程度上增加了森林生态服务功能价值。八步沙"六老汉"在风沙前沿成功建立了一条"绿色长城"，改写了从"沙逼人退"到"人进沙退"的历史局面，为筑牢西部生态安全屏障作出了突出贡献。

（二）巩固既有成效，建设绿色家园

治沙，是一场人与沙漠的较量，不但要有迎难而上的勇气，更要吃得下常人难以想象的苦，从最初的"一棵树、一把草"到"草方格+沙生苗木"，再到"固、管、护、养一体化"和"互联网+治沙"。一是合理实施生态移民工程。坚持把沙漠治理和生态移民、脱贫攻坚三者结合起来，通过移民安置的方式，让山区农民移居治沙沿线。2012年以来，古浪县针对南部高海拔山区就地脱贫难问题，大规模实施生态移民易地扶贫搬迁工程，沿八步沙林场治理的风沙线，先后建成了绿洲生态移民小城镇和移民安置点，搬迁安置群众6.24万人，让千家万户共享治沙成果。二是强化治沙队伍力量。大力弘扬八步沙"六老汉"精神，以增强群众治沙参与度，进一步加大治沙队伍。治沙团队大力开展农田林网和村庄绿化，有效扩大了生态治理成果，基本上控制了长约132公里的风沙线，使生态环境得到了明显好转，为人们的生存和发展奠定了良好的基础。

（三）发展特色产业，实现荒漠变金山

八步沙林场建立了"群众主动治沙—沙产业开发—收益用于治沙"的循环模式，特别是充分利用沙漠日光足、无污染的独特优势，培育出了一批高质量的有机果蔬，使沙漠价值最大地发挥出来，实现了沙漠区域的可持续发展，现阶段已不再单单是治沙，而是要实现在治沙中致富、在致富中治沙。一是尝试探索"互联网+防沙治沙"模式。通过引入社会资本，引进市场机制，众筹治沙造林，努力争取国际国内社会组织参与生态建设，实施了"小渊基金"造林绿化、"蚂蚁森林"、中国绿色碳汇基金会碳汇林等公益项目，重点发展以枸杞为主的经济林基地和梭梭接种肉苁蓉基地，大大提高了八步沙林场参与生态建设的市场竞争力。二是构建"公司+基地+农户"新模式。2009年古浪县八步沙绿化有限责任公司成立，建立了"按地入股、效益分红、规模化经营、产业化发展"的公司化林业产业经营机制，探索发展多种经营化模式，走出了一条"以农促林、以副养林、以林治沙、多业并举"的新路径，为发展壮大特色产业提供了有力支撑。

二、思政元素挖掘

(一) 坚持践行"绿水青山就是金山银山"的发展理念

绿水青山就是金山银山,深刻揭示了经济发展与生态环境保护之间的关系,阐明了保护生态环境就是保护生产力、改善生态环境就是发展生产力的辩证观点,明确指出了实现发展和保护协同共生的新路径。绿水青山不仅是自然、生态财富,还是社会、经济财富。保护生态环境既保护自然价值和增值自然资本,也是保护经济发展潜力和后劲,从而促使绿水青山充分发挥出生态效益和经济社会效益。要从根本上解决生态环境问题,必须把经济活动、人的行为限制在自然资源和生态环境能够承受的限度内,为自然生态休养生息提供一定的时间和空间。甘肃省古浪县八步沙人民自 1981 年来,从第一代治沙人植树造林、压沙防风,到第二代治沙人创新应用"网格状双眉式"沙障结构,实行造林管护网格化管理,再到第三代治沙人全面尝试"打草方格、细水滴灌、地膜覆盖"等新技术,八步沙林场的发展与变迁,始终坚持因地制宜、运用科学方法支撑绿色成长,始终着眼尊崇自然、构筑绿色发展的生态体系,真正做到了传承与创新并重、环境与效益兼得。八步沙林场"六老汉"三代人治沙造林为社会和人民带来了深厚福祉,充分发挥出愚公移山的精神,创造了将万亩荒漠变成绿洲的人间奇迹,以实际行动牢牢践行了习近平总书记提出的"绿水青山就是金山银山"理念,生动展示了科学防风治沙、绿色发展之路。

(二) 良好的生态环境是最普惠的民生福祉

生态环境关乎民生,与民生存在着密不可分的关系,因此保护生态环境即为改善民生。新时代新征程增进民生福祉,既要创造出更多的精神物质财富以满足人民日益增长的美好生活需要,又要提供更多高品质的生态产品以满足人民日益增长的优美生态环境需要。要实现这些目标,关键在于解决好生态破坏、环境污染等有害人民群众身体健康的问题,加快改善生态环境质量的步伐,提供更多高品质且价格实惠的生态产品,努力实现社会公平正义,不断满足人民日益增长的优美生态环境需要。从八步沙林场的整个治沙历程来看,从使用传统的植树造林方式防风固沙,到最后使用新的科学技术构建绿色发展生态体系;从防沙治沙、

案例二十八　古浪县八步沙林场：完美实现从荒漠到绿洲的蝶变

植树造林到培育沙产业、发展生态经济。不仅为当地人民带来了一片绿洲，还带来了广泛的经济收入来源。从前的八步沙风沙天气严重，对人们的生活造成了极大的影响。而现今，经过治沙人的多年不懈努力，成功实现了变废为宝，荒漠得到了有效治理，蝶变为广阔的绿洲。同时，当地居民因地制宜，结合沙场实际条件，大力发展特色产业，发展生态经济，以此充分享受了生态经济带来的红利；产业的发展也能够创造出更多的就业机会，这样有利于提高当地居民的收入，为民生带来了更普惠的福祉。

（三）践行绿色发展理念，需充分发挥人民群众的主体性作用

"志之难也，不在胜人，在自胜"。毛泽东同志作为党的第一代中央领导集体的核心始终认为，"人民，只有人民，才是创造历史发展的动力"[①]。新时代新征程推动绿色发展，必须坚持人民群众的主体性作用，不仅要推动生产方式实现绿色化转型，还要推动生活方式走向绿色发展，满足人民日益增长的美好生活需要，构成绿色发展的归宿，而广大人民对绿色生活的向往则是实现绿色发展的重要推动力。绿色发展理念需要每一个人都牢牢铭记于心，这就需要在全社会广泛倡导以节俭消费、文明消费等为主的绿色消费方式，实现生活方式绿色化。同时，还应积极建设绿色建筑，以此增强绿色环境对人们的影响力；加大绿色生活理念的宣传力度，从而促使全民牢固树立绿色生活意识。八步沙林场之所以能够实现治沙成功，是一代代治沙人坚持治理的结果，离不开每一个八步沙人的努力。

三、案例使用说明

（一）教学目标

1. 知识层面。（1）理解绿色发展的内涵及其意义。（2）了解"绿水青山就是金山银山"理论的重大意义。

2. 能力层面。引导学生系统地掌握绿色发展的内涵及对经济社会的影响，并结合案例，设置两个问题让学生讨论分析，培养学生观察分析经济现象、解决

---

① 毛泽东选集（第3卷）[M]．北京：人民出版社，1967：932．

经济问题的能力。

3. 素质层面。理解绿色发展是新发展理念的重要组成部分,实现经济社会发展和生态环境保护协调统一、人与自然和谐共处。理解新时代下坚持绿色发展的重大意义,养成关注国家新发展阶段的特征及其政策制定背景、政策效果的习惯,拓宽学生视野,增强社会责任感。

(二) 启发性思考题

1. 分析绿色发展具有怎样的世界性意义。
2. 结合案例,讨论政府、企业、个人在绿色发展中应该扮演怎样的角色?

参考答案如下:

1. 在建设"美丽中国"的同时,中国也不忘积极参与全球气候与环境治理,尽最大努力为"美丽世界"贡献了中国智慧和中国方案。其中,共建"一带一路"倡议的提出有效推动了共建国家的能源基础设施建设,为世界经济社会发展贡献了中国力量。中国的绿色发展实践,既是满足人民日益增长的美好生活需要的必然举措,同时也体现出中国主动应对全球气候与环境危机、维护全球生态安全、推动构建人类命运共同体的使命担当。

2. 绿色发展的成功实践不是靠某一主体就能实现的,而是需要通过政府、企业和个人三个主体的共同努力,构建多元主体参与的发展格局,但政府、企业、个人在绿色发展中扮演着不同的角色。就政府而言,中央政府与地方政府分别承担着不同的环境治理任务。中央政府一般主要负责制定环境治理的宏观政策和法律法规;地方政府则负责严格依照法律法规具体实施相应的工作。就企业而言,企业在保护环境方面承担着法律责任和道德责任。不仅要树立环保意识,不排放有害污染气体,还要发挥带头作用,运用先进技术实现产业结构优化升级,做到"节能减排""低碳环保",生产更多的绿色产品。就个人而言,需要牢牢树立绿色发展理念,在选择购买和使用商品时,能够自觉抵制对环境可持续发展有害的消费品和消费行为,自觉维护中华民族永续发展的长远利益。

四、教学目标达成

通过理论学习和案例讨论,催化学生的发散性思维,加深学生对理论的理

案例二十八 古浪县八步沙林场：完美实现从荒漠到绿洲的蝶变

解，同时提高了学生学以致用的能力，使其能够运用经济学的分析方法解释实际生活中的经济现象、解决实际问题。思政内容方面，本课程主要实现以下三点教学成效：首先，将马克思主义中关于人与自然的理论与中国特色社会主义生态文明建设思想高度紧密联系在一起，强化理论联系实际的意识。其次，新时代新征程实现绿色发展关键在于构建长久有效的体制机制和政策环境，转变传统的环境保护模式，促使法律、行政、经济、社会治理手段与科学技术紧密结合，从而推动绿色发展。最后，希望通过本案例教学，使学生在学习《政治经济学》绿色发展相关知识点的同时，学会运用马克思主义的立场观点观察、分析、解决经济发展中的问题，提高分析问题和解决问题的能力。

参考文献

[1] 晋王强，郝春旭，妙旭华，董战峰. 甘肃祁连山生态文明示范区建设路径研究 [J]. 环境保护，2019（14）：33-36.

[2] 晋王强，杨斌，刘鹏. 古浪县八步沙林场"两山"实践创新基地建设对策研究 [J]. 环境生态学，2021（05）：98-101.

[3] 许冬梅，梁开军，张兴林. 甘肃省古浪县八步沙林场践行"两山"理论的调查与思考 [J]. 环境保护，2019（21）：73-74.

[4] 强连红，贾东奇. 绿色发展理念的价值内涵与路径选择 [J]. 人民论坛，2017（01）：88-89.

[5] 袁倩. 绿色发展的理念与实践及其世界意义 [J]. 国外理论动态，2017（11）：23-24.

案例二十九 大山深处战贫困：甘肃东乡沟坎里蹚出幸福路

一、案例简介

甘肃省临夏回族自治州东乡族自治县（以下简称东乡县）是全国唯一以东乡族为主体的少数民族自治县，也是甘肃省58个集中连片特困片区县和23个深度贫困县之一，地处黄土高原和青藏高原过渡带，平均海拔2200多米，境内山大沟深，十年九旱，自然条件严酷，资源匮乏，经济社会发展严重滞后，属于"三区三州"深度贫困地区，堪称"贫中之贫，困中之困"。2017年甘肃省在东乡县确定深度贫困乡镇2个、贫困村159个，其中深度贫困村133个，东乡县也成为临夏州乃至甘肃省打赢脱贫攻坚战的重要聚焦点，有着"全国扶贫看甘肃，甘肃扶贫看临夏，临夏扶贫看东乡"的说法，可见东乡县贫困程度之深、脱贫攻坚难度之大。在党中央和各级政府的支持及地方人民的不懈努力下，2020年全县剩余2567户、12933名建档立卡贫困人口全部脱贫，剩余45个贫困村全部达到退出标准，东乡县全面摆脱绝对贫困。回顾脱贫攻坚的历程，总结脱贫攻坚的成功经验，有助于巩固拓展脱贫攻坚成果与乡村振兴有效衔接，有利于新时代新征程扎实推进乡村振兴，全面推进共同富裕。

（一）发展教育斩断贫困路

教育是阻断贫困代际传递的治本之策，扶贫先扶志，授人以鱼不如授人以渔。摆脱贫困不仅要摆脱物质贫困，也要摆脱思想和精神贫困，提升自我发展能力。在东乡县，人们对教育的重视程度不够，适龄入学儿童辍学现象频繁发生，受教育水平低、观念落后既是贫困的表象，也是贫困发生的重要原因。针对存在的教育问题，县委、县政府制定了一系列政策，把发展教育作为振兴东乡的治本之策，提升各级各类教育水平，提高东乡人口素质，为长远发展提供智力支撑。

义务教育方面，紧盯上学远、上学难、女童失辍学率高、巩固劝返难度大等重点难点问题，东乡县深入推进"教育立县"战略，制定出台了《关于加快东乡县教育教学提质发展的意见》《东乡县教育振兴三年行动指南（2020－2022年）》，创新性地提出了"腾笼换鸟"思路和东乡女童"希望工程"，新建改扩建学校，村村都有幼儿园、乡乡都有了寄宿制学校，义务教育巩固率从2014年的51.4%提高到2020年的96.2%。

职业教育方面，2019年6月，碧桂园集团经过调研考察后，决定捐资3亿元，在达板镇创办一所中职学校——临夏国强职业技术学校。由于家庭条件及其他各种原因导致东乡县每年初中应届毕业生中，40%左右都无法上高中，其中有需求上中职学校的学生较多，可截至2018年底，东乡县仅有一所县职业技术学校，还属于短期培训学校，每年只能招生130多人，临夏国强职业技术学校的创办给有需求上中职学校的学生带来了希望，填补了东乡县全日制职业学校的空白，东乡县职业教育水平不断提升。

同时，东乡县实施教育提质树优工程。依托中央民大附中、北师大附中、碧桂园博实乐教育集团等优质教育帮扶资源和州上的倾斜支持，通过联合办学、名师支教、资源共享等方式，加快示范学校建设，持续优化教育资源配置，全面提升教育教学质量。致力于办好教育，努力提升人们的受教育水平，助力脱贫攻坚。

（二）拔穷根：易地搬迁啃下硬骨头

东乡县总面积1510平方公里，耕地面积36.78万亩，其中山旱地占87.3%，森林覆盖率仅为2.6%，水土流失面积占县域面积的95.17%。东乡县境内群山起伏，沟壑纵横，自然环境恶劣，当地政府因地制宜积极开展易地扶贫搬迁，致力于改善移民的生活水平，摆脱贫困。自2016年国家新一轮易地扶贫搬迁启动实施以来，东乡县委、县政府按照国家发展改革委等五部委《"十三五"时期易地扶贫搬迁工作方案》和省委、省政府的统一安排部署，把易地扶贫搬迁作为精准扶贫、精准脱贫的重点任务来抓，以建档立卡贫困人口为重点，全力推进易地扶贫搬迁项目。将易地扶贫搬迁作为脱贫攻坚的"当头炮"，紧盯生存条件最恶劣的山区贫困村，进村入户广泛动员，精准识别对象。"十三五"期间，以集中安置为主、插花安置为辅，共投资16亿元、实施易地搬迁5255户28023人，组建四级攻坚队伍，采取优化施工程序、合理倒排工期、"三班倒"夜施工等措施，全面完成搬迁工程，安置住房建成率、入住率均达到100%，拆旧复垦率达到96%。另外，注重解决搬迁群众后续发展问题，建立户情台账和产业就业需求台账，采取"九个一批"扶持措施，确保每户搬迁户至少有2人就业。从山区搬到城市，从村民变成居民，随着易地搬迁的推进，困扰东乡农民多年的吃水、上学、就医等难题，迎刃而解。

（三）培植富民产业，筑牢发展根基

自2019年以来，东乡县坚持把产业扶贫作为稳定脱贫和乡村产业振兴的核心，着力培育养殖、劳务、餐饮三大主导产业，同步推动扶贫车间、光伏、电商、旅游、设施农业等"五小产业"，不断夯实群众稳定增收基础，探索走出一条"生态美、产业兴、百姓富"的脱贫攻坚路。立足不同区域自然禀赋和基础条件，调整优化思路，确定了"四带六片区"发展布局，通过完善产业扶贫奖补政策、引进龙头企业带动、建立合作社带贫机制等一系列扶持措施，着力构建多产发展、多元支撑的"3+N"产业体系，使产业发展的区域特色和互补性更加凸显。

养殖业方面，立足东乡县群众爱养殖、善经商、搞劳务的传统，养殖作为东乡县的传统优势产业，该县致力于做强养殖业，从顶层设计、品牌打造、链条延伸、扶持奖励、配套培训等方面入手，着力推动养殖向主导产业发展。坚持规模养殖与分散养殖相结合，通过实施暖棚圈舍、落实"155"产业奖补政策、建立市场交易体系、品牌化打造、扶持修建暖棚圈舍、扶持发展规模化养殖场等措施，推动养殖业提质增效，群众养殖积极性不断增强、养殖效益稳步提升。结合世界银行六期产业扶贫试点项目，积极探索发展模式，推广"合作社+农户"方式，不断扩大养殖规模，提升羊产业效益。全力打造提升"东乡手抓"羊肉和"东乡贡羊"品牌，配套实施牛羊活禽交易市场、屠宰冷链加工基地等项目，借助电商网络平台，推动东乡农副产品走出甘肃、走向全国。

特色种植业方面，特色种植试点推进。截至2020年，推广种植脱毒马铃薯25万亩、全膜玉米20万亩，试点种植金银花、藜麦、甜高粱、百合、当归、黄芪、高原夏菜等特色经济作物5万亩，那勒寺镇、高山乡、龙泉镇分别建成菌棒生产基地、黑木耳生产基地、香菇生产基地，形成示范带动、以点带面的发展格局，加快推动种植结构调整。"奋斗洋芋"打出了东乡人苦干奋斗致富的品牌，金银花成为东乡人赞不绝口的"金花银花"，经济效益明显，种植前景广阔，群

案例二十九　大山深处战贫困：甘肃东乡沟坎里蹚出幸福路

众种植愿望非常强烈，农民的腰包逐渐鼓了起来。同时，紧紧围绕"东乡手抓、花椒、大结杏、油炸食品、洋芋"等特色农产品，充分发挥绿色、环保、无污染等优势特点，注重品牌效益，积极引进省内外网络销售平台，通过中石化公司定点收购、京东商城网上众筹活动、阿里巴巴阿里拍卖平台，拓宽了农副产品外销渠道，开启了电商扶贫工程。

餐饮业方面，餐饮产业扩面增效，制定了《关于大力推进东乡美食餐饮业发展的意见》和《东乡县美食餐饮业金融扶持实施细则》，为在外地新开办的餐饮店落实5万~15万元贴息贷款等政策扶持，推动餐饮业规模化、连锁式发展，全县餐饮实体店达到3400家以上，带动就业30000人以上。

劳务输转方面，东乡县发挥国强职业技术学校、县职校两个培训阵地作用，结合餐饮、建筑、种植养殖、手工产品加工等产业需求，建立健全全覆盖、精准化的职业技能培训信息库，提高职业教育和农民职业技能培训的针对性、实效性。通过"外送""内输"相结合，打造"求职有门、就业有路、困难有助"全程化、一站式劳务输转新模式，大力实施一体化培训就业工程，加大订单培训和组织输转力度，力争有意愿的劳动力全覆盖培训、有劳动力家庭至少稳定输出1人。另外，坚持内挖外联，统筹县内和县外劳动力市场，紧盯建档立卡贫困户和零就业家庭，通过联户干部入户动员、企业现场招聘、"122"奖补带动、发挥劳务中介机构作用等方式，加大组织输转、订单输转力度，确保应输尽输。增加脱贫群体的就业机会，助力乡村振兴。

乡村振兴帮扶车间方面，帮扶车间规范提升。在脱贫攻坚期，东乡县大力推广扶贫车间，制定了《东乡县扶持发展"扶贫车间"优惠政策》，方大集团、碧桂园集团、恒大集团、前进牧业等一批民营企业，积极响应党的号召，主动履行社会责任，助力东乡打赢脱贫攻坚战。方大集团投资5.5亿元，实施产业帮扶项目27个，盘活运行扶贫车间31个，创造了9700多个就业岗位，实现了7500多人就业；碧桂园投资4亿多元，援建龙泉学校、国强职业技术学校，举办刺绣培训，开展消费扶贫等。东乡县将兴办扶贫车间作为发展产业、摆脱贫困的重要途径和承接产业转移、稳定易地搬迁、推动就业创业、深化扶贫开发的有效举措，定下了村集体经济发展的"主基调"，60家扶贫车间分布在24个乡镇中，涉及食品加工、日常用品、金属制品、工艺品等产业，通过"公司+扶贫车间+农户"的模式，把扶贫车间开设在村中，满足当地居民在家门口或附近就业的最大愿望，贫困妇女实现家门口就业，使贫困所扰的群众通过自己勤劳的双手脱贫致富。为全面推进乡村振兴奠定了基础。

(四) 因地制宜战贫困：以东乡县布楞沟村为例

2013年2月3日，习近平总书记来到东乡族自治县入工地、进农家、听民意、察民情。距离东乡县城近50公里的高山乡布楞沟村，地处两山之间的沟壑里，山大沟深，自然条件严酷，群众生活困难，全村68户345人，2012年人均纯收入只有1624.1元，贫困面高达96%，是东乡族自治县最贫困、最干旱的山村之一。2013年以前，布楞沟村饱受吃水难、行路难、上学难、看病难、住房难、增收难这"六大难"的困扰，而吃水难居其首。习近平总书记十分惦记这里的贫困群众，进村入户嘘寒问暖，在察看了村里的集雨水窖后，要求当地政府抓紧解决好村民饮水困难，"要把水引来，把路修通，把新农村建设好"①。在党中央的亲切关怀和省委、省政府的大力支持下，经过州县两级的不懈努力，移民搬迁、整村推进、规模养殖、产业扶贫、道路建设、自来水入户等多措并举，2014年布楞沟在东乡偏远特困村中率先实现了脱贫。

二、思政元素发掘

（一）脱贫攻坚集中彰显了共产党人的初心使命

中国共产党自成立以来，就把为中国人民谋幸福、为中华民族谋复兴作为自己的初心使命，始终把人民对美好生活的向往作为奋斗目标，这是为中国人民谋幸福的使命担当。百年来中国共产党立志于实现中华民族伟大复兴的中国梦，把促进全体人民共同富裕作为践行初心使命的着力点，在领导全国人民全面打赢脱贫攻坚战的历史进程中牢牢坚守为中国人民谋幸福、为中华民族谋复兴的初心使命。中国共产党坚持全心全意为人民服务的根本宗旨，始终坚持"以人为本"，真正做到"发展为了人民、发展依靠人民、发展成果由人民共享"②，始终坚持增进民生福祉，提高人民生活品质，这是党的初心使命的具体体现。

中国共产党百年奋斗的历史就是践行初心使命的历史，在革命、建设和改革

---

① 通水通路、整村脱贫 布楞沟这三年（打好脱贫攻坚战）[EB/OL]. 人民网, http://politics.people.com.cn/n1/2016/0502/c1001-28317940.html, 2024-08-23.

② 习近平. 高举中国特色社会主义伟大旗帜 为全面建设社会主义现代化国家而团结奋斗[N]. 人民日报（第1版），2022-10-26.

开放的伟大实践中,初心使命始终是贯穿党的百年奋斗的主题。脱贫攻坚既反映了贫困群众的殷切期盼和对美好生活的向往,也是全面建成小康社会、实现中华民族伟大复兴中国梦的必经之路,是守初心、担使命的最直接体现。凭借守初心担使命这强大的信念力量,中国共产党克服重重困难,带领全国人民打赢脱贫攻坚战,全面摆脱绝对贫困,实现了全面建成小康社会的宏伟目标,迈向了2035年基本实现社会主义现代化的新发展阶段。人民的获得感、幸福感、安全感不断提升,生活水平显著提高。

(二)中国特色社会主义制度优势是全面打赢脱贫攻坚战的有利条件

中国特色社会主义制度具有非凡的组织动员能力、统筹协调能力、贯彻执行能力,能够充分发挥集中力量办大事、办难事、办急事的独特优势。党的十八大以来,以习近平同志为核心的党中央高度重视脱贫攻坚工作,将新时代脱贫攻坚作为最大的民生工程。习近平总书记围绕为什么脱贫、怎样脱贫等重大理论和实践问题,结合中国经济社会发展实际提出了"精准脱贫、精准扶贫"的减贫方略,回答了"扶持谁、谁来扶、怎么扶、如何退"等基本问题,为决胜脱贫攻坚战提供了基本遵循。2020年历史性消除绝对贫困,全面建成小康社会是坚持党的集中统一领导,集中力量办大事,坚持以人民为中心,保障和改善民生,促进社会公平正义的中国特色社会主义制度优势的充分彰显,为世界减贫事业贡献了中国智慧和中国方案。改革开放以来,中国共产党始终坚持"脱贫奔小康"的奋斗目标,一代一代接续奋斗,充分彰显了中国共产党领导的"接力办大事"的优势,即在党的领导下脱贫攻坚的提出、部署、实施具有统一性,党的领导有助于坚持全国"一盘棋"、保持战略定力。因此,党的领导是中国特色社会主义制度的独特优势,同样也是决战决胜脱贫攻坚的根本优势。

(三)全面建成小康社会的底线任务:消除绝对贫困

党的十八大以来,以习近平同志为核心的党中央始终坚持以人民为中心的发展思想,始终把改善人民生活、增进人民福祉作为党和政府工作的出发点和落脚点,始终坚持在高质量发展中保障和改善民生,不断解决关系人民切身利益的突出问题,把贫困人口脱贫作为全面建成小康社会的底线任务,明确到2020年现行标准下农村贫困人口全部脱贫。习近平总书记站在全面建成小康社会、实现中华民族伟大复兴中国梦的战略高度，把脱贫工作摆在治国理政突出位置，提出一系列新思想新理念新观点，作出一系列新决策新部署，组织实施了人类历史上规模空前、力度最大、惠及人口最多的脱贫攻坚战，经过长期努力，中国成功走出了一条中国特色脱贫开发道路，脱贫开发取得了伟大成就，2020年中国历史性解决绝对贫困问题，对世界减贫事业作出历史性贡献，书写了人类发展史上"最成功的脱贫故事"。贫困地区农村居民人均可支配收入从2013年的6079元增加到2020年的12588元，实现"倍增"，从收入结构来看转移性收入占比逐渐下降，工资性收入和经营性收入占比逐年上升，表明贫困地区农村居民的内生发展能力稳步提高。贫困群众"两不愁"质量水平明显提升，"三保障"突出问题基本解决，集中彰显了社会主义制度的本质要求和以人民为中心的发展立场。习近平总书记在党的二十大报告中指出，必须坚持在发展中保障和改善民生，鼓励共同奋斗创造美好生活，不断实现人民对美好生活的向往。

（四）共同富裕道路上一个也不能少

"消除贫困，改善民生，逐步实现共同富裕"是中国共产党一直信守的重要使命，也是中国特色社会主义的本质要求。实现共同富裕是社会主义的本质要求，是中国人民长久以来的共同期盼，全体人民共同富裕不是少数人的富裕，是涵盖全体社会成员的全民富裕。2017年10月25日，习近平总书记在十九届中共中央政治局常委同中外记者见面会上指出，共同富裕路上，一个也不能掉队，新时代的共同富裕不是一部分人，更不是少部分人的富裕，是涵盖全体社会成员的全民富裕。随着脱贫攻坚战取得全面胜利，我国全面建成小康社会，迈向2035年基本实现社会主义现代化的新发展阶段，这为新发展阶段推动共同富裕奠定了坚实的基础。但是，正如习近平总书记所强调，"脱贫摘帽不是终点，而是新生活、新奋斗的起点"①，实现全体人民共同富裕任重而道远。促进全体人民共同富裕，就是要提高发展的包容性，促进社会公平正义，使不同人群都能够通过辛勤劳动走上致富之路。新时代新征程上，增进民生福祉，提高人民生活品质，切实推动共同富裕取得实质性进展，需要从物质生活、精神文化、法治建设、国家安全等多个层面来把握共同富裕的科学内涵，扎实推进共同富裕。

---

① 习近平. 在全国脱贫攻坚总结表彰大会上的讲话[N]. 人民日报（第2版），2021-02-26.

案例二十九　大山深处战贫困：甘肃东乡沟坡里蹚出幸福路

三、案例使用说明

（一）教学目标

1. 知识层面。（1）理解保障和改善民生的内涵及其特点。（2）掌握保障和改善民生的重大意义及其具体措施。

2. 能力层面。引导学生系统地掌握保障和改善民生的内涵及其特点，并结合案例，设置问题让学生讨论分析，通过讨论和总结，帮助学生学会观察分析经济现象，培养学生解决经济问题的能力。

3. 素质层面。理解保障和改善民生是经济发展的客观需要，是国家应承担的义务，是促进人的全面发展的必然选择及促进经济发展的动力保证。理解新时代保障和改善民生的特征，养成关注国家宏观经济及其政策制定背景、政策效果的习惯。拓宽学生视野，增强社会责任感。

（二）启发性思考题

1. 如何坚持以人民为中心，提高保障和改善民生水平？
2. 结合案例，分析中国共产党领导百年减贫的历史方位和理论贡献。

参考答案如下：

1. （1）实施更加积极的就业政策，坚持把富民作为聚力点，大力拓展增收渠道；（2）深化收入分配制度改革，实现居民收入增长和经济增长同步、劳动报酬增长和劳动生产率提高同步；（3）规范收入分配秩序，保护合法收入，增加低收入者收入，扩大中等收入者比重，努力缩小城乡、区域、行业收入分配差距；（4）建立健全更加公平、更可持续的社会保障制度，完善社会保障待遇正常调整机制，持续提升社会保障水平；（5）构建新型社会救助体系，提高社会福利水平，进一步提升服务民生水平；（6）持续推动脱贫攻坚与乡村振兴有效衔接。

2. 百年来中国经济社会发展的历史成就充分证明，"做好中国的事情，关键在党"。中国共产党百年减贫的历史方位，即新民主主义革命时期为减贫创造根本社会条件，社会主义革命和建设时期为减贫创造根本政治前提和制度基础，改革开放和社会主义现代化建设新时期为减贫夯实体制保证和物质基础，中国特色社会主义新时代带领全国人民完成了消除绝对贫困的历史任务，推动减贫进入相对贫困治理新阶段。中国共产党百年减贫的理论贡献可概括为坚持实现共同富裕的初心使命论、坚持以人民为中心的发展立场论、坚持以发展促减贫的物质基础论、坚持精准扶贫方略的方法遵循论、坚持集中力量办大事的政治优势论、坚持贫困群众为主体的内生动力论、坚持求真务实真扶贫的历史检验论等"七论"，形成系统完备的中国特色社会主义反贫困理论体系。

四、教学目标达成

通过理论学习和案例讨论，催化学生的发散性思维，加深了学生对理论的理解，同时提高了学生学以致用的能力，使其能够运用经济学的分析方法解释实际生活中的经济现象、解决实际问题。思政内容方面，本案例内容主要体现以下两点教学成效：首先，理论知识与现实案例结合在一起，有利于更深层次地理解国家政策及中国特色社会主义经济制度，强化制度自信和理论自信。其次，通过本案例教学，使学生在学习《政治经济学》保障和改善民生相关知识点的同时，学会运用马克思主义的立场观点观察、分析、解决经济发展中的问题，提高分析问题和解决问题的能力。

参考文献

[1] 中共中央文献研究室. 习近平关于社会主义社会建设论述摘编 [M]. 北京：中央文献出版社，2017.

[2] 高莉，王京鑫，牛乐. 乡村振兴背景下的妇女手工艺生产——临夏州东乡县刺绣扶贫车间调查研究 [J]. 青海民族大学学报（社会科学版），2022 (01)：51-57.

[3] 马仲荣. 民族地区脱贫攻坚与乡村振兴有效衔接的地方性实践——以东乡县布楞沟村为例 [J]. 西北民族研究，2022 (01)：130-138.

[4] 习近平. 在庆祝中国共产党成立100周年大会上的讲话 [M]. 北京：人民出版社，2021.

[5] 中国共产党章程 [M]. 北京：人民出版社，2007.

[6] 项久雨，舒靖钧. 中国共产党初心使命制度化的三维探源 [J]. 云南民族大学学报（哲学社会科学版），2023 (01)：5-15.

[7] 刘晨光. 社会主义制度在中国的成功实践——关于中国特色社会主义制度优势的几点认识 [J]. 毛泽东邓小平理论研究, 2021 (06): 80-90, 108.

[8] 陈锡喜. 决战决胜脱贫攻坚蕴含的制度优势及人类共同价值 [J]. 思想理论教育导刊, 2021 (01): 36-41.

[9] 张占斌. 中国减贫的历史性成就及其世界影响 [J]. 马克思主义研究, 2020 (12): 5-14, 163.

[10] 中华人民共和国国务院新闻办公室. 人类减贫的中国实践 [N]. 人民日报, 2021-04-07 (009).

[11] 习近平谈治国理政（第三卷）[M]. 北京: 外文出版社, 2020.

[12] 邹新月. 共同富裕的科学内涵与实现路径 [J]. 人民论坛, 2022 (22): 78-79.

[13] 邓金钱. 中国共产党百年减贫的历史方位与理论贡献 [J]. 上海经济研究, 2022 (07): 50-59.

案例三十　用更好的教育托起梦想之翼

一、案例简介

教育是民族振兴、社会进步的重要基石，教育攸关未来，关系民生，是一个国家的灵魂。党的十八大以来，习近平总书记多次强调中国共产党"立志于中华民族千秋伟业"[①]"千秋基业，人才为本""教育是民族振兴、社会进步的重要基石"[②]，同时还强调教育是"功在当代、利在千秋的德政工程"。民生无小事，枝叶总关情。教育作为民生之基，是最大的民生工程之一，新时代新征程要优先发展教育事业，努力办好人民满意的教育。为此，党和国家相继出台一系列教育发展政策，不断完善教育的顶层设计，旨在增加教育机会、促进教育公平、提高教育质量、拓展教育选择、扩大教育开放，进一步增强了人民群众的获得感、幸福感。系统梳理有关促进教育发展的政策及取得的成就，可以帮助我们更好地认识当前和今后我国教育发展的形势，有利于更加有效地保障和改善民生。

（一）学前教育普及普惠安全优质发展

人生百年，立于幼学。办好学前教育，实现幼有所育，是党和政府做出的庄严承诺，对推进社会公平，提升国民素质，建设人力资源强国具有重要意义。党的十八大以来，以习近平同志为核心的党中央高度重视学前教育，2018年11月印发了《中共中央　国务院关于学前教育深化改革规范发展的若干意见》，对学

[①] 习近平. 高举中国特色社会主义伟大旗帜　为全面建设社会主义现代化国家而团结奋斗[N]. 人民日报（第1版），2022-10-26.

[②] 习近平出席全国教育大会并发表重要讲话[EB/OL]. 新华社，https：//www.gov.cn/xinwen/2018-09/10/content_5320835.htm，2024-08-23.

前教育改革发展做出顶层设计和系统部署，明确了坚持公益普惠的基本方向，各地连续十年实施学前教育行动计划，顺利实现普及普惠目标，有效破解"入园难""入园贵"难题。从 2022 年教育部召开的"教育这十年"系列发布会中了解到，2021 年全国幼儿园总数已达 29.5 万所，在园幼儿达到 4805.2 万人，比 2011 年分别增长 76.8% 和 40.3%，全国学前三年毛入园率达到 88.1%，比 2011 年增加 25.8 个百分点。十年间，中西部地区和农村地区学前教育发展尤为迅速，农村的适龄幼儿与城市孩子享有同样的学前教育机会，十年间毛入园率增长幅度超过 30% 的 13 个省份都集中在中西部地区，"三区三州"等原深度贫困地区入园率显著提高，比如甘肃临夏州从 15.8% 增长到 95.5%，云南怒江州从 25.6% 增长到 90.01%，学前教育在区域、城乡层面的差距明显缩小。我国学前教育取得跨越式发展，普及水平位居世界中上行列，广大适龄幼儿能够享有公平接受学前教育的机会。

（二）义务教育控辍保学，一个也不能少

习近平总书记强调，"义务教育是国民教育的重中之重"①。国家坚持优先发展义务教育，经济社会发展规划、财政资金投入、公共资源配置等都优先保障义务教育，义务教育的实施更好保障了人民受教育机会，有效缓解了群众急难愁盼问题。现阶段我国实行九年制义务教育，不断做好普惠性、基础性、兜底性民生建设，大大提升了国民素质，增强了国家竞争力。党的十八大以来，义务教育改革发展取得了重大成就，义务教育阶段现有 20.7 万所学校、1.58 亿名学生、1057 万名教师。2012~2021 年，我国义务教育在实现全面普及的基础上，仅用 10 年左右时间就实现了县域基本均衡发展，成为我国义务教育发展史上又一个新的里程碑。教育投入十年增加 3 万亿元，一半以上用于义务教育，义务教育阶段建档立卡脱贫家庭学生辍学实现动态清零，特别是"三区三州"等原深度贫困地区以前所未有力度狠抓控辍保学，如四川凉山州劝返了 6 万余名辍学学生，确保一个都不能少，历史性解决了长期存在的辍学问题，为全面建成小康社会作出重要贡献。我国 2895 个县全部实现义务教育基本均衡，99.8% 的中小学校办学条件达到"20 条"底线要求，学校面貌有了根本改观，形成城乡义务教育均衡发展、一体化发展新局面。

---

① 习近平主持召开中央全面深化改革委员会第十九次会议［EB/OL］. 新华网，http：//www.xinhuanet.com/politics/leaders/2021-05/21/c_1127476498.htm，2024-08-23.

(三) 乡村教师支持政策

2020年全面建成小康社会、基本实现教育现代化，薄弱环节和短板在乡村，在中西部老少边穷岛等边远贫困地区。发展乡村教育，帮助乡村孩子学习成才，阻止贫困代际传递，是功在当代、利在千秋的大事。发展乡村教育，教师是关键，乡村教师是发展更加公平、更有质量乡村教育的基础支撑，是推进乡村教育振兴的第一资源和核心力量，必须把乡村教师队伍建设摆在优先发展的战略地位。随着"乡村教师支持计划""强师计划""优师计划"等一系列政策的颁布实施，乡村教师待遇不断提高，工作和生活条件大幅改善，数量缺口逐步补齐，有了更多专业成长的机会，乡村教师流失问题得到有效缓解，甚至在很多地方出现了城镇教师向乡村回流的局面，乡村教育和教师发展政策有了新机遇。近年来，乡村教师队伍面貌发生了巨大变化，乡村教育质量得到了显著提高，广大乡村教师为中国乡村教育发展作出了历史性贡献。

(四) 学生营养改善计划

学生的营养状况关系其一生的健康，也关系到国家未来的经济发展和社会进步。2011年11月国务院办公厅印发《关于实施农村义务教育学生营养改善计划的意见》，启动实施农村义务教育学生营养改善计划，旨在切实改善农村学生营养状况，提高农村学生健康水平。营养改善计划每年惠及3700万名农村学生，受益学生的体质健康合格率从2012年的70.3%提高至2021年的86.7%，2020年农村15岁男生、女生平均身高分别比2012年高出近10厘米和8厘米。营养改善计划的实施为促进教育公平、决胜脱贫攻坚、实施乡村振兴战略注入了强劲动力，为提高民族素质、建设教育强国和健康中国奠定了坚实基础。营养改善计划的实施，有利于在发展中补齐民生短板、解决教育发展不平衡不充分问题，促进社会公平正义。

(五) 高等教育的大众化以及普及化

根据美国教育专家马丁·特罗的定义，高等教育的毛入学率在15%以下为精英教育，15%~50%则进入大众化阶段；超过50%，高等教育就进入普及化阶段。中国高等教育的毛入学率在1949年只有0.26%，在校的大学生只有11.7

万人；1965 年上升到 1.96%，在校大学生 109.5 万人。1978 年高等教育毛入学率上升到 2.7%，在读学生 228 万人，直到 1990 年，高等教育毛入学率仅为 3.4%。在这个时候，能够上大学可谓"凤毛麟角"，大量年轻人上大学的"梦想"是不能实现的，能上大学的可以说都是社会的"幸运儿"。2002 年经过大学的扩招，中国高等教育的毛入学率达到 15%，进入大众化阶段。2018 年毛入学率达到 48.1%，到 2020 年达到 54.4%，进入到高等教育的普及化阶段。高等教育的普及使得更多的年轻人可以通过上大学实现自己的"梦想"，改变自己的命运。

二、思政元素发掘

（一）推动教育公平，让每个孩子公平享有高质量的教育

"努力让每个孩子都能享有公平而有质量的教育"，是党的十九大报告中作出的庄严承诺。党的二十大报告进一步提出，要办好人民满意的教育，全面贯彻党的教育方针，落实立德树人根本任务，培养德智体美劳全面发展的社会主义建设者和接班人，加快建设高质量教育体系，发展素质教育，促进教育公平。习近平总书记指出，教育公平是社会公平的重要基础，要不断促进教育发展成果更多更公平惠及全体人民，以教育公平促进社会公平正义。教育公平是社会公平的重要基础，也是机会公平的重要体现，虽然近年来国家持续加大对教育领域的投入，但教育领域的不公平现象仍然突出。党的十八大以来，在以习近平同志为核心的党中央坚强领导下，我国着力促进教育公平，提升教育质量，加快推进教育现代化、建设教育强国、办好人民满意的教育，教育的中国特色更加鲜明，教育面貌正在发生格局性变化。全面建成小康社会后，我国经济社会发展进入新阶段，社会主要矛盾发生新变化，受教育机会得到充分保障，解决了"有没有"的问题后，人民群众对公平优质教育的需求日益强烈，对教育"好不好"的关注更加迫切。因此，要顺应时代变化深刻理解人民对美好生活的向往的内涵边界，着力解决好人民最关心最直接最现实的利益问题，补短板、强弱项，构建高质量教育体系，努力提供更加公平、优质、包容的教育，让每个孩子公平享有受教育的机会，为促进人的全面发展和全体人民共同富裕作出新的更大贡献。

（二）以人民为中心，有效推动教育优先优质发展

教育是国之大计、党之大计，事关民生福祉，事关国家民族的未来。建设教育强国，是党的二十大作出的重大战略部署，是全面建设社会主义现代化国家的重要基础工程。在实现第二个百年奋斗目标的新征程上，必须始终坚持人民至上，着力解决教育领域发展不平衡不充分问题，加快建设高质量教育体系，坚持教育优先发展，让广大人民群众共享教育改革发展成果。依靠人民发展教育是以人民为中心发展教育的力量源泉和思想宗旨，中国共产党办好教育的主体逻辑理路和思想遵循是在坚持群众路线中去依靠人民发展教育，把促进人的全面发展作为出发点和落脚点，全面贯彻党的教育方针，落实立德树人根本任务。

努力发展高质量教育，解决人民群众急难愁盼问题、提升服务经济社会发展能力，深深扎根人民、紧紧依靠人民，为教育改革发展汇聚强大力量。现阶段科技革命和产业变革加速演进，教育事业发展的内外部环境发生深刻变化。教育发展区域不平衡现象是目前制约我国教育发展现代化、危及社会公平正义的重要问题，在不施加政策干预的情况下，改善教育发展区域不平衡现象可能需要较长时间，甚至还会使得部分地区落入"教育洼地"。鉴于此，要将人民满意作为教育发展的出发点和落脚点，引领教育改革更加深化、教育公平和质量不断提升，持续推进基础教育优质均衡发展、高等教育内涵式发展，以教育高质量发展更好服务经济社会高质量发展。

（三）促进教育城乡统筹，实现教育优质均衡发展

党的十八大以来，以习近平同志为核心的党中央始终把教育摆在优先发展的战略位置，国家财政性教育经费占国内生产总值比重连续保持在4%以上，优先向薄弱地区、薄弱学校、薄弱环节倾斜，尤其向农村地区、边疆民族地区、革命老区、边远贫困地区教育发展倾斜，城乡义务教育一体化稳步推进，以缩小优质教育资源在城乡、区域、校际、群体间的差距，全面推动基础教育协调发展；高校招生持续向中西部和农村地区倾斜，学生资助制度不断健全。由于我国仍面临着经济社会发展不平衡不充分、城乡二元结构矛盾突出等问题，城乡之间、地区之间、学校之间的差距依然存在，义务教育均衡发展成为教育发展中受到高度关注的问题。新发展阶段，我国教育事业发展要着力解决自身发展不协调不平衡的问题，通过创新制度安排，优化教育资源配置，缩小教育发展差距，努力办好公

平而有质量的教育，实现教育的协调发展和均衡发展。以更加公平与更高质量的义务教育优质均衡发展目标为导向，融合参与主体和外部要素的价值诉求，提高义务教育优质均衡发展的整体治理能力与水平。着眼优质均衡，在改革创新中提质扩容，加速推动优质教育资源有序合理流动，加快构建以城带乡、整体推进、城乡一体、均衡发展的教育发展机制，实现教育优质均衡发展。

三、案例使用说明

（一）教学目标

1. 知识层面。（1）理解"努力办好人民满意的教育"的时代意义。（2）了解新时代保障和改善民生的重点任务。

2. 能力层面。引导学生系统地掌握保障和改善民生的重点任务，并结合具体案例，对保障和改善民生的重点任务深入了解，通过设置相关问题让学生讨论分析，做到理论与实际相联系，帮助学生观察分析经济现象，培养学生解决经济问题的能力，提高政治素养。

3. 素质层面。通过案例学习理解教育是保障和改善民生的重点任务之一，教育是民生之基，建设高质量的教育体系至关重要，要尽力而为，量力而行。理解新时代保障和改善民生的重点任务，养成关注国家政策的习惯，拓宽学生视野，增强社会责任感。

（二）启发性思考题

1. 为什么说教育是民生之基？
2. 如何理解优先发展教育事业是建设社会主义现代化国家的必然要求？

参考答案如下：

1. 百年大计，教育为本。教育事关民生福祉，事关国家民族的未来。（1）教育是重要民生，无论是入园、入学，还是升学、就业，都是关系千家万户切身利益的大事。（2）发展教育是现代民生工程必不可少的一部分。教育的发展有利于社会的稳定，有了社会稳定，经济、政治、文化才能更好地向前发展，国家才能长治久安。(3) 教育的功能除了促进个体发展外，还有影响社会发展和经济发展的功能，发展教育可以为持续稳定的经济发展提供良好的环境。所以说教育是民生之基，要将教育摆在优先发展的战略位置，深化教育改革，加快教育现代化，办好人民满意的教育，实现教育高质量发展。

2. 教育兴则国家兴，教育强则国家强。开启全面建设社会主义现代化国家新征程，必须优先发展教育，把教育事业放在优先位置，深化教育改革。(1) 教育是提高人民综合素质、促进人的全面发展的重要途径，是民族振兴、社会进步的重要基石。(2) 当今世界的综合国力竞争，说到底是人才竞争，人才越来越成为推动经济社会发展的战略性资源，教育的基础性、先导性、全局性地位和作用更加凸显，源源不断的人才资源是一个国家在激烈国际竞争中的重要潜在力量和后发优势。(3) 建设社会主义现代化国家的过程中优先发展教育必不可少，从世界历史发展看，教育强则国家强、民族兴；反之则会造成国家贫弱、民族衰朽。在今日之世界，没有哪一项事业能够像教育这样，影响甚至决定着一个民族的兴衰。(4) 要充分把握教育作为全面建设社会主义现代化国家重要支撑和基础工程的特殊意义、特殊价值、特殊战略，提升教育在加快构建新发展格局、推动高质量发展中的支撑力、贡献力。

四、教学目标达成

通过理论学习和案例讨论，催化学生的发散性思维，加深了学生对理论的理解，同时提高了学生学以致用的能力，使其能够运用经济学的分析方法解释实际生活中的经济现象、解决实际问题。思政内容方面，本课程主要实现以下三点教学成效：(1) 将理论知识与现实问题联系在一起，有利于更加深入了解保障和改善民生的重点任务，全面理解"以人民为中心"的发展立场。(2) 使学生更加清晰地认识到保障和改善民生没有终点，只有新的起点；保障和改善民生要抓住人民最关心最直接最现实的利益问题，统筹做好教育、就业、收入分配、社会保障、医疗卫生等方面工作，让群众看到变化、得到实惠。(3) 通过对案例的学习及拓展使学生在学习《政治经济学》保障和改善民生相关知识点的同时，学会运用马克思主义的立场观点观察、分析、解决经济发展中的问题，提高分析问题和解决问题的能力。

参考文献

[1] 吕炜,郭曼曼,王伟同. 教育机会公平与居民社会信任:城市教育代际流动的实证测度与微观证据 [J]. 中国工业经济,2020 (02):80-99.

[2] 张贝,刘邦凡. 中国共产党教育发展的百年历史演进及其内在逻辑 [J]. 理论导刊,2022 (10):46-53.

[3] 邓创,曹子雯. 中国教育发展的区域不平衡特征与优化路径 [J]. 教育与经济,2022 (03):41-50.

[4] 李珏. 义务教育优质均衡发展的困境与出路 [J]. 教育研究与实验,2022 (06):107-112.

[5] 汪基德,韩雪婧,汪滢. 义务教育优质均衡发展的路径、机制与策略——基于整体性治理的视角 [J]. 开放教育研究,2022 (04):59-65.

案例三十一　逆势之下中国何以在全球跨境投资中创佳绩

一、案例简介

经济合作与发展组织（简称经合组织，Organization for Economic Co-operation and Development，OECD）发布的最新报告显示，2020年全球跨境投资大幅下降，仅为8590亿美元，与2019年相比下降42%，为15年以来最低点，但中国却逆势上扬，达到1630亿美元，首次超越美国成为世界第一大外资流入国。2021年中国的外国直接投资首破万亿元，这是一个新的里程碑。新冠疫情与中美贸易摩擦叠加，加速全球价值链重构，中国市场已经成为境外资金的"避风港"。分析逆势之下，中国吸引外国直接投资上升至全球第一的原因，可以帮助我们更好地认识当前和今后经济发展的形势。有鉴于此，我们一起来探究一下中国在全球跨境投资中为什么会逆势上扬，屡创佳绩？

（一）中国特色的制度优势与疫情防控有力

我国能够在较短时间内成功防控新冠疫情，根源在于社会主义制度所具有的制度优势，这种制度优势在突发公共卫生事件应急管理领域上的应用具有集中力量办大事、更加注重人民当家作主等特征。制度优势具体表现在快速正确的应急领导、专业应急队伍、市场经济提供的应急保障、国家治理体系和"省际"互助、基层动员与社区治理、军地协同、国内外应急支援等方面。当然，以下几个方面也是具体的体现：(1) 中国共产党坚强领导、统揽全局的组织动员能力，为中国特色社会主义制度优势迅速转化为疫情防控的治理效能奠定了根本保证。这既深刻展现了中国特色社会主义最本质的特征，也完美诠释了中国特色社会主义制度的最大优势。(2) 各级政府迅速响应、有力干预的强大执行能力，为中国特色社会主义制度优势迅速转化为疫情防控的治理效能提供了坚强支撑。(3) 广大人民群众广泛参与、积极配合的强大人民伟力,为中国特色社会主义制度优势迅速转化为疫情防控的治理效能注入了鲜活源泉。因此,国内率先控制住疫情,实现率先复工复产,也是唯一一个实现经济正增长的大国。在全球新冠疫情与部分地区地缘政治冲突的时代背景下,中国为外资提供坚实稳定的投资环境,不断提升外国投资者在华投资的信心,导致中国在全球跨境投资中不断斩获佳绩。

(二) 坚持对外开放,努力改善营商环境

中国政府不断扩大开放、优化营商环境、打出一系列稳外资"组合拳",让中国引资魅力不断增强。2019年3月出台的《外商投资法》取代了以往的"外资三法",在外商投资的管理体制上实现了准入前国民待遇和负面清单管理,多次修订外商投资准入负面清单,限制措施从最初的190条压缩至2020年全国版33条、自贸试验区版30条、自由贸易港版27条,连续两年修订鼓励外商投资产业目录,2020年版总条目较上年版增加127条等。加之中国政府在制度开放创新、对接国际规则等各方面发挥"敢为天下先"的引领作用,通过自贸试验区、国家级经开区、跨境电商综试区、进口贸易促进创新示范区和加工贸易产业园等"四区一园",不断扩大面向全球的高标准自由贸易区网络。除此之外,通过提出共建"一带一路"倡议新型国际经济合作机制,我国在实现"五通"目标进程中积极推动规则、规制、标准的互联互通,在建设开放型世界经济的过程中,贡献中国式现代化治理智慧,发挥大国担当,为推动构建人类命运共同体贡献更多中国方案、中国智慧。可见,中国政府一系列扩大对外开放、优化营商环境的措施不断提升外国投资者对华投资的吸引力。

(三) 完善的产业体系与良好的基础设施

新冠疫情及其带来的二次冲击严重影响了全球的生产和贸易,其对投资领域的影响也是深远的,虽然全球跨境投资连续多年持续下跌,但中国依然是外国直接投资的净流入国,这很大程度上得益于中国发展数字经济背景下数字基础设施的投入和最为完善的产业体系。近年来,中国经济在世界经济复苏中发挥了重要作用,向全世界展示了中国产业体系的优势,完整的供应链和产业链为全球经济复苏贡献了"中国力量"。而在疫情期间,由于新冠疫情导致很多国家生产停滞,新兴市场的资本外流达到了史上的巅峰。

在中国共产党领导下,我国的产业体系和国民经济体系经历了百年变迁与跨越式发展。新时代以来,中国经济运行以构建现代产业体系为核心,从高速增长转变为高质量发展,为外资流入提供了"避风港"。改革开放以来,地方政府之间在"招商引资"上的标尺竞争和政府治理的转型是推动中国基础设施建设不断发展完善的重要因素。可见,我国在构建现代产业体系过程中,将增强产业链供应链自主可控能力作为重点任务,完整的产业链供应链与良好的基础设施极大地增强了外资流入的吸引力。

(四) 中国超大规模的市场优势

"超大规模市场优势"的概念最早是在 2018 年 12 月的中央政治局会议上提出来的,会议强调要"促进形成强大国内市场,提升国民经济整体性水平"。2019 年中央经济工作会议提出,要充分挖掘超大规模市场优势,发挥消费的基础作用和投资的关键作用。发挥超大规模市场优势的关键在于扩大有效需求规模,这意味着,既要"促消费",激发潜在消费需求,推动消费需求升级;又要"稳投资",优化调整投资结构,切实增加有效投资;更要"统市场",促成国内市场一体化发展。构建新发展格局的关键在于经济循环的畅通无阻,必须用足用好超大规模市场优势,畅通国内大循环,形成对全球要素资源的强大吸引力,并以国际循环提升国内大循环效率和水平。中国由于庞大的人口基数与巨大的消费潜力形成的超大规模市场优势,为外国直接投资提供了巨大的"蓄水池"。

二、思政元素挖掘

(一) 以开放促发展是中国崛起的宝贵经验

1978 年改革开放以来,中国实现了从封闭、半封闭到全方位开放的历史巨变,对外开放水平不断提高,全方位对外开放格局正在形成,驱动中国经济蓬勃发展,并日益走近世界舞台的中央。中国成为全球跨境投资中的后起之秀,充分说明了对外开放是强国之策,是时代潮流。在全球化的浪潮之下,中国充分利用国内国外两个市场,充分利用外资进行国内经济建设,这不仅推动了中国崛起,也带动了全球共同繁荣。因此,新时代新征程经济高质量发展,必须推进高水平对外开放,稳步扩大规则、规制、管理、标准等制度型开放,加快建设贸易强国,推动共建"一带一路"高质量发展,维护多元稳定的国际经济格局和经贸关系。以此为契机,中国由改革开放初期的被动融入全球化,到新时代主动引领全球化,中国逐渐发挥全球经济治理体系中的"大国"地位,不断为全球治理提供中国智慧。

(二) 坚持对外开放,积极参与全球经济治理

新发展格局强调"内循环为主、外循环赋能、双循环畅通"。然而,当下构建更高水平外循环面临外部环境阻滞、创新合作羸弱、服务贸易发展不足、内外循环联动不畅四重约束。因此,新时代新征程更高水平外循环应实现从被动融入向主动引领转变。同时,也要更加注重共建"一带一路"及开放式创新的核心作用,深入推进制度型开放,从而以更高水平外循环塑造我国新发展格局,积极参与全球经济治理。可以把全球经济治理理解为全球治理在经济领域的应用和延伸,是经济活动与治理关系的反映。

从经济学一般意义上考察,全球经济治理就是提供一种全球公共物品。具体而言,首先,"一带一路"建设是我国扩大对外开放的重大举措和经济外交的顶层设计,要以"一带一路"建设为重点,坚持引进来和走出去并重,遵循共商共建共享原则。其次,以开放式创新为核心,提升更高水平外循环赋能新发展格局的质量层级,不断加强人才、企业、制度创新,这样才能保持我国对外开放的优势地位。再次,以空间差序格局谋划为重点,实现更高水平外循环赋能新发展格局的多元平衡,利用外循环推动行业均衡发展、区域均衡发展,实现共同富裕。最后,站在新的历史起点,中国继续坚持走和平发展之路,始终做世界和平的建设者;坚持走改革开放之路,始终做全球发展的贡献者;坚持走多边主义之路,始终做国际秩序的维护者。坚定维护以联合国为核心的国际体系、以国际法为基础的国际秩序、以联合国宪章宗旨和原则为基础的国际关系基本准则。努力维护全球的稳定与繁荣,实现以中国的发展带动世界的繁荣,不断提升中国参与全球经济治理的制度性话语权。

三、案例使用说明

(一) 教学目标

1. 知识层面。(1) 理解进口替代、出口导向、对外开放的概念。(2) 掌握

新时代全面对外开放的基本内涵、战略与主要经验。

2. 能力层面。通过对理论的讲解，帮助学生系统地掌握中国对外开放的主要内容及对经济社会的影响，并结合案例，设置两个问题让学生讨论分析，帮助学生学会观察分析经济现象，培养学生解决经济问题的能力。

3. 素质层面。理解统筹国内发展与对外开放是一国经济发展的重要目标，但这一目标的实现，绝不是轻易就可以达到的。通过案例的学习及对中国现阶段宏观经济基本面的分析，拓宽学生视野，增强社会责任感。

（二）启发思考题

1. 中国在全球跨境投资中逆势上扬的表现、原因与长期的应对策略？
2. 结合案例，讨论当前中国全面对外开放的基本内涵、战略与主要经验。

参考答案如下：

1.（1）表现：2020年中国首次超越美国成为世界第一大外资流入国。2021年中国的外国直接投资首破万亿元，这是一个新的里程碑。（2）原因：对外开放是基本国策，中国特色社会主义市场经济具有制度优势，改革开放以来中国对外开放积累了很多宝贵经验：坚持独立自主与参加经济全球化相结合；实施互利共赢的开放战略；统筹国内发展与对外开放；渐进有序的开放。（3）策略：建设更高水平开放型经济新体制；进一步优化营商环境；更加关注吸引外资的质量和结构；关注外商投资的产业布局和地域布局。

2.（1）基本内涵：发展对外贸易；合理引进和利用外资。（2）战略：实施"走出去"战略，初步形成全方位、宽领域的"走出去"战略格局；对外投资的方式日益多样化、层次逐渐提高；对外承包工程大型项目不断增加、劳务合作稳步发展；在境外资源能源开发合作方面取得进展；涌现出一批跨国经营业绩较好的企业。（3）主要经验：坚持独立自主与参加经济全球化相结合；实施互利共赢的开放战略；统筹国内发展与对外开放；渐进有序的开放。

四、教学目标达成

通过理论学习和案例讨论，催化学生的发散性思维，加深了学生对理论的理解，同时提高了学生学以致用的能力，使其能够运用经济学的分析方法解释实际生活中的经济现象、解决实际问题。思政内容方面，本课程主要实现以下三点教学成效：首先，将时政热点（比如中国的外国直接投资位居全球第一）与新时代中国全面对外开放的国策联系在一起，彰显中国特色社会主义制度优势。其次，世界各国在努力发展对外经济的同时也在努力维护国家经济安全，新时代中国统筹国内发展与对外开放，是一个长期而艰巨的任务。最后，希望通过本案例教学，使学生在学习《政治经济学》对外开放相关知识点的同时，学会运用马克思主义的立场观点观察、分析、解决经济发展中的问题，提高分析问题和解决问题的能力。

参考文献

[1] 沈建光，张明明，徐天辰. 逆势之下，中国 FDI 何以跃居世界第一 [EB/OL]. (2021-02-20). https://baijiahao.baidu.com/s?id=1692196024458081406&wfr=spider&for=pc.

[2] 黄瑶，王铭. 新型举国体制对防控新冠疫情的制度优势 [J]. 理论探讨，2021 (02)：167-172.

[3] 程云斌. 进一步优化营商环境 推进高水平对外开放 [J]. 中国行政管理，2022 (12)：153-155.

[4] 张申，李正图. 中国共产党领导下产业体系百年变迁 [J]. 上海经济研究，2021 (06)：5-17.

[5] 张军，高远，傅勇，张弘. 中国为什么拥有了良好的基础设施？[J]. 经济研究，2007 (03)：4-19.

[6] 胡鞍钢. 新冠全球大流行背景下中国疫情防控与扩大内需 [J]. 新疆师范大学学报（哲学社会科学版），2020 (06)：2，7-19.

[7] 陈晨. 以更高水平外循环赋能新发展格局的理论逻辑与现实路径 [J]. 决策科学，2022 (01)：85-96.

[8] 杜宇玮. 发挥超大规模市场优势加快经济高质量发展 [J]. 经济研究参考，2020 (02)：5-10.

案例三十二 "双循环":内循环为主—外循环赋能—双循环畅通

一、案例简介

党的二十大报告提出,必须完整、准确、全面贯彻新发展理念,坚持社会主义市场经济改革方向,坚持高水平对外开放,加快构建以国内大循环为主体、国内国际双循环相互促进的新发展格局。这是党中央根据国内国际形势变化,从建成社会主义现代化强国的第二个百年奋斗目标出发,提出的重大发展战略,对今后的高质量发展、高水平市场体系建设和高水平对外开放,具有根本性的指导意义。

(一) 改革开放和社会主义现代化建设新时期 (1978~2012年):较大规模外循环

改革开放后的前30年,我国外循环的地位持续提升,在促进增长、结构调整和技术进步等方面发挥了重要作用,外循环在我国经济中占有重要地位,全球分工格局与我国的贸易结构有较强的相关性。1978~2008年我国外循环的地位及变化表现为中间产品出口占出口比重高、外商投资企业占出口比重高、加工贸易占出口比重高、对外贸易依存度显著上升等四个方面。由此看出,在21世纪第一个10年,衡量我国外循环比重的几个指标都比较高,这对一个十几亿人口的超大规模国家来说实属"非常态"。导致外循环"失常"、外循环高比重现象的主要原因是我国要素禀赋结构严重失衡,就业较快增加和经济持续较快增长,必须有大口径的外循环。通过大口径外循环,拓展了内循环的生产边界,促进了经济持续较快增长,具体表现在以下几个方面:外循环吸纳就业能力强、外循环

案例三十二 "双循环":内循环为主—外循环赋能—双循环畅通

提高低收入者收入、外循环进口能源资源、外循环引进先进技术设备。总之,由于改革开放初期要素禀赋的严重失衡,改革开放后较长时期内,高比例的外循环是中国经济持续较快增长的必然选项和突出特点。

(二) 中国特色社会主义新时代:国内市场扩大,外循环地位下降

经过长期努力,中国特色社会主义发展迈入新时代这个新的历史方位,要素禀赋与改革开放初期相比发生了根本变化,经济规模、贸易规模、资金跨国流动规模等均位居世界前列。面临的国际政治经济环境也发生很大变化,我国与发达经济体的关系从互补合作为主转变为互补与竞争合作并存。经过改革开放后30年的发展,我国要素禀赋结构持续改变、经济规模持续扩大,加之全球产业链深度调整,导致外循环的地位由升到降,内循环地位持续提升。改革开放以来,随着经济持续增长和其他方面条件的变化,我国要素禀赋结构持续改变;与此同时,我国已积累了比较雄厚的物质基础,综合国力位居世界前列;同一时期,全球产业链也在进行调整,部分产业链向发达国家回缩。受上述多种因素影响,2010年以后,外循环在我国经济中的地位较改革开放后前30年相比有较为明显的下降,尤其是加工贸易比重有明显下降,从改革开放后前30年高达50%的比重,降到30%左右,表明加工贸易在全球价值链中的地位下降;同期,外贸依存度也有明显下降,从2008年的57.61%下降到2019年的35.68%。

总体来看,改革开放以来,通过外循环均衡配置资源的压力减弱,我国的经济规模也今非昔比,外循环已经带不动如此体量的内循环,内循环为主成为必然选择。综合各方面条件,经济发展转向更多地依靠内循环,既是过去几年的现实变化,也符合经济发展的内在规律,这个状况会相对稳定,中国增长呈现出大国在这个阶段的共同特点,即更多依靠国内市场,更具有内循环为主体。新发展阶段需要的内循环是高质量的内循环,要更好地发挥市场竞争规律的作用,促进有效竞争和优胜劣汰、优化内需结构扩大消费比例、积极推进人口城镇化、加快国有企业改革、加快自主创新。

(三) 面向未来的中国式现代化:以更高水平外循环促进双循环畅通高效

新形势下,"双循环"是指在国际政治经济环境发生变化的条件下,要构建国内大循环为主体、国内国际双循环相互促进的新发展格局。但新发展格局绝不

是封闭的国内循环,而是开放的国内国际双循环。推动形成宏大顺畅的国内经济循环,就能更好吸引全球资源要素,既满足国内需求,又提升我国产业技术发展水平,形成参与国际经济合作和竞争新优势,这些要求既符合全球化的最新趋势,更符合我们自身发展的需要。继续扩大开放促进更高水平双循环,具体措施如下:(1)从政策性开放转向制度性开放。经过改革开放以来40多年的发展,各方面的条件和环境已经发生很大变化,社会主义市场经济体制初步建立,中国经济发展进入一个新阶段,基本具备了制度性开放的条件和环境,今后应致力于使制度性开放体制更加完善和相对定型。(2)加快要素市场改革。促进要素自主有序流动,提高要素配置效率,不断完善产权保护、市场准入、公平竞争、社会信用等市场经济基础制度,实现准入畅通、开放有序、竞争充分、行为规范,着力清除市场壁垒,聚集国内外资源要素,为构建新发展格局提供坚实支撑。(3)深入研究高水平贸易规则的影响。准确把握国际经贸规则发展的新趋势,按照高标准国际经贸规则积极扩大对外开放和深化国内改革,以开放的主动赢得发展的主动。(4)加快创造更好发展环境。促进更高水平的双循环,政府要从传统的制定产业政策为主向营造高质量竞争环境为主转型。总之,内循环为主、外循环赋能、双循环畅通,是我国新发展阶段的发展模式和时代特征,促进两种循环更高水平、更加协调、更可持续,是国内改革和对外开放的长期目标和战略任务。

二、思政元素挖掘

(一)内循环为主,畅通国民经济循环

新发展格局提出的宏观背景:一是以中美经贸摩擦加剧为代表的外部环境发生重大变化;二是经济体量上升造成的对外依存度下降与内需驱动力上升。因此,构建新发展格局,是根据我国发展阶段、环境、条件变化作出的战略决策,是事关全局的系统性深层次变革,体现了习近平总书记长期以来对我国经济社会发展全局的战略思考和战略谋划。当今世界发展不平衡、不确定性因素偏多,而且以美国为代表的逆全球化思潮迭起,部分国家施行的政策极端且反复,短期内难以完全消除其带来的负面影响。因此,要保持我国经济的稳定增长,要坚持可控性强的经济内循环,不断畅通国民经济循环,具体来看:一是要充分挖掘潜在的消费能力,激发消费动机,特别是广大农村地区居民的消费潜力。二是要大力

案例三十二 "双循环": 内循环为主——外循环赋能——双循环畅通

发展新兴产业,点燃新的投资亮点,扩大生产性消费规模。三是大力发展线上消费方式,创新系统的线上消费品,提升线上消费的满意度。四是充分发挥消费金融的杠杆作用,提升各层级消费者的消费能力。

(二) 双循环要统筹好"内"与"外"的关系

新时代新征程实现经济高质量发展,必须统筹好"内"与"外"的关系,即统筹好内循环和外循环的关系,要让两者实现良性循环,相互促进。在双循环中,内循环与外循环是辩证统一的,畅通内循环是外循环的前提,而畅通外循环则是内循环的支撑和保障。一方面,重点畅通国内大循环,以供给侧结构性改革为重点推进国内经济充分平衡发展;另一方面,稳步推进国际大循环,以规则制度型开放为重点推动构建更高层次开放型经济。构建双循环的新发展格局,要做好以下工作:(1)必须将扩大内需作为经济内循环的主要抓手,通过调整区域经济布局推动内循环协调发展,以产业升级驱动经济内循环快速发展。(2)加强内外经济循环的联动发展与相互促进,要充分利用国际、国内两个市场和两种资源来打通内外循环。(3)通过大力培育内需和产业升级来实现"内循环"的高质量发展,增强本国企业的国际竞争力,使国外产业更加依赖中国供应链和产业链,更加依赖中国巨大的消费市场。(4)在提高国内自我经济循环量的同时,也要促进更高水平的对外开放,落实共建"一带一路"倡议,积极参与全球经济治理,坚持全方位、多层次、高质量的开放新格局,为推动国内外循环的协调发展注入新的动力。

(三) 双循环畅通,促进各种生产要素循环

当今是经济全球化和全球价值链分工的时代,很少有国家只有国内经济的内循环,绝大多数国家基本上都不同程度地参与外循环,而参与外循环的根本目的是促进国内经济发展,而且内循环也促进了国外经济要素在国内的循环。由此可见,内循环与外循环密不可分,相辅相成。经济双循环是经济要素在生产、流通、分配、消费等环节的流通和循环,要积极推动劳动力、土地、资本、技术等四大要素的健康有序循环。当前,要素在行业之间、企业之间合理有序循环流动还存在诸多困难,必须破除行业壁垒,消除民营企业偏见,毫不动摇鼓励、支持、引导非公有制经济发展,真正使市场在资源配置中起决定性作用。(1)推动劳动力要素循环。通过新基建、新型城镇化、共建"一带一路"倡议等创造

中国经济新的增长极，缩小贫富差距、区域差距、阶层差距，推动劳动力城乡循环、区域循环、东西循环、内外循环。(2) 推动土地要素循环。推进土地制度改革，加大土地要素投入，加速农村土地流转，破除城乡二元土地市场结构，实现城乡土地要素市场化配置，改革完善农村宅基地制度，积极发展农民股份合作，增加农民财产性收入。(3) 推动资本要素循环。加快证券市场基础制度建设，规范债券市场统一标准，完善多层次资本市场制度，构建资本要素市场体系，提高资本要素循环效率。通过国企混改盘活存量资产、将地方政府的资产与债务进行资本化、利用资本市场引导资金脱虚向实，为推动实体经济健康有序发展注入活力。(4) 推动技术要素循环。发挥新型举国体制优势补齐科技短板，实现核心技术自主可控；在传统的产业领域，实施技术改造升级；破除"数据鸿沟"，推动数据要素循环，加快传统产业的智能化、数字化转型。

三、案例使用说明

（一）教学目标

1. 知识层面。(1) 掌握"双循环"新发展格局的基本内涵。(2) 了解构建"双循环"新发展格局的具体举措。

2. 能力层面。引导学生系统地掌握中国对外开放的主要内容及对经济社会的影响，并结合案例，设置两个问题让学生讨论分析，帮助学生学会观察分析经济现象，培养学生解决经济问题的能力。

3. 素质层面。理解新发展格局：内循环为主、外循环赋能、双循环畅通是中国基于当前形势提出的重大战略。理解百年未有之大变局下新发展格局的特征，养成关注国际经济及其政策制定背景、政策效果的习惯，拓宽学生视野，引导他们关心国家大事和天下大事。

（二）启发性思考题

1. "双循环"新发展格局的主要内涵和举措？

2. 结合案例，讨论当前中国构建国内大循环的基本内涵、举措与主要经验。

案例三十二 "双循环": 内循环为主—外循环赋能—双循环畅通

参考答案如下:

1. (1) 内涵: 内循环为主、外循环赋能、双循环畅通。(2) 举措: 贯彻新发展理念, 构建新发展格局; 建设多元平衡、安全高效的全面开放体系, 实现高质量发展; 促进消费升级、推动产业结构升级、推动要素自由流动与区域经济一体化。

2. (1) 基本内涵: 构建以国内大循环为主体的发展格局。(2) 举措: 要构建以国内大循环为主体的发展格局, 应促进消费扩大与消费升级、推动国内产业结构持续升级、推动要素自由流动与区域经济一体化。要构建国内循环与国际循环相互促进的发展格局, 应推动国内国际"双雁阵模式"的构建, 在新"三位一体"策略下促进人民币国际化, 夯实自贸区与自贸港建设, 在风险可控前提下加大国内金融市场开放, 充分利用现有国际多边机制, 在市场化前提下推动中国倡议的多边机制建设。(3) 主要经验: 坚持独立自主与参加经济全球化相结合; 实施互利共赢的开放战略; 统筹国内发展与对外开放; 渐进有序的开放。

四、教学目标达成

通过理论学习和案例讨论, 催化学生的发散性思维, 加深了学生对理论的理解, 同时提高了学生学以致用的能力, 使其能够运用经济学的分析方法解释实际生活中的经济现象、解决实际问题。思政内容方面, 本课程主要实现以下三点教学成效: 首先, 将"双循环"新发展格局与新时代中国全面对外开放的国策联系在一起, 正确认识"内循环"与"内循环"的关系, 彰显中国特色社会主义制度优势。其次, 世界各国在努力发展对外经济的同时也在努力维护国家经济安全, 现阶段中国要统筹好国内发展与对外开放的关系, 这是一个长期而艰巨的任务。最后, 希望通过本案例教学, 使学生在学习《政治经济学》对外开放相关知识点的同时, 学会运用马克思主义的立场观点观察、分析、解决经济发展中的问题, 提高分析问题和解决问题的能力。

参考文献

[1] 习近平. 高举中国特色社会主义伟大旗帜 为全面建设社会主义现代化国家而团结奋斗——在中国共产党第二十次全国代表大会上的报告 [M]. 北京: 人民出版社, 2022.

［2］江小涓，孟丽君．内循环为主、外循环赋能与更高水平双循环——国际经验与中国实践［J］．管理世界，2021（01）：1-19．

［3］魏后凯，李玏，年猛．"十四五"时期中国城镇化战略与政策［J］．中共中央党校（国家行政学院）学报，2020（04）：5-21．

［4］张明．如何系统全面地认识"双循环"新发展格局？［J］．辽宁大学学报（哲学社会科学版），2020（04）：1-8．

［5］董志勇，李成明．国内国际双循环新发展格局：历史溯源、逻辑阐释与政策导向［J］．中共中央党校（国家行政学院）学报，2020（05）：47-55．

［6］郭晴．"双循环"新发展格局的现实逻辑与实现路径［J］．求索，2020（06）：100-107．

［7］蒲清平，杨聪林．构建"双循环"新发展格局的现实逻辑、实施路径与时代价值［J］．重庆大学学报（社会科学版），2020（06）：24-34．

案例三十三 全球化还是逆全球化：开放红利存在吗

一、案例简介

经济全球化是近现代以来世界经济发展不可阻挡的潮流，然而近年来，单边主义、贸易保护主义、逆全球化思潮不断有新的表现，经济全球化进程遭遇严峻挑战。人们不禁担心，经济全球化会不会发生逆转？

（一）英国公投脱欧

当地时间2016年6月23日，英国针对是否退出欧盟而举行的全民公投正式拉开大幕，4600万英国选民将就是否英国要留在欧盟进行全民公投，最终的计票结果显示，支持脱欧选民票数占总投票数52%，超过了反对票数，根据英国与欧盟的协议，英国应于2019年3月29日正式"脱欧"。2018年6月26日，英女王批准英国脱欧法案，允许英国退出欧盟。2019年3月12日，英国议会就修改后的"脱欧"协议进行了再次投票表决，但该协议仍然没有通过。同年4月10日，欧盟各国达成一致，同意将"脱欧"日期延迟至10月31日；10月19日，英国议会要求英国首相寻求机会再度推迟"脱欧"。2020年1月，英国国会投票通过脱欧协议，欧洲议会将于1月29日对脱欧协议进行最后的审议和表决。同年1月30日，欧盟正式批准了英国脱欧。2020年1月31日，英国正式"脱欧"，结束了其47年的欧盟成员国身份。

（二）美国"退群"

美国按照其"利则用，不利则弃"的霸王原则先后退出了一系列国际组织或条约,严重损害了国际公平正义和全球和平、稳定、发展,尤其是特朗普政府(2017~2021年)时期,美国"退群"达到高峰:2017年,因所谓"节省资金、敦促改革、抗议反以色列偏见",美国宣布退出联合国教科文组织。2017年,因认为多边贸易协定不符合美国最佳利益,有碍于美国政府"美国优先"政策,美国宣布正式退出跨太平洋伙伴关系协定(TPP)。2017年,美国政府认为《巴黎协定》阻碍了美国经济的发展,且全球气候变化为"伪命题",宣布退出《巴黎协定》。2017年,因所谓"美国的移民政策必须始终由且仅由美国人决定",美国宣布退出联合国《全球移民协议》。2018年,在国际原子能机构(IAEA)证实伊朗履行了在核协议中作出的承诺且美国没有明确证据表明伊朗违背协议开展核试验的情况下,美国坚持宣布退出经联合国安理会核可的《关于伊朗核计划的全面协议》,并对伊朗实施经济制裁。2018年,因所谓联合国人权理事会"无法有效保护人权"等,美国宣布退出联合国人权理事会。同年,作为对巴勒斯坦国因美国搬迁驻以色列大使馆至耶路撒冷一事将美国告上国际法院的回应,美国宣布退出涉及国际法院管辖问题的《维也纳外交关系公约关于强制解决争端之任择议定书》。2019年,为不受束缚地发展中短程导弹力量,美国宣布退出《中导条约》。2020年,美国以所谓俄罗斯违反条约为借口,宣布将从2020年5月22日起启动退出《开放天空条约》的程序。同年,美国政府为本国抗疫不力寻找"替罪羊",宣布退出世界卫生组织……

(三)中美贸易摩擦

2008年国际金融危机以来,以美国为首的发达国家重新祭起贸易保护主义大旗,导致全球贸易摩擦不断。2017年8月,美国政府以所谓"强制技术转移"为由,单方面对中国发起"301"调查。基于该调查结果,2018年3月23日,美国决定对中国航空航天、信息通信技术、机械等产品加收25%的关税。同年4月3日,美国公布价值500亿美元、包含1333项的对华商品加征进口关税清单,由此推动中美贸易摩擦不断升级。除了大规模掀起对华贸易摩擦外,美国还积极利用"非市场经济问题"及"232调查"等手段,对我国相关产业和企业加征关税和实施打击。如2018年4月16日,美国商务部发布对中兴通讯出口权限禁令,禁止美国企业向其出售芯片与系统等核心零部件。同年9月,美国最大动态随机存取存储器(DRAM)生产商美光(Micron)在美国加州起诉福建晋华集成电路有限公司,指控其窃取其商业机密,并据此限制对其提供关键零部件等中间品。2020年2月13日,美国司法部对中国华为提出指控,罪名之一为"敲诈勒

案例三十三　全球化还是逆全球化：开放红利存在吗

索与合谋窃取美国商业机密和尖端科技",并以此为由开始全面停止对华为的芯片供应,打压其技术创新行为。

二、思政元素挖掘

(一) 经济全球化是历史发展的必然

2018年4月13日,习近平总书记在庆祝海南建省办经济特区30周年大会上的讲话中提到,经济全球化是社会生产力发展的客观要求和科技进步的必然结果。经济全球化为世界经济增长提供了强劲动力,促进了商品和资本流动、科技和文明进步、各国人民交往,符合各国共同利益。的确,经济全球化是生产力和科学技术发展的必然结果,从总体上看,符合经济发展规律,符合世界各国人民的共同利益。并且,按照生产力与生产关系、经济基础与上层建筑的辩证分析,经济全球化也是人类历史发展到一定阶段的必然结果。早在世界经济论坛2017年年会开幕式主旨演讲中,习近平总书记就指出,"历史地看,经济全球化是社会生产力发展的客观要求和科技进步的必然结果,不是哪些人、哪些国家人为造出来的"①。这一重要论断发展和升华了马克思的经济全球化思想,深刻揭示了经济全球化的必然规律。经济全球化给世界带来了诸多益处,一方面,经济全球化促进国际分工和世界市场向纵深方向发展,实现全球资源的优化配置和全球利益的深度融合,推动全球经济向多极化方向发展;另一方面,现代科学技术的不断发展,要求生产专业化的程度越来越高,企业的最佳规模、批量生产的经济效益以及产品的更新换代,都要求实行专业化生产和国家间的协作。国际分工成为一种必然趋势。因此,经济全球化是历史发展的必然趋势,一体化的世界就在那儿,谁拒绝这个世界,这个世界也会拒绝他。

(二) 经济全球化是一把"双刃剑"

经济全球化固然存在诸多好处,长期以来,世界经济在经济全球化的推动下有了长足发展,为各国都带来了大量贸易流通、现金与外币储备,国家的经济开

---

① 习近平主席在世界经济论坛2017年年会开幕式上的主旨演讲 [EB/OL]. 新华网, http://www.xinhuanet.com/politics/2017-01/18/c_1120331545.htm, 2024-08-23.

始飞速发展，而经济决定政治，在经济全球化的趋势之中世界政局开始逐渐稳定。但无法忽视的是，经济全球化是一把"双刃剑"，目前世界经济处于下行期，经济全球化给发达国家和发展中国家都带来了一些压力和冲击，增长和分配、资本和劳动、效率和公平的矛盾更加突出。对于一些外向型经济的国家，它们过于依附世界市场，这种经济体系在一个飞速发展的市场中非常有利，但是一旦发生震动就会带来经济的崩溃和局势的动荡。近几年来"逆全球化"暗潮涌动，导致贸易保护主义不断升级，全球多边机制不振，各类区域性的贸易投资协定碎片化趋势明显。面对势不可挡的经济全球化，故步自封与自毁无异，趋利避害、迎接机遇与挑战、避开风险和陷阱，才是应该做的事情。

（三）引导经济全球化健康发展

党的二十大报告中指出，中国坚持经济全球化正确方向，推动贸易和投资自由化便利化，推进双边、区域和多边合作，促进国际宏观经济政策协调，共同营造有利于发展的国际环境，共同培育全球发展新动能。面对当下经济全球化中出现的一些"逆全球化"现象，中国致力于引导经济全球化朝着更加开放、包容、普惠、平衡、共赢的方向发展，也为引导经济全球化健康发展提供了诸多中国智慧与中国方案。中国的经济全球化主张是：

1. 坚持经济全球化的方向不动摇。旗帜鲜明地反对保护主义，促进商品、服务和生产要素在全球范围更加自由便捷地流动。

2. 积极引导经济全球化的走向。新形势下，必须积极引导经济全球化的走向，努力消除经济全球化的负面影响，着力解决公平公正问题，推动经济全球化朝着普惠共赢的方向发展。

3. 建立以合作共赢为核心的新型国际关系。一方面，在坚持平等互利原则的基础上积极推进贸易和投资自由化便利化，促进公平开放竞争。另一方面，建立健全宏观经济政策协调机制，推动国际经济、金融、货币体系改革，加强各领域务实合作，加强国际援助交流合作，推动各国经济全方位互联互通和良性互动，缩小南北差距，消除贫困和饥饿，促进共同发展。

4. 完善全球经济治理体系。要以平等为基础、以开放为导向，倡导共商、共建、共享的全球治理理念，坚持正确义利观，推动变革全球治理体制中不公正不合理的安排，促进全球治理规则民主化法治化，努力使全球治理体制更加平衡地反映大多数国家的意愿和利益。

5. 共同构建人类命运共同体。坚持对话协商、共建共享、合作共赢、交流互鉴、绿色低碳，努力建设一个持久和平、普遍安全、共同繁荣、开放包容、清洁美丽的世界。

（四）坚定"四个自信"，应对外部挑战

在各种"逆全球化"势力的不断冲击下，中国之所以能够面对挑衅巍然屹立、更加勇往直前，正是来自 70 多年来的发展成就和道路自信、理论自信、制度自信、文化自信。坚定"四个自信"，是不断把中国特色社会主义伟大事业推向前进的内在动力，也是建成社会主义现代化强国和实现中华民族伟大复兴中国梦的根本保障。坚定道路自信，是因为中国特色社会主义道路引领中国取得了举世瞩目的成就，为推动中国发展进步开辟了广阔前景。坚定理论自信，是因为中国特色社会主义理论体系是指导党和人民实现中华民族伟大复兴的正确理论，是立于时代前沿、与时俱进的科学理论。坚定制度自信，是因为中国特色社会主义制度是具有鲜明中国特色、明显制度优势、强大自我完善能力的先进制度。坚定文化自信，是因为中国特色社会主义文化积淀着中华民族最深沉的精神追求，代表着中华民族独特的精神标识，是激励全党全国各族人民奋勇前进的强大精神力量。

三、案例使用说明

（一）教学目标

1. 知识层面。（1）理解经济全球化、逆全球化的概念。（2）了解经济全球化、逆全球化的原因以及如何引导经济全球化未来健康发展。

2. 能力层面。引导学生了解经济全球化、逆全球化的原因以及如何引导经济全球化未来健康发展，并结合案例，设置两个问题让学生讨论分析，帮助学生学会观察分析经济现象，培养学生解决经济问题的能力。

3. 素质层面。掌握经济全球化及逆全球化的原因，了解如何引导经济全球化未来健康发展，培养辩证性思维。通过案例的学习，拓宽学生视野，增强社会责任感，培养危机意识，提升自身能力以应对挑战。

(二) 启发思考题

1. "逆全球化"的危害有哪些？
2. 如何引导和推动经济全球化健康发展？

参考答案如下：

1. (1) 引发全球经济衰退和金融贸易风险。逆全球化阻碍国家之间的贸易、投资、货币与金融联系，增加了世界经济增长与运行的不确定性，一些国家的宏观财政政策与货币政策工具出现失效，不仅导致国家之间的贸易摩擦与冲突，形成保护主义壁垒和排他性区域集团，而且对国际货币与金融市场的不当干预容易造成全球汇率波动，甚至出现货币与金融危机的风险。(2) 影响全球价值资源分配。逆全球化是国家干预经济的结果，势必对全球市场公平竞争秩序产生破坏性影响，部分发达国家的保守主义策略在一定程度上暴露了对世界自由市场的不信任，加剧了孤立闭锁的经济活动和文化融合之间的矛盾，极大地影响着全球资源配置的方式和效率。(3) 激化社会矛盾与政治不稳定。逆全球化导致了各种破坏性的社会政治运动，甚至引发社会分裂、动荡与失序，激化全球性的政治与社会危机。例如英国的脱欧公投事件就充分体现了逆全球化对国内秩序的破坏作用：脱欧公投前，留欧派和脱欧派各自展开造势活动，加剧了业已严重的政治极化现象，撕裂了英国社会。脱欧公投后，留欧派举行了大规模游行示威，百万人要求重新进行二次公投，引发了严重的政治与社会危机。(4) 冲击和割裂国际政治关系。逆全球化加深了国际政治分裂，特别是发达国家与发展中国家的分裂。为获取更大利益，发达国家趋于保守的对外经贸和政治交往，甚至抱团向发展中国家施加压力，削弱了发展中国家与发达国家的联系和国际社会和平合作共赢的发展态势。(5) 导致经济全球化减速甚至停滞。经济全球化的本质是生产要素在世界范围内的自由流动，但是西方国家日益保守的狭隘国家主义倾向人为阻碍了生产资源在世界市场中的最优配置，降低了国际合作和相互依赖的程度。鉴于发达国家依旧在全球经济体系中占据重要地位，引领着全球科技创新，对经济全球化发展的影响举足轻重，西方的逆全球化趋势势必带来经济全球化减速甚至停滞的隐患。

2. (1) 坚持开放发展理念，拓展经济全球化的新空间。各国应该同舟共济、各尽其责，而不应是唯我独尊、损人不利己，大国要率先示范，主要经济体要以身作则，发展中国家要积极作为，通过共同开放、共担责任，推动世界共同发展。各国要以建设性姿态改革全球经济治理体系，坚持共商共建共享的全球治理观，维护以世界贸易组织为基石的多边贸易体制，完善全球经济治理规则，推动建设开放型世界经济。（2）坚持创新发展理念，培育经济全球化的新动力。各国要顺应数字化、网络化、智能化发展趋势，共同探讨建立面向新一轮科技革命和产业变革的政策制度体系，打破制约知识、技术、人才等创新要素流动的壁垒，实现创新链、产业链、人才链、政策链、资金链的深度融合，让科技创新成果为更多国家和人民所及、所享、所用，让经济全球化获得更大的支持动力。(3）坚持协调发展理念，推动经济全球化有序进行。以规则为基础加强全球治理是保证经济全球化发展的必要前提。规则应该由国际社会共同制定，而不是谁的胳膊粗、气力大谁就说了算，更不能搞实用主义、双重标准，不能合则用、不合则弃。规则应该通过协商解决，不能搞小圈子，不能强加于人。各国要秉持共商共建共享原则，推动全球经济治理体系变革，为经济全球化有序发展提供必要保障。（4）坚持共享发展理念，夯实经济全球化的共赢基础。各国要着力解决公平公正问题，发挥各自优势，推动包容发展。要创新合作方式，深化合作领域，积极寻求发展利益最大公约数，不断做大"蛋糕"。要落实联合国 2030 年可持续发展议程，缩小发展鸿沟、发展赤字，让各国人民共享经济全球化和世界经济增长成果，增强参与感、获得感、幸福感。（5）坚持联动发展理念，夯实经济全球化的合作基础。各国要加强宏观经济政策沟通和协调，放大正面联动效应，防止和减少负面外溢效应。要加强基础设施的联动，推动全球基础设施互联互通，加大对基础设施项目的资金投入和智力支持。要推动全球价值链、供应链更加完善，扩大各方参与，打造全球增长共赢链。

四、教学目标达成

通过理论学习和案例讨论，催化学生的发散性思维，加深了学生对理论的理解，同时提高了学生学以致用的能力，使其能够运用经济学的分析方法解释实际生活中的经济现象、解决实际问题。思政内容方面，本课程主要实现以下五点教学成效：（1）使学生理解经济全球化是历史发展的必然；（2）以案例展示的逆全球化现象为切入点，引出经济全球化是一把"双刃剑"，说明经济全球化带来的机遇与挑战；（3）既然经济全球化是历史发展的必然，并且经济全球化机遇与挑战并存，那么就应该正确引导经济全球化发展，从而使学生能树立正确的认识；（4）向学生传达只有坚定"四个自信"，才能有效应对外部挑战，增加学生的爱国意识;(5)希望通过本案例教学,使学生在学习世界经济全球化相关知识点的同时,学会运用马克思主义的立场观点观察、分析、解决经济发展中的问题,提高分析问题和解决问题的能力。

参考文献

[1] 盛斌,黎峰. 逆全球化:思潮、原因与反思 [J]. 中国经济问题,2020 (02):3-15.

[2] 陈继勇. 中美贸易战的背景、原因、本质及中国对策 [J]. 武汉大学学报(哲学社会科学版),2018 (05):72-81.

[3] 黎峰. 逆全球化浪潮:内在逻辑、发展前景与中国方略 [J]. 经济学家,2022 (11):52-61.

[4] 熊晓琳. 经济全球化面临的挑战及对策选择 [J]. 思想教育研究,2018 (06):66-70.

[5] 陆万里. 经济全球化是一把"双刃剑" [EB/OL]. 网易财经 (2017-09-18), https://www.163.com/money/article/CUKDD5Q4002598NT.html.

[6] 中共中央宣传部. 习近平新时代中国特色社会主义思想学习问答 [M]. 北京:学习出版社、人民出版社,2021.

[7] 吴志成,吴宇. 逆全球化的演进及其应对 [J]. 红旗文稿,2018 (03):32-34.

案例三十四　从接受到引领：中国全球经济治理的角色变化

一、案例简介

随着中国改革开放的不断深化，中国的综合国力及国际地位发生了历史性改变，在参与全球经济治理的过程中，中国发挥着越来越重要的作用，实现了从接受者到参与者再到引领者的角色变迁。

（一）主动融入全球经济治理（1978～2001年）

改革开放以来，中国致力于融入全球经济治理体系，加速扩大对传统全球治理规则的接受范围。党的十一届三中全会后，改革开放成为基本国策，开始不断加入既有的国际性经济组织。1980年，中国恢复与国际货币基金组织（International Monetary Fund，IMF）的关系。同年，世界银行（The World Bank）、国际开发协会（International Development Association，IDA）、国际金融公司（The International Finance Corporation）恢复了中国的合法席位。1986年，中国加入亚洲开发银行（Asian Development Bank，ADB），并且党中央、国务院正式做出申请恢复中国的关贸总协议缔约国地位的决定；1991年，中国加入亚太经济联合组织（Asia-Pacific Economic Cooperation，APEC）；1994年，中国加入国际商会（International Chamber of Commerce，ICC）；1996年，中国加入国际清算银行（Bank for International Settlements，BIS）；1997年，中国加入加勒比开发银行（Caribbean Development Bank，CDB），并成立中国—东盟自由贸易区；1999年，中国加入二十国集团（Group of 20，G20）。

(二) 积极参与全球经济治理 (2001~2012年)

中国履行加入世界贸易组织的承诺,积极全面参与全球经济治理。2001年,中国递交申请,正式成为世界贸易组织第143个成员。同年,联合其他五国成立上海合作组织 (The Shanghai Cooperation Organization, SCO)。截至2010年,中国已经履行了全部加入世界贸易组织的承诺,包括规范法律法规、降低关税、消减非关税壁垒等。2001年2月,博鳌亚洲论坛正式成立,海南博鳌为论坛总部的永久所在地;同年10月,中国首次在上海市举行APEC会议。中国更加广泛深入地参与经济全球化,与全球经济良性互动,在世界范围内的影响力日益显著。

(三) 广泛引领全球经济治理 (2012年至今)

中国积极推动全球经济治理体系改革和完善,成为全球经济治理体系变革的重要推动者和引领者,不断提高新兴经济体和发展中国家的话语权。2015年,中国话语权上升至全球第三位;2018年,中国在世界银行投票权升至第三位。党的十八大以来,中国积极构建世界经济新秩序,加速实施共建"一带一路"倡议,举办首届"一带一路"国际合作高峰论坛、亚太经合组织领导人非正式会议、二十国集团领导人杭州峰会、金砖国家领导人厦门会晤及亚信峰会等。党的二十大胜利召开,标志着中国进入了推进全球治理体系改革和建设的新征程。中国将以推动构建人类命运共同体为崇高目标,坚持真正的多边主义,进一步提升中国在国际社会的地位和影响力,为推动全球治理朝着更加公正合理的方向发展发挥更大的作用,贡献更大的力量。

二、思政元素挖掘

(一) 中国在全球经济治理中的地位从边缘逐渐走向中心

中国参与全球经济治理的历史过程,可以说是从"规则接受者"到"深度参与者"角色演变的过程,也可以说是从边缘逐渐走向中心的过程,回顾这些历程,其中的经验能为中国继续有效参与全球经济治理提供参考。1978~2001年,面对复杂严峻的国内和国际形势,中国准确把握自身国情和世界发展大势,

案例三十四 从接受到引领：中国全球经济治理的角色变化

把中国的前途命运与广大发展中国家命运结合起来，积极探索国际规则，努力发挥中国在国际治理中的作用，此阶段中国主要是融入国际秩序、学习熟悉并主动引入国际规则。2001~2012年，中国政府以"开放"作为参与全球经济治理的主要战略，努力恢复中国在全球经济治理中的大国地位。随着中国不断融入全球治理体系，中国政府正在全方位、多层级地积极参与到全球经济治理的建设事业中去，开始从接受者向参与者转变。2012年至今，随着经济实力和国际地位的不断提升，中国也逐渐深入参与到全球经济治理体系中，尤其是提出共建"一带一路"倡议，是中国向世界发出扩大开放、联通世界的强烈信号，也是中国对全球经济治理的重要贡献。新时代新征程中国作为新兴大国，更须旗帜鲜明、坚定不移地推进全球化和全球治理，扩大对外开放。

（二）在参与全球经济治理中推动中国高质量发展

党的二十大报告指出，高质量发展是全面建设社会主义现代化国家的首要任务。必须完整、准确、全面贯彻新发展理念，坚持社会主义市场经济改革方向，坚持高水平对外开放，加快构建以国内大循环为主体、国内国际双循环相互促进的新发展格局。其中，推进高水平对外开放能进一步提升国际循环质量和水平，助力国内大循环效率的提高，从而为加快构建新发展格局、着力推动高质量发展提供更有力的支撑。在推动高水平对外开放过程中，参与全球经济治理是中国融入世界经济体系、提升国际经贸影响力的突出路径，它正是我国坚持对外开放的基本国策、坚定奉行互利共赢的开放战略的重要体现。积极参与全球经济治理使得中国能够逐步实现更大范围、更宽领域、更深层次的对外开放，推动本国经济实现质的有效提升和量的合理增长，还能推动建设开放型世界经济，以中国新发展源源不断地为世界提供新机遇。

（三）坚持真正的多边主义

习近平总书记在党的二十大报告中指出："中国积极参与全球治理体系改革和建设，践行共商共建共享的全球治理观，坚持真正的多边主义，推进国际关系民主化，推动全球治理朝着更加公正合理的方向发展。"[①]当今世界正经历百年未

---

① 习近平. 高举中国特色社会主义伟大旗帜 为全面建设社会主义现代化国家而团结奋斗 [N]. 人民日报（第1版），2022-10-26.

有之大变局，国际力量对比深刻调整，和平与发展仍是时代主题，同时国际环境日趋复杂，不稳定性不确定性明显增加。站在人类前途命运的高度，习近平总书记多次在重大场合阐述中国的全球治理观，强调"坚持真正的多边主义"，为充满不确定性的世界注入正能量。习近平总书记指出："多边主义的要义是国际上的事由大家共同商量着办，世界前途命运由各国共同掌握。"① 中国践行真正的多边主义，在加强双边交往、深化地区合作、解决国际问题等多个层面努力把构建人类命运共同体从理念转化为行动。中国在参与全球经济治理中，也充分践行着多边主义的原则，例如提出共建"一带一路"倡议促进了各国共同发展繁荣、推动构建人类命运共同体，同时中国也和各参与国家秉持共商共建共享原则，推进共建"一带一路"高质量发展，在平等协商基础上凝聚更多发展共识，分享发展机遇，实现共同发展繁荣。

三、案例使用说明

（一）教学目标

1. 知识层面。（1）理解全球经济治理的概念内涵。（2）正确认识全球经济治理的中国贡献，解读中国角色与中国方案。

2. 能力层面。引导学生正确认识全球经济治理的中国贡献，解读中国角色与中国方案，并结合案例，设置两个问题让学生讨论分析，帮助学生学会观察分析经济现象，培养学生解决经济问题的能力。

3. 素质层面。正确认识全球经济治理的中国贡献，解读中国角色与中国方案，培养考虑事物递进思维。通过案例的学习，结合党和国家的方针政策和其他重要思政元素，拓宽学生视野，增强社会责任感。

（二）启发思考题

1. 全球经济治理的形式有哪些？
2. 全球经济治理存在的问题有哪些？

---

① 习近平出席世界经济论坛"达沃斯议程"对话会并发表特别致辞［EB/OL］. 新华网，http://www.xinhuanet.com/world/2021-01/25/c_1127023883.htm，2024-08-23.

案例三十四　从接受到引领：中国全球经济治理的角色变化

参考答案如下：

1. 根据规则与制度的不同，全球经济治理的形式主要分为三种：第一种是正式的、全球多边的国际规则和制度性的安排，它们试图使世界经济建立在规则的基础上，使各国都按照规则办事、受到规则的约束；第二种是非正式的、只有部分国家参与的国家集团机制，参与国通过一定的规则和安排，磋商和协调它们之间的经济政策；第三种是地区性或区域性的规则和制度性安排，它是在某个地区（指世界性地区或者世界性地区的次地区）内，邻国之间实现经济整合和贸易投资政策的自由化便利化。

2. （1）民主赤字。尽管自2008年国际金融危机以来，二十国集团成为全球经济治理的重要平台，在一定程度上增加了发展中国家的发言权和代表性，但从总体上看，发达国家仍然在全球治理中处于主导地位，并作为全球治理规则的制定者，而发展中国家仍只是规则的遵守者和追随者。（2）制度赤字。国际金融危机导致世界经济格局发生深刻变化，但由于以美国、欧盟为代表的既得利益国家或国家集团的消极态度甚至阻挠，一些全球治理机制长期没有变化，即便是已达成的改革共识也常常出于它们对自身利益的考量而难以得到及时、有效的执行。与此同时，一些新的全球治理机制还有待发展和完善。（3）责任赤字。发达国家享受了全球治理的主要权力和利益，但在责任面前却极力推脱。而一些新兴市场国家由于无法获得与其自身实力相适应的权利，在国际责任承担上缺乏动力。

四、教学目标达成

通过理论学习和案例讨论，催化学生的发散性思维，加深学生对理论的理解，同时提高了学生学以致用的能力，使其能够运用经济学的分析方法解释实际生活中的经济现象、解决实际问题。思政内容方面，本课程主要实现以下四点教学成效：（1）由案例讲解总结出中国对全球经济治理的地位从边缘逐渐走向中心，引导学生正确认识客观现象；（2）由中国参与全球经济治理的作用引入高质量发展，引导学生对政策的认同；（3）根据中国积极参与全球经济治理引申出坚持真正的多边主义；（4）希望通过本案例教学，使学生在学习全球经济治理相关知识点的同时，学会运用马克思主义的立场观点观察、分析、解决经济发展中的问题，提高分析问题和解决问题的能力。

参考文献

[1] 白华,张宝英,万克峰. 中国参与全球经济治理的理念与实践 [J]. 经济研究参考,2019 (22):38-47.

[2] 孙忆. 在参与全球经济治理中推动中国高质量发展 [EB/OL]. 中工网,2023-01-01.

[3] 廖凡. 坚持真正的多边主义 [N]. 人民日报,2023-01-31.

[4] 赵龙跃. 全球治理体系改革和建设的中国力量 [N]. 光明日报,2023-02-14.

案例三十五　中欧班列：携伙伴共进促美好未来

一、案例简介

中欧班列（CHINA RAILWAY Express，CR Express）是由中国铁路总公司组织，按照固定车次、线路、班期和全程运行时刻开行，运行于中国与欧洲以及共建"一带一路"国家间的集装箱等铁路国际联运列车，是深化我国与共建国家经贸合作的重要载体和推进"一带一路"建设的重要抓手，为国与国之间的合作增添了新的途径。近年来，在共建"一带一路"倡议推动下，中欧班列充分发挥其在时效、价格以及安全性等方面的比较优势，由于其运输用时比海运短、运输价格比空运实惠、性价比高的特点，逐渐成为中欧间除海运、空运外的第三种物流方式。中欧班列通道不仅连通欧洲及共建国家，也连通东亚、东南亚及其他地区；不仅是铁路通道，也是多式联运走廊。目前，中欧班列已经形成了以"三大通道、四大口岸、五个方向、六大线路"为特点的格局。其中，"三大通道"指的是中欧班列西、中、东三大铁路运输通道，三条通道将中国与欧洲以及共建"一带一路"国家紧密相连；"四大口岸"是指阿拉山口、满洲里、二连浩特、霍尔果斯，它们是中欧班列出入境的主要口岸；"五个方向"是指中欧班列主要终点所在的地区，主要包括欧盟、俄罗斯及部分中东欧、中亚、中东、东南亚国家等，中欧班列线路涉猎范围极广，运行路线不仅包括最为集中的地区和国家还有相对分散的班列线路；"六大线路"是指自成都、重庆、郑州、武汉、西安、苏州等六地开行的线路，它们在规模、货源组织等方面的表现均好于其他地方开行的线路。

中欧班列自2011年3月19日正式开始运行，首列中欧班列是由重庆开往德国杜伊斯堡，当时称作"渝新欧"国际铁路，标志着中欧班列的发展正式拉开帷幕。2016年中国铁路正式启用"中欧班列"品牌，按照"六统一"即统一品牌标志、统一运输组织、统一全程价格、统一服务标准、统一经营团队、统一协调平台的机制运行，为中欧班列的进一步飞速发展做好准备，历经11年的量变积累逐渐成为中欧班列走向质变飞跃的契机。11年的不断调整和发展使中欧班列在开行规模、覆盖范围、货运品类等方面实现重大突破。截至2022年1月29日，中欧班列累计开行突破5万里，运送货物超455万标箱，货值达2400亿美元，运输货物品类也逐渐扩充到粮食、酒类、木材、化工、陶瓷等5万余种。据国铁集团统计，截至2022年底，中欧班列已开行11年，当年全国总开行量达到1.6万列。从各个城市/地区班列运行情况看，2022年，第一梯队为"领跑"梯队，含西安、成都和重庆三地，开行量均超2000列。以西安中欧班列为例，尽管西安与成渝两地相比，中欧班列的开行时间相对较晚，但近几年发展迅猛。根据中欧班列运输协调委员会统计资料，2022年西安中欧班列开行数量、货运量、重箱率三项核心指标位居全国第一。还有很多城市像西安一样，虽然中欧班列开行较晚，但是依靠着各方的力量发展迅猛，后来居上，为中欧班列的发展提供了更多新鲜血液。

中欧班列是延续丝路精神，坚持对外开放，坚持合作互惠的硕果，中欧班列开创了亚欧陆路运输新篇章，铸就了中国及共建"一带一路"国家互利共赢的桥梁纽带。中欧班列发展至今，由原来城市的单独运行模式发展到现在的城市群共建、团体作战、统一运营模式；由原来的注重开行数量到现在的质量与数量并重。近几年，中国与共建"一带一路"国家不同城市进行更深层次的合作，不仅是货物之间的相互运输，还有城市文化层面的互相认可，建立很多国际友好城市，让不同国家之间的人民有着更加紧密的联系。因此，新时代新征程必须充分发挥中欧班列运输速度快、性价比高、安全等优势，不断优化中欧班列服务质量和运行品质，为"一带一路"建设持续提供更多动力。

二、思政元素挖掘

（一）科技赋能中欧班列的发展促进国内国际双循环

铁路的高速发展以及高智能化、信息化的运用，让中欧班列有了更多的发展潜力和机会。中欧班列凭借着运输速度快、运输价格便宜、性价比高、稳定性高、安全性强的优势成为中欧之间除海运、空运之外的第三种运输方式。中欧班列的发展为世界人民提供了一个更加包容的发展平台，使沿线的国家和中国关系变得更加紧密，互利互惠，带动各国经济发展。正如习近平总书记所强调，"把沿线各国人民紧密联系在一起，致力于合作共赢、共同发展、让各国人民更好共享发展成果"①。随着科技的发展，奔驰在"一带一路"上的中欧班列不仅线路越来越多、班次越来越密，在运输规模、技术装备、服务理念上也在不断完善优化，成为畅通国内国际双循环的又一绿色通道。

（二）中欧班列助力共建"一带一路"，赋能世界实现互利共赢

中欧班列是"一带一路"建设的重要项目之一。"一带一路"建设给予中国和参与到"一带一路"建设中的国家更多发展的可能性。发展是解决一切问题的总钥匙。唯有发展，才能消除冲突的根源。唯有发展，才能保障人民的基本权利。唯有发展，才能满足人民对美好生活的热切向往。②"一带一路"建设不仅是完成中国梦的过程，还能够完成参与"一带一路"建设的其他国家人民的梦想。中欧班列的迅猛发展推动了"一带一路"建设进度，凭借着自身运输用时较短、价格较实惠、性价比较高、更加安全的特点让"一带一路"建设进一步高质量发展。共建"一带一路"不仅仅是经济层面的合作，还是在完善世界发展的模式，让全球各国家发展得更加均衡，推进经济全球化健康发展。共建"一带一路"顺应时代发展，满足各国快速发展的美好愿望，让全球的"小伙伴"们共同发展，实现互利共赢。

（三）共建"一带一路"高质量发展助力中国式现代化

党的二十大报告中反复强调"着力推进高质量发展"，明确指出"推进高水平对外开放""推动共建'一带一路'高质量发展，维护多元稳定的国际经济格局和经贸关系"。可见，"一带一路"建设在中国着力推动高质量发展进而实现中国式现代化过程中扮演着重要角色，"一带一路"建设将中国梦与沿线各国家的梦想串联在一起，继承与延续和平合作、开放包容、互学互鉴、互利共赢的丝路精神，坚持对外开放、包容相待、团结协作，实现"一加一大于二"的美好局面。截至2023年1月6日，中国已经同151个国家和32个国际组织签署200

---

① 习近平. 在"一带一路"国际合作高峰论坛圆桌峰会上的闭幕辞［N］. 人民日报（第3版），2017－05－16.
② 习近平. 谋共同永续发展 做合作共赢伙伴［N］. 人民日报（第2版），2015－09－27.

余份共建"一带一路"合作文件。从国内实践层面,随着中国特色社会主义进入新时代,我国改革开放迎来了新的篇章,"一带一路"建设是我国在新时代实行全方位对外开放的重大举措之一。共建"一带一路"倡议是符合我国国情、与时俱进、目标导向鲜明的国际合作平台,对我国新时代经济高质量发展产生重要且深远的影响,成为实现中国式现代化的重要"抓手"之一。从国际发展层面,共建"一带一路"是解决当前世界和平赤字、发展赤字、治理赤字的战略手段。面对百年未有之大变局,和平与发展始终是永恒的主题,共建"一带一路"为世界各国的发展创造出了更多的可能性,为世界经济增长创造更多动力,使世界各国发展更加均衡,进而减少贫富之间的差距。因此,推进共建"一带一路"国际合作,这是中国提出的应对百年未有之大变局的中国主张和中国方案。

三、案例使用说明

(一)教学目标

1. 知识层面。(1) 理解"一带一路"建设的背景以及中欧班列的发展现状。(2) 了解中欧班列以及共建"一带一路"倡议的历史意义及其影响。

2. 能力层面。引导学生系统地掌握中欧班列以及"一带一路"建设的背景和发展意义及其影响,并结合案例,设置两个问题让学生讨论分析,通过讨论和总结,帮助学生学会观察分析经济现象,培养学生解决经济问题的能力。

3. 素质层面。了解"一带一路"建设背景、中欧班列发展过程以及建设意义,明确"一带一路"建设并不是浮于表面的倡议,而是扎根于国情和国际局势的深远考虑。从国际层面提出的百年未有之大变局的中国方案,为参与到"一带一路"建设的国家提供更多发展的可能性,带动世界经济增长。通过案例的学习,结合对国际局势的了解以及对中国现阶段宏观经济基本面的分析,拓宽学生视野,培养学生独立思考能力。

(二)启发思考题

1. 为什么要克服艰难险阻,坚持共建"一带一路"?
2. 当前,我国通过"一带一路"建设都做了哪些惠国惠民的事情?

案例三十五　中欧班列：携伙伴共进　促美好未来

参考答案如下：

1. 共建"一带一路"依靠中国与有关国家既有的双多边机制，借助既有的、行之有效的区域合作平台，高举和平发展的旗帜，积极发展与共建国家的经济合作伙伴关系，共同打造政治互信、经济融合、文化包容的利益共同体、命运共同体和责任共同体。共建"一带一路"不仅对中国的进一步发展建设有很大帮助，还让参与其中国家的发展拥有更多可能性。从国内发展层面而言，共建"一带一路"惠国惠民，与时俱进，符合国家发展的步调，坚持对外开放，坚持深化改革，使国内经济有了更好的发展。从国际发展层面而言，共建"一带一路"是中国面对百年未有之大变局提出的中国方案，为共建"一带一路"国家提供更多发展机会，以和平发展为底色，使世界发展更加均衡，使中国梦和其他国家的梦想串联在一起，共同向着美好未来砥砺前行。

2. 共建"一带一路"是开放的体系，有强大的生命力。面对新冠疫情的冲击，中欧班列始终保持常态化运营，持续本着"敞开受理、应运尽运"的原则，中国将防疫物资运输纳入中欧班列重点保障范围，实行优先承运、优先装车、优先挂运，保障了防疫救援物资和外贸货物国际通道的畅通，为欧洲和其他国家的疫情抗击、经济恢复发展发挥积极作用。中欧班列已成为疫情防控期间连接中国、欧洲和共建"一带一路"国家的重要运输纽带，成为特殊时期稳定国际供应链的重要支撑。中欧班列成为国际邮件应急疏运新通道，在维护全球供应链稳定方面交出了一份出色的答卷。截至 2022 年 7 月底，中欧班列累计开行超过 5.7 万列，运送货物 530 万标箱，重箱率达 98.3%，货值累计近 3000 亿美元。运输货物品类已由开行初期的手机、电脑等 IT 产品，逐渐扩大到服装鞋帽、汽车及配件、粮食、葡萄酒、咖啡豆、木材等 53 大门类、5 万多个品种，涵盖了共建国家和地区人民生产生活所需的方方面面。

四、教学目标达成

通过理论学习和案例讨论，培养学生的独立思考能力，加深了学生对理论的理解，同时提高了学生学以致用的能力，使其能够运用经济学的分析方法解释实际生活中的经济现象、解决实际问题。思政内容方面，本课程主要实现以下三点教学成效：首先，了解建设中欧班列的背景、发展以及影响。其次，结合现在的国情以及国际局势讨论共建"一带一路"的意义以及深远影响。共建"一带一路"虽然已经取得了很多辉煌、耀眼的成绩，但是仍然任重而道远。最后，希望通过本案例教学，使学生在学习《政治经济学》共建"一带一路"相关知识点的同时，学会运用马克思主义的立场观点观察、分析、解决经济发展中的问题，提高分析问题和解决问题的能力。

参考文献

[1] 刘梦. 中欧班列 [EB/OL]. 中国一带一路网（2018-07-20），https://www.yidaiyilu.gov.cn/p/60645.html.

[2] 马斌. 中欧班列的发展现状、问题与应对 [J]. 国际问题研究，2018(06)：72-86.

[3] 王彩娜. 中欧班列：春光正好 [N]. 中国经济时报，2022-02-22.

[4] 李果. 2022年中欧班列运营质量报告：西安超成渝领跑，跨城、跨国"共建"成关键词 [EB/OL]. 网易新闻（2023-02-01），https://c.m.163.com/news/a/HSGMCTFF05199NPP.html.

[5] "一带一路"国际合作高峰论坛重要文辑 [M]. 北京：人民出版社，2017.

[6] 习近平在联合国成立70周年系列峰会上的讲话 [M]. 北京：人民出版社，2015.

[7] 刘梦. 已同中国签订共建"一带一路"合作文件的国家一览 [EB/OL]. 中国一带一路网站（2022-08-15），https://www.yidaiyilu.gov.cn/p/77298.html?eqid=b4a71bc6000e76fa00000006645da650.

[8] 推进"一带一路"建设工作领导小组办公室. 中欧班列发展报告（2021）[EB/OL]. 国家发展改革委（2022-02-18），https://www.ndrc.gov.cn/fzggw/jgsj/kfs/sjdt/202208/t20220818_1333112_ext.html.

案例三十六　从美好愿景到伟大实践：构建人类命运共同体

一、案例简介

当前，世界百年未有之大变局加速演进，世界进入新的动荡变革期，世界之变、时代之变、历史之变正以前所未有的方式展开。国际力量对比深刻调整，国际秩序和格局进入深度调整时期，一些发达国家积极谋求世界地位，新兴市场国家和发展中国家的国际地位和话语权也在不断提高，介入到国际秩序和格局的深度调整之中。和平与发展的时代主题遭遇逆风逆流的冲击，逆全球化、单边主义、保护主义思潮暗流涌动。全球发展面临着众多共同问题，比如贫穷问题、环境保护问题、民族歧视问题、恐怖主义问题、经济萧条等，再加上受全球疫情蔓延所造成的影响，越来越多的问题亟须引起全世界的共同关注。

2015年9月，习近平主席在第七十届联合国大会上提出"构建以合作共赢为核心的新型国际关系，打造人类命运共同体"[①]。2017年党的十九大报告也强调"构建人类命运共同体"，呼吁各国人民加入到构建人类命运共同体的伟大使命中。2022年党的二十大报告再次提到"中国始终维护世界和平、促进共同发展的外交政策宗旨，致力于推动构建人类命运共同体"。面对世界百年未有之大变局，中国提出了具有中国特色的答案，即构建人类命运共同体，构建人类命运共同体是一个美好愿景。希望越来越多的国家和人民能够一起达成构建人类命运共同体的共识，共同突破血缘的限制、宗族的限制、民族的限制、国籍的限制、地缘的限制、国界的限制等，站在全球的角度、站在全人类的角度、站在以人为本、维护人类共同利益的角度参与到构建人类命运共同体的伟大实践中，让构建

---

① 习近平. 携手构建合作共赢新伙伴 同心打造人类命运共同体 [N]. 人民日报（第2版），2015-09-29.

人类命运共同体从一个美好的愿景逐渐转化为一项伟大的实践。

构建人类命运共同体具有多层次、多属性的性质。其中，构建人类命运共同体的多层次体现在构建人类命运共同体不单是在地理区位上的地区或者各国家之间的合作，还体现在公共卫生健康、医疗服务、核安全问题、共同面对的全球环境治理问题等方面。构建人类命运共同体的多属性则体现在"经济、政治、生态、文化"等多方面。

从理论层面来看，构建人类命运共同体的具有以下重要价值：（1）提出中国方案，彰显大国智慧。面对世界百年未有之大变局以及全球疫情蔓延的多重危机，中国站在维护全人类共同利益的角度，提出构建人类命运共同体，以求建立以人为本、全人类共同利益为主、合作共赢为核心的新型国际关系。（2）倡导"独立自主，开放包容"理念。每个国家是相互独立的，但同时以包容和相互尊重的态度接受不同民族之间的文化差异。中华文化底蕴深厚才能支持中国提出构建人类命运共同体的倡议，坚持对外开放，坚持求同存异、兼容并包的态度来面对世界百年未有之大变局。（3）求同存异共生，世界和平发展。世界之大，无奇不有，不同民族之间有不同的文化和风俗习惯，只有秉持求同存异、相互尊重、相互学习、接纳包容的态度携手共进，共同发展、一起进步才能完成我们共同的目标，让自己的国家和人民过得幸福。

从实践层面来看，构建人类命运共同体具有重要的现实价值。当前世界正处于百年未有之大变局之中，突如其来的新冠疫情让所有国家都有些措手不及。面对新的挑战，中国作为具有五千年历史经历过风风雨雨的古国，在面对突如其来的疫情也保持着大国的从容，临危不乱。国内上下团结一心，发挥党领导的政治优势、国家制度优势，用最短的时间控制住疫情的发展。面对国外形势严峻的疫情，爆炸式的阳性病例增长和紧缺的防疫物资以及瘫痪的医疗系统等情况，中国积极关注疫苗研究并向他国传授防疫方法。2020年，我国向150个国家和13个国际组织提供了防护服、口罩、呼吸机等大批防疫物资。截至2021年10月，我国已经向106个国家和4个国际组织提供了超过15亿剂疫苗，为疫情防控、引领抗疫合作发挥了重要作用。中国用自己的实际行动证明中国推进构建人类命运共同体的决心，以及完成构建人类命运共同体的伟大历史使命，告诉世界构建人类命运共同体不只是美好的愿景还是伟大的实践。

从美好愿景到伟大实践，中国人在承担着自己的大国担当。言必信，行必果，努力用实际行动来证实，面对百年未有之大变局，国家之间的合作是一种必然趋势。只有集百家之力，相互尊重、互利互惠、合作共赢、携手共进才能共建美好地球村。

案例三十六　从美好愿景到伟大实践：构建人类命运共同体

二、思政元素挖掘

（一）构建人类命运共同体是人类社会发展的历史必然

习近平总书记指出，从长远看，经济全球化仍是历史潮流，各国分工合作、互利共赢是长期趋势。我们要站在历史正确的一边，坚持深化改革、扩大开放，加强科技领域开放合作，推动建设开放型世界经济，推动构建人类命运共同体。[①] 可见，推动构建人类命运共同体是中国提出的具有中国智慧的应对百年未有之大变局的中国方案。随着时代的发展，全球治理体系和国际秩序变革加速推进，各国之间的关联程度空前加深，人类生活在共同的地球村中，越来越成为无法分割的命运共同体，和平、发展、合作、共赢的时代潮流不可阻挡。与此同时，人类面临的风险和挑战也层出不穷，面对百年未有之大变局，面对世界诸多的不确定性和不稳定因素，人类又一次站在了历史的十字路口。全球化作为社会生产力发展的客观要求和科技进步的必然结果，世界各国根据自身要素禀赋和国情特点，发展具有比较优势的产业，融入世界经济体系，形成了全球产业链价值链、国际分工体系与世界市场，为经济增长提供更多的动力源泉。因此，坚持人类命运共同体理念，就是要坚持多边主义和国际关系民主化，大力推进贸易和投资自由化便利化，不断完善开放、透明、包容、非歧视性的多边贸易体制，坚定不移推动经济全球化朝着开放、包容、普惠、平衡、共赢的方向发展。

（二）坚守初心、坚持创新赋能人类命运共同体的构建

构建人类命运共同体是中国在面对百年未有之大变局情况下提出的具有中国智慧的中国方案，然而构建人类命运共同体这一宏大的美好愿景不是一朝一夕就能实现的，需要我们有长期的战略定力，面对种种艰难险阻和重重困难我们更应该坚守初心。无论人类命运共同体的建设发展到什么程度，无论世界格局如何变化，我们都不会也不应该忘记提出构建人类命运共同体的初衷，即为了团结各方

---

① 习近平：在企业家座谈会上的讲话 [EB/OL]. 新华网，http://www.qstheory.cn/yaowen/2020-07/21/c_1126267637.htm，2024-08-23.

力量、集各民族之力，满足全人类共同的目标和利益，试图建设一个持久和平、普遍安全、共同繁荣、开放包容、清洁美丽的世界。构建人类命运共同体不仅是美好愿景，我们还希望它可以成为一个伟大的实践，坚持创新就需要结合当代国情以及国际局势的变化，与时俱进地构建人类命运共同体。从愿景到实践需要我们切实地行动，联合要素禀赋不同、处于不同发展阶段、不同国情的各个国家构建人类命运共同体，共同面对百年未有之大变局，共同面对所有对人类社会发展的考验和艰难险阻。

（三）推动构建人类命运共同体，促进世界和平发展

中国始终坚持走和平发展道路，这一道路源自中华民族的和平基因。中华民族的和平基因，既源于从个人修身延伸至社会关系、国家治理及国际关系的"和合文化"积淀，也源于中国对"国强尚和""国霸必衰"等历史实践经验教训的借鉴。和平与发展是全人类共同价值在国际秩序方面的美好愿景。人类命运共同体理念秉持正确的全球文明观，坚守和平、发展、公平、正义、民主、自由的全人类共同价值，是给世界人民带来福祉的人间正道。中国顺应和平发展的时代潮流，坚持增进人类共同福祉的坚定信念，超越"国强必霸"的西方逻辑，维护和践行真正的多边主义，推动国际合作，坚守和平、发展、公平、正义、民主、自由的全人类共同价值，推进全方位、多层次、立体化的人类命运共同体构建。因此，世界和平发展和构建人类命运共同体是相互成就的关系，世界越发向着和平的方向发展，就越发积极推动构建人类命运共同体，那么各国之间的发展会更加均衡，国与国之间联合起来，发挥各自的比较优势，促进经济增长共同面对贫困问题；国与国之间增加交流，相互尊重理解民族之间的差异，减少矛盾与纠纷，世界各国越发和平发展。

三、案例使用说明

（一）教学目标

1. 知识层面。（1）理解构建人类命运共同体的意义。（2）了解构建人类命运共同体的过程以及构建人类命运共同体的世界影响。

2. 能力层面。引导学生系统地掌握构建人类命运共同体的提出对国内以及

国际的影响，并结合案例，设置两个问题让学生讨论分析，通过讨论和总结，帮助学生学会关注国际局势、观察分析社会经济现象，培养学生提出问题、解决经济问题的能力。

3. 素质层面。理解构建人类命运共同体的提出对国内国际的影响。通过了解构建人类命运共同体背景、建设过程以及发展现状，结合当代国情和国际局势理解构建人类命运共同体的意义及其深远影响。培养学生独立思考问题的能力，养成关注国家宏观经济政策的制定背景、政策的效果以及国际局势变化的习惯。

（二）启发思考题

1. 结合中国传统文化，分析推动构建人类命运共同体的理论意义是什么？
2. 结合案例以及现代国情和国际局势，分析构建人类命运共同体的伟大实践有哪些？

参考答案如下：

1. 提出构建人类命运共同体的背后，依靠的是源远流长、博大精深的中华文化。中华优秀传统文化中的"和合"思想，在世世代代中华儿女的继承与弘扬中逐渐成为中华民族的标识和中国人民"和"的价值观念的精神来源。自古以来，中国主张"以和为贵"。"和"代表与人为善的态度，中国提出共建人类命运共同体的倡议，希望集各民族之力面对一切艰难险阻。"和"也是包容，在做一加一大于二的加法，以相互尊重的态度接受不同民族之间的文化差异，求同存异。"和"还是和平，希望世界各国和平发展，没有战争。

2. 在世界百年未有之大变局与新冠疫情肆虐的双重压力下，中国不仅要面对全球安全问题、治理问题、经济问题以及环境问题，还要时刻关注新冠疫情变化。在习近平总书记亲自谋划、亲自部署、亲自推动下，我国开展了新中国成立以来时间最长、规模最大的人道主义援助。新冠疫情期间，我国先后向150个国家和13个国际组织提供了40亿件防护服、60亿支检测试剂、3500亿只口罩等大批防疫物资，向34个国家派出37支医疗专家组。2021年我们开启了以疫苗援助为主的"下半场"，已向120多个国家和国际组织提供超过20亿剂疫苗，占世界首位。中国用自己的切实行动来证明自己推动构建人类命运共同体的决心，时刻彰显着中国的大国责任感和大国担当。

四、教学目标达成

通过理论学习和案例讨论，培养学生增强独立思考能力，加深学生对理论的理解，同时提高学生学以致用、举一反三的能力，使其能够运用经济学的分析方法解释实际生活中的经济现象、解决实际问题。思政内容方面，本课程主要实现以下三点教学成效：首先，深刻理解构建人类命运共同体的背景提出、意义以及对各个国家的深远影响。其次，对于新时代中国的国情以及复杂的国际局势变化，面对世界百年未有之大变局，推动构建人类命运共同体仍然是一个漫长而又艰巨的过程。最后，希望通过本案例教学，使学生在学习《政治经济学》推动构建人类命运共同体相关知识点的同时，学会运用马克思主义的立场观点观察、分析、解决经济发展中的问题，提高分析问题和解决问题的能力。

参考文献

[1] 邹海贵. 论构建人类命运共同体的全球伦理精神 [J]. 伦理学研究，2022（04）：119-126.

[2] 吴佳潼. 中国已向160多个国家提供各类援助 [EB/OL]. 中国网（2021-10-26），http：//news. china. com. cn/2021-10/26/content_77832873. html.

[3] 习近平. 共同构建人类命运共同体 [N]. 人民日报，2017-01-20.

[4] 田鹏颖，陈飞羽. 人类命运共同体的价值追求与战略选择 [J]. 江苏社会科学，2022（04）：1-8，241.

[5] 罗照辉. 大疫情背景下的中国对外援助和国际发展合作 [EB/OL]. 国家国际发展合作署（2021-12-25），http：//www. cidca. gov. cn/2021-12/25/c_1211501472. htm？eqid=8b23a5b20006ee7500000006647df9df.

[6] 刘恩东. 推动构建人类命运共同体——促进世界和平与发展的中国方案 [J]. 前线，2022（11）：128-131.